O PODER DOS ANIVERSÁRIOS

A influência dos dias, estrelas & números em sua vida

TOURO

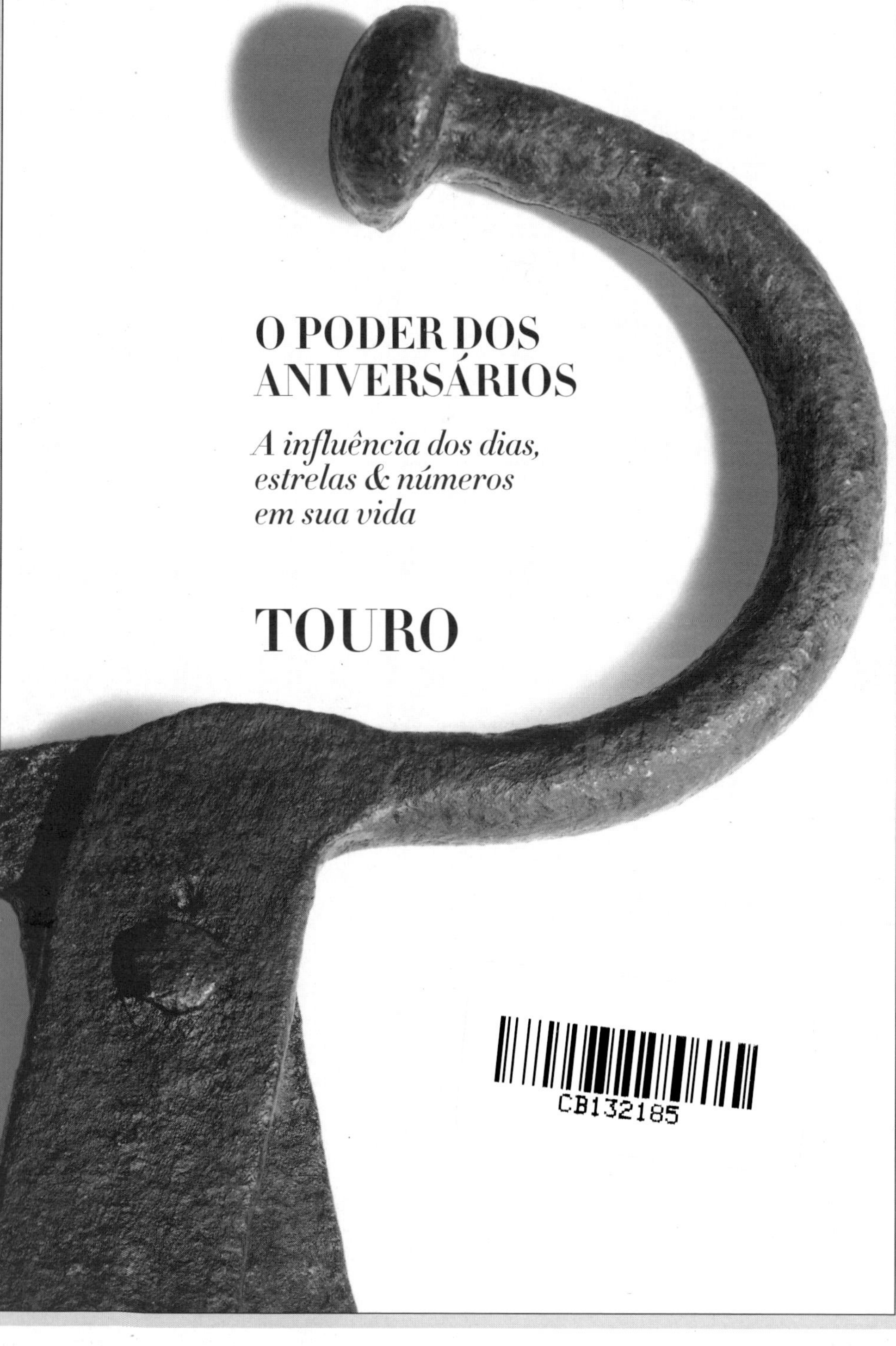

João Pessoa, 2/03/2007

O PODER DOS ANIVERSÁRIOS

A influência dos dias, estrelas & números em sua vida

Saffi Crawford e
Geraldine Sullivan

TOURO

Prestígio
editorial

Grátis CD – Mapa Astral

Do original
The power of Birthdays's stars & numbers

ISBN original 0-345-41819-0

Direção Editorial Pedro Almeida
Tradução Walter Agostinho
Preparação de Originais Marcos Marcionilo
Capa W/Brasil / Alexandre Suannes
Imagem da Capa Marcel Valvassori
Projeto Gráfico e Diagramação Osmane Garcia Filho
Revisão Marcia Alves Batista e Elaine Silveira

Dados Internacionais de Catalogação na Publicação (CIP)
(Câmara Brasileira do Livro, SP, Brasil)

Crawford, Saffi
O poder dos aniversários : a influência dos dias, estrelas e números em sua vida / Saffi Crawford e Geraldine Sullivan ; [tradução Walter Agostinho]. — 2. ed. — São Paulo : Ediouro, 2005.

Título original: *The power of birthdays, stars & numbers*
Obra em 12 v. - Conteúdo desta edição: Touro

ISBN: 85-99170-07-4

1. Aniversários 2. Astrologia e Psicologia 3. Numerologia 4. Ocultismo 5. Personalidade 6. Zodíaco I. Sullivan, Geraldine. II. Título.

05-0387 CDD-133.52

Índice para catálogo sistemático:
1. Signos do zodíaco e personalidade : Astrologia : Ocultismo 133.52

Prestígio Editorial
Rua Nova Jerusalém, 345 – CEP 21042-230
Rio de Janeiro — RJ
Tel.: (21) 3882-8200 – Fax: (21) 2260-6522
e-mail: relume@relumedumara.com.br
vendas@ediouro.com.br
internet: www.ediouro.com.br

Para nossas famílias,
que tiveram paciência conosco enquanto concluíamos este livro e por todo o seu apoio: nossos pais, Margaret e Michael Sullivan, Leon e Kristina Grushko, Melissa Crawford, Ricky Foulcer e Cleo Foulcer.

Agradecimentos

Um agradecimento especial a nosso editor, Ginny Faber; a nossa agente, Julie Castiglia, e a Chuck Wein, pelo apoio que deram a nosso projeto desde o início.
Também queremos agradecer em particular a Jason Zuzga, Huw Davies e Jane Laing, pelo encorajamento e assistência na edição, e a Mark Reiner, pelas contribuições no projeto de arte.
Queremos mencionar outros que possibilitaram este projeto: Pat Foster, Josephine Shannon, Tom Sullivan, Deirdre Edwards, Julianna Doyle, Alexia Beck, Tasha Griffiths e Anne Leman.

Sumário

Introdução

Nas páginas deste livro, você encontrará um perfil completo da personalidade das pessoas nascidas sob o signo de Touro. Este livro vai muito além da astrologia do signo solar, oferecendo uma compreensão profunda das características exclusivas de cada dia. Utilizamos nossos conhecimentos de Astrologia, de Psicologia, de Numerologia e de Estrelas Fixas. Só depois de sintetizar todas essas disciplinas é que criamos os perfis diários abrangentes.

Não há forças cósmicas idênticas para dois dias diferentes — cada dia é singularmente especial. Cada perfil diário fornece informações fascinantes a respeito de você e acerca de seu futuro. Além disso, você também irá adquirir um conhecimento mais profundo das suas próprias habilidades e potenciais, além da compreensão do caráter e da motivação das pessoas à sua volta. A Astrologia e a Numerologia são linguagens de símbolos que exploram a relação entre a humanidade e o Universo. Elas nos dão indicação de nosso lugar no plano maior do Cosmos.

Desde os primórdios da sua história, a humanidade tem consciência das forças e ciclos da natureza. Esses ciclos naturais e ritmos cósmicos exercem influência em todos os organismos vivos. Embora estejam situadas fora do nosso sistema solar, as Estrelas Fixas também exercem influência sobre nós. Elas foram incorporadas pela Astrologia desde a antigüidade. Neste livro, apresentamos interpretações modernas da influência das Estrelas Fixas para cada dia do ciclo solar anual.

A Astrologia e a Numerologia são maneiras de interpretar essas influências, de mostrar como esses ciclos afetam a nossa vida. As diversas facetas do estudo astrológico incluem a Astronomia, o Simbolismo, a Psicologia, a Física e a Geometria, ao passo que a Numerologia sustenta a tese de que os números possuem uma dualidade de qualidade e quantidade. Todos os poderosos métodos interpretativos foram reunidos neste livro para traçar um perfil diário profundo e exclusivo.

O Poder dos Aniversários une duas diferentes maneiras de calcular o ciclo solar anual. O ano astrológico começa no dia 21 de março, a 0 grau de Áries, enquanto o ano numerológico, que se baseia no calendário ocidental, tem início a cada dia 1º de janeiro. Esses dois sistemas solares anuais, quando combinados, revelam a visão holística da Astronumerologia, que pode fornecer uma profunda compreensão psicológica de cada dia de aniversário.

As práticas convincentes de astrologia tomam por base um único momento no tempo e no espaço, fazendo com que cada mapa astrológico seja simbolicamente exclusivo. Embora os astrólogos exijam ano, data, hora e local de nascimento exatos para poder calcular um mapa astrológico pessoal, a Astrologia popular usa apenas os doze signos zodiacais. Essa divisão do ano em doze categorias mensais, juntamente com os planetas, pode ser vista como uma introdução ao estudo astrológico. Neste livro, vamos oferecer todos os recursos. Você poderá consultar seu dia natal, realizar os cálculos de numerologia e progressões e, com o cd, calcular o ascendente de qualquer pessoa e ter um breve relato de cada signo.

O Sol é o centro do nosso sistema solar. Os planetas, incluindo a Terra, orbitam em torno dele. A Terra efetua dois ciclos importantes: gira em torno do seu eixo e em torno do Sol em movimento anti-horário. É a rotação da Terra sobre o próprio eixo que produz o ciclo do dia e da noite. Do ponto de vista geocêntrico (da Terra), o Sol aparece para cruzar o céu do horizonte oriental para o horizonte ocidental. A trajetória aparente do Sol, tendo como pano de fundo as estrelas fixas nas doze constelações, descreve um caminho elíptico em torno da Terra. O eixo da Terra não apenas gira, mas é também inclinado, com o Pólo Norte voltado para o Sol e distante do mesmo em diferentes épocas do ano, o que faz com que haja quatro variações climáticas, as chamadas quatro estações. Esses pontos são comumente denominados equinócios da primavera e do outono e solstícios do verão e do inverno. Na Astrologia, essas quatro divisões do ano são chamadas de quatro pontos cardeais da roda zodiacal de 360 graus.

O ano astrológico tem início na primavera[1] a 0 grau de Áries; o solstício de verão é marcado a 0 grau de Câncer; o outono, a 0 grau de Libra; e o solstício de inverno, a 0 grau de Capricórnio. Como a roda zodiacal é dividida em doze arcos iguais de 30 graus cada, os quatro signos cardeais da roda zodiacal são seguidos dos quatro signos fixos: Touro, Leão, Escorpião e Aquário. Os quatro signos mutáveis, Gêmeos,Virgem, Sagitário e Peixes, completam os doze signos da roda zodiacal.

O zodíaco é dividido em doze signos diferentes. Mas, na prática avançada de Astrologia, esses signos têm outras divisões, associadas a outras forças. Os doze signos são divididos em três partes, chamadas de decanatos. Cada decanato cobre 10 graus do círculo do zodíaco, e os três decanatos de cada signo atuam como uma subinfluência e um complemento das qualidades do próprio signo. Cada decanato é associado a um signo e a um planeta adicionais. Neste livro, você encontrará não apenas o signo sob o qual você nasceu, mas também o seu decanato.

Como o Sol retorna aproximadamente ao mesmo grau a cada ano, os astrólogos se referem à data de nascimento de uma pessoa como o retorno solar. Ao dividir cada um dos doze signos zodiacais em trinta graus individuais, incluindo a Numerologia e as Estrelas Fixas, *O Poder dos Aniversários* cria um elo entre os doze signos zodiacais e a abrangente arte da Astrologia.

Também foi providenciada uma seção especial, que permite ao leitor investigar mais profundamente a própria personalidade e o próprio futuro por meio da Numerologia. Isso inclui o cálculo do número holístico e predições baseadas em números pessoais anuais.

Os perfis dos dias de aniversário

Cada perfil do dia de aniversário contém um discernimento específico das características de cada dia. O perfil fornece um conhecimento geral das configurações planetárias e numerológicas, juntamente com o signo do Sol, grau e decanato, que individualizam ainda mais o signo do Sol, pois adicionam subinfluências de outro signo ou planeta.

Também incluímos a técnica astrológica de predição conhecida como progressão. Os astrólogos usam regularmente as progressões do Sol para indicar importantes anos da vida de uma pessoa. Esses períodos de mudanças no desenvolvimento pessoal ocorrem aproximadamente três vezes na vida de uma pessoa, quando o Sol progredido muda de signo.

Os recursos e fraquezas ocultos em cada pessoa são revelados em "O seu secreto", além das opções profissionais adequadas, juntamente com uma lista de personalidades famosas nascidas naquele dia. Cada perfil vem acompanhado de uma detalhada explicação da numerologia correspondente a cada dia de aniversário. Cada dia descreve as qualidades dos números, e estes números são descritos mediante as qualidades da numerologia do mês. Embora todo dia e mês

---

1. N.T.: As autoras se referem ao Hemisfério Norte.

tenham um papel significativo na compreensão da personalidade, eles são secundários em relação ao número holístico pessoal, que influencia toda a vida e todos os aspectos da personalidade. Por isso, para entender a sua personalidade, você precisa ler não apenas a Numerologia do dia e mês do seu aniversário, mas o seu número holístico, descrito na introdução deste livro.

Se quiser conhecer a influência numerológica de cada ano sobre sua vida, você pode calcular o seu número anual pessoal, também fornecido na seção introdutória.

Cada dia de aniversário inclui a seção "Amor e Relacionamentos", que contém as datas e tipos de pessoas com as quais o leitor provavelmente terá ligações cármicas, relacionamentos amorosos, amizades, além dos parceiros ideais. Apesar de termos incluído diversas datas adequadas, essas listas não são conclusivas; assim, você pode ter relacionamentos importantes com pessoas que não estão listadas neste livro.

Cada perfil do dia de aniversário fornece ainda informações relacionadas à especial e poderosa influência das estrelas fixas espalhadas ao longo do caminho do ciclo solar anual sobre cada dia de aniversário. Diversas estrelas podem afetar o seu dia de aniversário, ou pode ser que não haja estrelas brilhantes ou próximas o suficiente ao local do Sol no céu galáctico daquele dia para exercer alguma influência relacionada ao Sol. Estão listadas todas as estrelas que têm influência relacionada ao Sol para cada dia de aniversário. E você também encontrará a influência da sua estrela primária.

No final do livro, há um apêndice de todas as estrelas fixas importantes relacionadas com o seu signo, para que você possa consultar as influências de todas as estrelas da sua lista. Esperamos que todos vocês aprendam mais e investiguem mais profundamente a rica complexidade das Estrelas Fixas.

As explicações especiais a respeito das características de cada dia são também descritas por meio das qualidades do número correspondente a cada dia. Eles são complementados pelas interpretações do número do mês.

Reunimos em um volume os assuntos nos quais nos especializamos, para que você disponha da referência mais abrangente disponível no campo da Personologia. Sintetizamos muitos anos de pesquisa, experiência em mapas astrais complexos e milhares de estudos de casos em perfis personológicos que lhe proporcionarão uma compreensão mais profunda da personalidade, capacidade e potencial de cada pessoa.Vamos agora conhecer todos os dias do seu signo. Cada um deles se inicia como cada pessoa — exclusivo e cheio de promessas.

⁂

Introdução à Astrologia

Desde os primórdios da nossa civilização, observamos os céus para obter uma maior compreensão do relacionamento entre a humanidade e o Universo. Para os primeiros seres humanos, a impermanência da existência na Terra provocava uma sensação de incerteza. Contudo, a recorrência dos fenômenos celestes, como o nascer e o pôr-do-sol em contraste, trazia tranqüilidade. Nossos ancestrais percebiam esse contraste como uma distinção fundamental entre os domínios celestial e terrestre. A Astrologia, portanto, é um estudo da interação significativa entre as estrelas, os ciclos planetários e os acontecimentos na Terra.

Como uma das poucas filosofias remanescentes que mantêm uma perspectiva holística, a Astrologia nos ensina que tudo está interconectado. Nada se mantém como uma lei por si só. Tudo é parte de um relacionamento constantemente mutável e dinâmico com os ciclos do Cosmos. E não estamos fora desse sistema vivo. Nós o afetamos e somos profundamente afetados por ele. Todas as pessoas são parte de um relacionamento mutante e dinâmico com as outras pessoas. O Universo é um jogo complexo de ciclos e forças, pois as polaridades opostas colocam umas às outras em ação, sendo elas mesmas parte de sistemas maiores. Os astrólogos reconhecem esse jogo e tentam compreendê-lo por intermédio do simbolismo.

Nenhuma pessoa está sozinha, já que todas as pessoas são parte de relacionamentos mutáveis e dinâmicos com as outras pessoas, e cada uma está envolvida em relacionamentos mutáveis e dinâmicos com os ciclos do Cosmos. Tudo o que é orgânico pulsa e se distingue pela sua periocidade. Essa existência cíclica, rítmica, é captada pela hipótese astrológica. A Astrologia abrange a complexidade, a simultaneidade da subjetividade e da objetividade. Objetivamente, a Astrologia mede o tempo pelos ciclos dos planetas, dando uma perspectiva única do sentido da duração. Subjetivamente, a Astrologia opera por meio de um simbolismo profundo, e o seu conhecimento se dá por intermédio do estudo do contexto.

A Astrologia sustenta que o curso da natureza é um círculo ou uma mandala. Nos 360 graus do círculo, experimentamos cada momento, individual e coletivamente. Cada grau é um fragmento separado do círculo, mas o círculo só existe a partir de cada grau. A mandala é um símbolo de toda a criação, uma forma auto-suficiente e perfeita, sem começo nem fim. O círculo representa tanto o Universo como todos os indivíduos humanos, além do universo interior. Todas as atividades da vida estão relacionadas a esse círculo. Sua estrutura também contém os ciclos do tempo.

Ao explorar a Astrologia, podem-se revelar as conexões entre os universos externo e interno e se obter uma maior consciência psicológica e espiritual. As duas maiores luzes da Astrologia são o Sol e a Lua, que correspondem ao ciclo do dia e da noite. No que se refere a esse ritmo, os calendários solar e lunar foram estabelecidos pelas primeiras culturas e interpretados como horas, dias, meses e anos. Em termos psicológicos, a união simbólica do Sol com a Lua é percebida como o "casamento místico", representando a união dos opostos dentro do indivíduo. Segundo a Filosofia oriental, essa união é caracterizada pelo *yin/yang*, ou pelos princípios masculino e feminino.

Um horóscopo pessoal é um "mapa" que mostra a posição precisa dos planetas do nosso sistema solar em relação à Terra, no momento do nascimento do indivíduo. No seu formato básico, o mapa natal consiste em dez planetas e doze signos zodiacais.

Os doze papéis astrológicos do sol

O amor, o ódio, o nascimento, a morte, a infância, a paternidade e a velhice são temas universalmente conhecidos por toda a humanidade. O espectro completo das experiências humanas é simbolizado pela roda Astrológica, à medida que o Sol faz a sua jornada simbólica pelos doze signos zodiacais. Segundo a Astrologia, todos nascemos para nos juntar ao grande ciclo da existência e para assumir um papel dentro do drama divino. Nas palavras de Shakespeare: "O mundo todo é um palco e todos os homens e mulheres são apenas atores".

Na visão do todo, tudo está em relação com tudo o mais, tudo está interconectado. Da mesma forma, na Astrologia, todos os doze signos estão incorporados às psiques dos indivíduos e da humanidade. Embora uma pessoa nasça em um signo em particular, para se integrar ao todo, ela precisa se conectar aos outros onze signos. Na nossa vida diária, experimentamos todas as facetas dos doze signos, mas o nosso signo do Sol pode ser interpretado como o maior papel que temos de aprender a desempenhar. Em termos psicológicos, Carl-Gustav Jung interpretou os papéis universais como arquétipos.

As pessoas normalmente pensam que estão representando os próprios papéis, mas, por meio da auto-realização, elas são levadas a reconhecer que os indivíduos são apenas condutores ou canais do divino e que por meio delas o Universo é visto de acordo com o tempo e espaço dos seus desempenhos. O astrólogo Dane Rudhyar disse em seu livro *Uma mandala astrológica:* "O ego em [um indivíduo] se torna uma lente cristalina por meio da qual a vontade de Deus se concentra no ato individualizado. Ele nada faz, mas A Mente Única o pensa. Sua vida se tornou sagrada porque não é mais a sua vida, mas todo o seu desempenho com e por intermédio do espaço do seu organismo total".

Os arquétipos e os papéis dos doze signos zodiacais

Cada signo zodiacal assume e desempenha os papéis de determinado arquétipo para manifestar o próprio poder de criação.Na lista a seguir, alguns dos maiores arquétipos e papéis estão associados a cada signo:

♈ ÁRIES: o líder, o entusiasta, o pioneiro, o guerreiro, o destemido, o competidor

♉ TOURO: o pragmático, o sensual, o amante da natureza, o cantor, o avaliador

♊ GÊMEOS: o comunicador, o intérprete, o escritor, o orador, o contador de histórias, o educador

♋ CÂNCER: a mãe, o provedor, o psíquico, o conselheiro, o protetor

♌ LEÃO: o performático, o rei ou rainha, a criança, o artista criador, o amante, o ator

♍ VIRGEM: o analista, o perfeccionista, o pesquisador, o servo, o purificador, o crítico

♎ LIBRA: o amante, o diplomata, o parceiro, o socializador, o anfitrião, o equilibrador, o negociador

♏ ESCORPIÃO: o controlador, o hipnotizador, o mágico, o detetive, o transformador

♐ SAGITÁRIO: o viajante, o filósofo, o otimista, o explorador, o estrangeiro

♑ CAPRICÓRNIO: o pai, a figura de autoridade, o trabalhador, o disciplinador, o tradicionalista

♒ AQUÁRIO: o humanista, o observador imparcial, o inventor, o cientista, o amigo, o excêntrico, o revolucionário, o anarquista

♓ PEIXES: o visionário, o romântico, o salvador, o místico, o curador, o sonhador, o poeta

Os doze signos zodiacais

♈ Áries

Cheios de energia e de idéias criativas, os arianos pertencem ao primeiro signo do zodíaco. Áries é um signo de fogo, e o nativo de Áries é altamente vigoroso e entusiasta; ele acredita genuinamente que o mundo está aí para que ele o explore e conquiste. Ardente e assertivo por natureza, o nativo de Áries avança rapidamente com projetos e atividades intermináveis, que gosta de iniciar. Os arianos são pioneiros e líderes do zodíaco. Mesmo os mais calmos desejam secretamente ser o número 1 ou o primeiro em alguma coisa. Regidos pelo planeta Marte, os arianos são agentes ativos e muito raramente ficam inativos. Combinando um corpo ativo com um espírito ousado e empreendedor, os arianos procuram avidamente estar à frente de qualquer atividade. Freqüentemente ousados e apaixonados, eles podem ser altamente idealistas e muito leais às pessoas que amam. Os arianos gostam de conversar longamente com os seus parceiros a respeito dos seus projetos favoritos, mas também sabem apoiá-los.

PRIMEIRO SIGNO
CARDEAL FOGO
PLANETA REGENTE: MARTE
PARTE DO CORPO: CABEÇA
PALAVRAS-CHAVE:
ENERGIA, ATIVIDADE, LIDERANÇA

Como a paciência não é o seu ponto forte, podemos sempre reconhecer os arianos pela abordagem direta, pela ação decisiva e pela falta de sutileza e tato. Essa mesma impaciência pode também torná-los intolerantes, impulsivos e com muita tendência a agir sem prudência. Contudo, sabem reagir às crises e têm habilidade para responder aos desafios de frente e para enfrentar com coragem situações difíceis.

Apesar de se colocarem contra a opinião pública, os arianos, em geral, recusam-se a comprometer seus ideais, mesmo que isso os coloque em situação difícil. À medida que envelhecem, no entanto, a maior parte deles irá aprender a ser humilde, não sem antes passar por muitos confrontos. Os homens deste signo adoram fazer o papel de cavaleiro errante e as mulheres têm uma aparência enérgica e assertiva.

Freqüente e facilmente, os arianos se enraivecem e se mostram ávidos por expressar as próprias opiniões, mas são também muito rápidos em perdoar e esquecer. Estimulados pela adrenalina e sem paciência para detalhes, estão em geral com pressa e trabalham melhor quando são eles que iniciam os projetos. Não obstante, as personalidades de Áries precisam evitar a ingenuidade e o autocentramento ou a tendência a implicar com as outras pessoas.

De modo geral, os arianos são cheios de energia criativa e inspiração e têm muita fé em si mesmos. Isso normalmente se manifesta na sua habilidade de liderança natural. Por isso, não é de surpreender que façam com que os outros os sigam.

Sem nunca se deixar levar pelo desânimo, sempre dinâmico e generoso, o espírito ariano vive para mais um dia de luta.

♉ Touro

Os cordatos taurinos são indivíduos serenamente determinados e muito sensíveis, que nunca desistem. Pacientes e persistentes, eles prosseguem, deixando os outros pelo caminho. Sua maneira calorosa, aparentemente calma e fácil reflete alegria pela simplicidade da vida.

♉

SEGUNDO SIGNO
FIXO TERRA
PLANETA REGENTE: VÊNUS
PARTES DO CORPO:
GARGANTA E PESCOÇO
PALAVRAS-CHAVE:
RESISTÊNCIA, PERSISTÊNCIA
E SENSUALIDADE

♉

Os taurinos não gostam de se apressar — tomam decisões cuidadosa e deliberadamente, colocando em primeiro plano a segurança e as questões de ordem financeira. Por terem Vênus como planeta regente, os taurinos são muitas vezes magnéticos, sensuais e muito atraentes ao sexo oposto. A influência de Vênus também confere amor à beleza, interesse pelas artes e refinamento.

Touro é um prático signo da Terra, e por isso os confortos básicos da vida, como comida e moradia, são muito importantes para os taurinos. Freqüentemente, eles se tornam especialistas em culinária, conhecedores de vinhos e gostam muito de diversão. Os taurinos são também os banqueiros simbólicos do zodíaco — a maioria deles costuma anotar cuidadosamente todas as transações financeiras. Quando chamados de materialistas, os taurinos respondem que são apenas sensatos e que sabem o valor do dinheiro. Eles podem se tornar especialistas na avaliação de tudo: de questões financeiras a si mesmos.

Taurinos costumam ser generosos com as pessoas que amam, mas devem evitar ser muito possessivos. Amigos leais e devotados, freqüentemente sofrem em silêncio para manter a paz, mas tornam-se obstinados e teimosos se forem muito pressionados. As personalidades taurinas precisam sentir que estão com os pés no chão e que têm estabilidade. Por isso preferem manter as coisas do jeito em que estão. Em períodos de mudanças e de instabilidade, podem ter dificuldade para se adaptar a novas situações. Felizmente, sempre podem encontrar conforto no amor que têm pela arte, na criatividade, nas alegrias da natureza ou na música.

Em geral, os taurinos têm uma voz atraente e calma e são, muitas vezes, bons cantores. Contudo, se estão estressados, podem ter problemas na garganta, embora tendam a ser fortes e saudáveis. Personalidades taurinas amam o prazer e o conforto, mas precisam se resguardar da tendência ao excesso de auto-indulgência para com as coisas boas da vida.

Muitas vezes, esses indivíduos são pragmáticos e perseverantes e se esforçam diligentemente por conquistar os seus objetivos. Firmes em suas decisões para construir uma fundação sólida, os taurinos podem atrair e alcançar o sucesso.

♊ Gêmeos

Comunicadores naturais com uma interminável sede de conhecimento, os geminianos são eternos estudantes. Como pertencem a um signo de ar e são muito inteligentes, os nativos de Gêmeos estão sempre em movimento, sempre tentando satisfazer a própria curiosidade mental. Extremamente rápidos para apreender os pontos importantes de qualquer assunto, eles adquirem um conhecimento geral amplo, que adoram dividir com os outros. Os geminianos podem ser inteligentes, multitalentosos e entusiásticos, mas devem se prevenir contra a tendência a desperdiçar energia. Por meio da disciplina e da educação mental, os geminianos podem aprender a desenvolver um pensamento mais profundo.

♊

TERCEIRO SIGNO
MUTÁVEL AR
PLANETA REGENTE: MERCÚRIO
PARTES DO CORPO: PULMÕES, BRAÇOS, MÃOS
PALAVRAS-CHAVE: VERSATILIDADE, LOQUACIDADE, INGENUIDADE

♊

Associados a Mercúrio, os nativos deste signo muitas vezes possuem uma qualidade andrógina e têm um corpo elegante e jovem. Os geminianos costumam ter um rosto brilhante e expressivo e gostam de usar as mãos quando expressam as suas idéias. Como gostam de falar, podem conversar durante horas, o que em geral resulta em contas telefônicas altíssimas. Com uma aparência jovem, os geminianos são muitas vezes comparados à criança eterna — sempre maravilhados.

Uma vez que seu sistema nervoso é sensível, os geminianos acham difícil concentrar toda a sua atenção em uma coisa ou pessoa. Como o seu símbolo, os gêmeos, eles são conhecidos por serem capazes de fazer pelo menos duas coisas ao mesmo tempo, e também por serem flexíveis, versáteis e adaptáveis. Aéreos e sofisticados, os geminianos não gostam de assumir compromissos e não gostam de se chatear ou de chatear os outros. Conhecidos por não serem consistentes, os geminianos parecem ter muitas personalidades e mudanças de humor. Os nativos de Gêmeos são, em geral, intelectuais e normalmente interessam-se mais por desafios mentais do que por paixões terrenas.

Leves e amigáveis, os geminianos têm uma relação fácil com os outros e estão sempre dispostos a compartilhar a verdadeira mina de informações que têm nas mãos. Com o seu charme jovial e espirituosidade natural, ninguém se surpreende ao saber que eles são os mais encantadores amigos e companheiros. Divertidos e cheios de idéias, os nativos de gêmeos são altamente expressivos quando liberam o seu espírito mercurial.

♋ Câncer

Os emotivos e sensíveis cancerianos são regidos pelos sentimentos. Como seu planeta regente, a Lua, eles passam por todo o espectro de emoções ligadas às mudanças da maré. Os nativos de Câncer têm o poder do mais profundo oceano e a vulnerabilidade de um caranguejo solitário em uma praia deserta. Como o caranguejo, eles têm uma concha protetora de timidez ou reserva para ocultar sua grande sensibilidade e cautela. Quando se retiram para recuperar as forças, não se deve jamais interpretar isso como fraqueza.

Solidários e gentis, os cancerianos têm uma grande necessidade de acalentar. Por isso, muitas vezes, assumem o papel de pai ou terapeuta. Podem ter uma inclinação extremamente protetora e defendem os que amam. De tudo! Não é de surpreender que a casa e a família tenham um papel importante na sua necessidade de segurança. Em geral caseiros, os nativos de Câncer são muitas vezes *gourmets* e podem até ficar inseguros se não tiverem a geladeira cheia.

♋

QUARTO SIGNO
CARDEAL ÁGUA
PLANETA REGENTE: LUA
PARTES DO CORPO: SEIOS E ESTÔMAGO
PALAVRAS-CHAVE: SENSIBILIDADE, SOLIDARIEDADE, AFEIÇÃO

♋

Apesar da constante variação de humor, essas personalidades são naturalmente afáveis e podem até precisar evitar sufocar os outros com o seu amor e devoção protetores. Câncer é um signo da água, e os cancerianos são muitas vezes tímidos e sentimentais, com tendência a se prender ao passado e a se tornarem ávidos colecionadores. Os objetos da sua coleção podem incluir desde móveis de família até antigüidades e memórias contidas em fotografias e cartas. Os cancerianos podem também ter tendência a se prender ao dinheiro, que costumam guardar em cadernetas de poupança para períodos difíceis.

Os nativos de câncer muitas vezes possuem uma personalidade complexa. Por um lado, parecem ser uma fortaleza, mas por outro parecem ter a vulnerabilidade de uma criança. Eles são mestres na arte da resistência passiva.

Com a Lua colorindo as suas respostas, os cancerianos são naturalmente intuitivos ou mediúnicos e podem ser facilmente feridos. A sua poderosa imaginação e compreensão sensível podem encontrar uma via de expressão por meio do mundo da criação e da arte. E, acima de tudo, quando confiam suficientemente em alguém para mostrar seus sentimentos, podem ser fortes, leais e protetores.

♌ Leão

Calorosos, amorosos e generosos, os leoninos possuem um grande coração. Seus gestos amáveis e magnânimos vêm do amor que têm ao senso dramático, pois gostam de se exibir e se sentem as pessoas mais felizes do mundo quando conseguem uma platéia que os aprecie. Felizmente, para compensar sua tendência a ser o centro das atenções, os leoninos também são atenciosos com os outros. Eles podem aprovar generosamente os projetos alheios e cumulá-los de elogios.

♌

QUINTO SIGNO
FIXO FOGO
PLANETA REGENTE: SOL
PARTE DO CORPO: CORAÇÃO
PALAVRAS-CHAVE: VITALIDADE, CONFIANÇA, AUTO-EXPRESSÃO

♌

Regidos pelo Sol, os leoninos possuem uma jovialidade divertida e uma grande necessidade de se expressar. Como vêem a si próprios nos papéis principais, e não em papéis coadjuvantes, os nativos de Leão muitas vezes têm problemas com a vaidade e o orgulho. Para eles, é difícil admitir que estão errados e a bajulação os deixa vulneráveis à manipulação. Contudo, os leoninos compensam facilmente as próprias falhas com sua personalidade ensolarada, senso de divertimento e generosidade. Essas pessoas amigáveis e gregárias são as parceiras ideais para eventos sociais, festas, idas ao teatro e longos feriados.

O desejo de brilhar, combinado com o seu ar régio e imponente, leva-o a posições de autoridade, nas quais podem exibir suas formidáveis habilidades de liderança. Os leoninos assumem naturalmente o comando. Como às vezes fazem isso sem que lhes seja pedido, podem ser acusados de muito mandões. Contudo, geralmente trabalham duro para cumprir as responsabilidades e são excelentes gerentes e líderes. Os leoninos que não preencherem seu potencial natural podem ficar preguiçosos e desanimados.

Os nativos deste signo são conhecidos pela coragem e preferem desempenhar um papel forte e protetor em relação aos outros, em vez de se comportarem como fracos e indefesos. Mesmo quando os leoninos mais calmos ocultam o orgulho e a grandeza atrás de uma fachada modesta, deixam entrever a sua dignidade régia. Os leoninos pressupõem que as outras pessoas possuem um senso de integridade similar ao seu e por isso tomam cuidado, no caso de uma desavença, em respeitá-las. Eles gostam de causar uma boa impressão nas pessoas e têm consciência do impacto que causam sobre os outros.

Como são de um signo fixo de fogo, os leoninos podem ser animados e entusiásticos, embora um tanto teimosos. Sua criatividade e teatralidade combinadas os tornam grandes românticos. Os leoninos amam o amor, amam ser amados. Independentemente de onde alguém os conheça, sua personalidade ensolarada causa uma impressão duradoura.

♍ Virgem

Analíticos e eficientes, os virginianos têm um forte senso de ética. Eles precisam de ordem em suas vidas e desejam que as coisas sejam feitas de forma metódica. Os virginianos estão sempre examinando e aperfeiçoando os sistemas existentes, para melhorá-los. Infelizmente, esse perfeccionismo pode se estender às críticas às pessoas ao redor, fazendo com que elas resistam às suas mensagens. Por outro lado, os nativos deste signo não gostam quando você aponta os seus defeitos, pois já têm bastante consciência deles e são os mais ferrenhos críticos de si mesmos. Essa habilidade para avaliar as próprias falhas pode fazer com que os virginianos sejam modestos e moderados. Muitas vezes, eles sempre medem o próprio valor pelo metro da ajuda aos outros.

♍

SEXTO SIGNO
MUTÁVEL TERRA
PLANETA REGENTE: MERCÚRIO
PARTE DO CORPO: INTESTINO
PALAVRAS-CHAVE: DISCERNIMENTO, EFICIÊNCIA, SERVIÇO

♍

Regidos por Mercúrio, os virginianos são inteligentes, articulados e com capacidade de discernimento, e, devido ao elemento Terra, podem ser pessoas práticas, organizadoras capazes, que trabalham duro e prestam atenção aos detalhes. Econômicos e prudentes com o dinheiro, os virginianos às vezes são pães-duros, mas podem ser mais do que generosos com o tempo e o dinheiro quando alguém precisa de ajuda. Contudo, eles esperam que as pessoas a quem ajudam se esforcem para ajudar a si mesmas. Os virginianos, de maneira geral, não gostam de estupidez ou vulgaridade e têm mentes lógicas que instintivamente buscam a ordem no meio da confusão. Eles usualmente analisam os mínimos detalhes, mas devem evitar a tendência a avaliar repetidas vezes as mesmas questões, sob risco de deixar de ver a situação como um todo.

Com padrões extremamente altos, os nativos de Virgem podem ser altamente discriminadores e cansativos em certas áreas. Eles muitas vezes se interessam por limpeza e alimentação, acreditam na importância dos exercícios e de um estilo de vida saudável. Apesar disso, podem, às vezes, sofrer de tensão mental, com risco de se tornarem superansiosos e neuróticos. Isso freqüentemente é decorrência da pressão do trabalho: devido ao forte senso de obrigação e dever, os virginianos muitas vezes assumem mais do que podem fazer. Geralmente funcionários maravilhosos, os virginianos não gostam de desordem e são defensores da meticulosidade e da eficiência.

Confiáveis e sinceros, com uma maneira metódica de encarar a vida, os virginianos serão sempre os pilares do apoio prático e sensato. Na verdade, eles sempre oferecem ajuda antes de serem requisitados.

♎ Libra

Os nativos de Libra são os diplomatas do zodíaco. Para evitar a desarmonia, usam o charme, dão o sorriso mais encantador do mundo e fazem o possível para manter a paz. Afetuosos, graciosos e refinados, os librianos têm necessidade de ser populares. Como pertencem a um signo de ar, eles possuem leveza, são amigáveis, inteligentes e sociáveis.

Regidos por Vênus e com uma consciência aguçada dos relacionamentos, os librianos são sempre capazes de ver as coisas do ponto de vista do outro. Esse princípio de equilíbrio muitas vezes faz com que precisem de um parceiro que aja como espelho para que possam se entender melhor. Especialistas quando se trata de justiça e de imparcialidade, os librianos pesam tudo cuidadosamente antes de tomar uma decisão. Discutem os prós e os contras de qualquer situação ou problema com uma lógica e discernimento impressionantes. Essa habilidade garante a sua excelência na arte de ceder e negociar. Infelizmente, isso pode causar indecisão e uma falta de habilidade para chegar a uma conclusão final.

♎

SÉTIMO SIGNO
CARDEAL AR
PLANETA REGENTE: VÊNUS
PARTE DO CORPO: RINS
PALAVRAS-CHAVE: EQUILÍBRIO, DIPLOMACIA, RELACIONAMENTO

♎

Equilíbrio é uma palavra-chave poderosa para os librianos. Embora desejem genuinamente a harmonia, eles estão sujeitos a períodos difíceis quando um dos pratos de suas balanças pesa muito para um dos lados. Contudo, à medida que desenvolvem a própria autoconsciência e ajustamento interno, eles se tornam mais confiáveis. Isso diminui a sua tendência a se tornar dependentes de outras pessoas. Os librianos precisam aprender a defender as suas crenças, mesmo que elas provoquem desavenças.

Regidos por Vênus, os nativos deste signo são sociáveis, elegantes e grandes amantes da beleza e do luxo. Em geral, têm uma casa atraente e têm alguma forma de expressão artística. Com um dom natural para apreciar as cores, precisam estar rodeados por ambientes de bom gosto e harmoniosos, senão podem se sentir infelizes. Esse amor pela beleza pode também ser percebido em sua aparência, pois inevitavelmente se esforçam para ficar atraentes.

Excelentes anfitriões, os librianos gostam de atividades amorosas que combinem sociabilidade e amor, como casamentos ou pequenas festas de amigos e familiares. Na verdade, eles são grandes românticos que gostam de ser presenteados com chocolates ou flores, pois isso preenche a sua necessidade de beleza e a sua fraqueza por qualquer coisa doce. Com um pouco de amor e afeição, você sempre pode conquistar o coração de um libriano.

♏ Escorpião

Os magnéticos escorpianos pertencem ao mais apaixonado signo do zodíaco. Qualquer coisa que façam, fazem-na poderosa e intensamente. Com os escorpianos, nada é pela metade: eles são criaturas de poder, vontade e de extremos.

♏

OITAVO SIGNO
FIXO ÁGUA
PLANETA REGENTE: PLUTÃO
PARTE DO CORPO: ÓRGÃOS SEXUAIS
PALAVRAS-CHAVE: REGENERAÇÃO, MISTÉRIO, PODER

♏

Como pertencem a um signo de água, os escorpianos preferem investigar a vida em um nível emocional mais profundo. A linguagem frívola de um diletante não é para eles; os escorpianos querem a história verdadeira e investigam a verdade. Eles são especialistas em receber sinais subliminares, como o seu planeta regente, Plutão, o senhor do submundo. Assim, os escorpianos percebem psiquicamente o que as outras pessoas inconscientemente sentem e o que dizem. Como um detetive ou psicólogo, eles perguntam tudo a seu respeito, mas raramente dizem coisas acerca de si mesmos. Esse sigilo é, usualmente, um manto de poder. Como têm sentimentos profundos, os nativos de Escorpião podem ser dolorosamente feridos e por isso preferem manter o controle.

Uma grande lição de vida para os escorpianos envolve a superação do desejo mediante o uso criativo da vontade. Como o seu signo está conectado às raízes do impulso sexual, os seus sentimentos são fortes e intensos, levando-os, algumas vezes, ao ciúme e à possessividade.

A morte simbólica ou a transformação é uma experiência poderosa pela qual os escorpianos não têm medo de passar. Há momentos em que eles desejam se afastar de tudo para avaliar os seus sentimentos intensos. Não conseguem ser falsos, mesmo que isso signifique uma perda total. Esse traço, naturalmente, dá-lhes uma enorme força, pois não têm medo de se desfazer e de renunciar. Depois que se decidem a fazer algo, sua força de vontade é enorme. Como são de um signo fixo, têm uma resistência extraordinária e mantêm a perseverança até o final.

Os escorpianos são em geral competitivos e não gostam de perder. Quando são derrotados, muitas vezes querem provar que estão certos ou se vingar, não importa quanto tempo tenham de esperar. Por outro lado, quando estão do lado de alguém, são apaixonadamente leais e amorosos, entregando-se totalmente, independentemente de esforço ou sacrifício.

Escorpião é um signo de regeneração. Os nativos deste signo têm potencial para uma tremenda força que emana da sua conexão com as forças criativas fundamentais da natureza. O símbolo mágico da fênix renascendo das cinzas representa a sua habilidade de renascer, para subir novamente das profundezas às alturas com uma nova compreensão e poder. Para os escorpianos é tudo ou nada; eles não querem viver em um nível superficial e precisam de desafios para trazer à tona o poder e sentirem-se vivos.

♐ Sagitário

Os sagitarianos são espíritos livres, com um estilo amigável e independente. Não gostam de ser amarrados e são idealistas incuráveis, sempre procurando expandir horizontes e melhorar a própria situação. Otimistas e despreocupados, eles têm amor à verdade, à honestidade e à justiça, o que faz com que tenham uma maneira muito filosófica de abordar a vida.

Indivíduos animados, os nativos deste signo pensam em larga escala e têm grande visão. Sua habilidade para perceber o "grande plano" significa que estão sempre trabalhando em algum projeto para o futuro. Adoram explorar e são viajantes inveterados, da mente e do mundo. Como dão muito valor ao conhecimento e à sabedoria, eles procuram inspiração para si mesmos e para os outros, desejando, genuinamente, animar as pessoas com suas palavras divertidas e inteligentes ou com um sorriso. Infelizmente, muitas vezes alcançam o efeito oposto, pois se esquecem de pensar antes de falar. Diretos e francos, os sagitarianos dizem qualquer coisa que vem à mente com uma honestidade e uma franqueza que espantam. Contudo, depois de dar um fora, os sagitarianos se desculpam animadamente, o que faz parte do seu charme, pois assim eles podem, genuinamente, garantir que não tinham intenção de ofender e acabam sempre sendo perdoados.

♐

NONO SIGNO
MUTÁVEL FOGO
PARTE DO CORPO: QUADRIS E COXAS
PALAVRAS-CHAVE: HONESTIDADE, EXPLORAÇÃO, IDEALISMO

♐

Por meio de sua constante necessidade de expansão, os sagitarianos freqüentemente se dedicam ao aprendizado mais elevado e gostam de explorar assuntos como filosofia, religião, viagens e direito. Alguns sagitarianos são mais esportivos do que intelectuais e se divertem com jogos. Geralmente afortunados, eles adoram correr riscos de uma forma ou de outra, e podem ser levados ao jogo ou à especulação.

O que quer que os sagitarianos façam, fazem-no com estilo. Diante de sua necessidade de desfrutar as coisas boas da vida, eles muitas vezes querem o melhor. Mas é importante que tomem cuidado para não levar o gosto por extravagâncias longe demais e se tornar ávidos ou auto-indulgentes. Para compensar, os sagitarianos são bem-humorados e sinceros. Adoram a liberdade de se movimentar e por isso preferem deixar todas as opções abertas.

Entusiásticos, calorosos e generosos, os nativos de Sagitário são como os arqueiros, que miram com suas flechas à distância. Eles sabem como se divertir e são ávidos por aventuras.

♑ Capricórnio

Por serem os mais realistas, os capricornianos sabem muito bem que nada se ganha sem trabalho árduo. Eles têm um forte senso de dever e esperam com paciência a realização das próprias ambições. Como a cabra, eles no final subirão ao topo da montanha, mesmo que isso demore a vida inteira.

Trabalhadores árduos, diligentes e determinados, os capricornianos precisam ter um propósito, pois sem objetivo preciso sentem-se perdidos. Eles desejam ordem e estrutura para se sentir completos e geralmente fazem listas de tarefas diárias. A segurança é importante para eles e, influenciados por seu planeta regente, Saturno, encaram a vida de forma cautelosa e conservadora. Nutrem um grande respeito pela autoridade e admiram a sabedoria da idade e a experiência. Isso se estende ao trabalho que fazem, pois os nativos de Capricórnio são muito conscienciosos. Contudo, podem também ser teimosos, frios e calculistas, usando sua dureza saturnina para alcançar metas egoístas, em vez de usá-la para se autodisciplinar, normalmente uma das suas maiores qualidades.

♑

DÉCIMO SIGNO
CARDINAL TERRA
PARTE DO CORPO: OSSOS
PALAVRAS-CHAVE: AMBIÇÃO, CONSCIÊNCIA, DILIGÊNCIA

♑

As características de economia, praticidade e parcimônia do elemento terra do capricorniano se misturam bem com o seu desejo de *status* e prestígio, permitindo que eles conquistem posições de poder sem desperdiçar esforços. Não são frívolos nem volúveis — assumem as responsabilidades seriamente e colocam a casa e a família no topo de suas prioridades. Infelizmente, os capricornianos podem também ser pessimistas, sentindo que nunca são bons o suficiente, e devem se proteger da depressão. Quando têm dúvidas quanto a si próprios e quanto às suas habilidades, eles podem desistir antes mesmo de tentar, mas quando têm a segurança proporcionada por uma sólida base, podem ser incansáveis no impulso para o sucesso. Mais do que qualquer outra coisa, os nativos deste signo precisam desenvolver uma perspectiva otimista e positiva.

Lembre-se de que sob o exterior ligeiramente tímido e reservado dos capricornianos, há um maravilhoso senso de humor e uma tenacidade que deriva da disciplina interior. Quando as pessoas precisam de ajuda, sabem que sempre podem contar com um capricorniano confiável e sólido.

♒ Aquário

Originais e anticonvencionais, os aquarianos são progressistas e independentes. O interesse dos aquarianos pela raça humana é como um exercício intelectual. Sempre agindo como observadores imparciais, eles são capazes de um ponto de vista impessoal e não emocional. Essa tendência significa que eles podem pensar em termos de consciência de grupo, percebendo que as pessoas são indivíduos separados que operam dentro de um todo maior. Essa consciência humanitária é uma forte característica dos aquarianos, que sempre trabalham por objetivos universais e filantrópicos e fazem campanhas por causas justas. A falta de separatismo faz dos aquarianos pessoas amigáveis e úteis, permitindo que falem a estranhos como se os conhecessem.

DÉCIMO-PRIMEIRO SIGNO
FIXO AR
PARTE DO CORPO: TORNOZELOS E PANTURRILHAS
PALAVRAS-CHAVE: DESAPEGO, HUMANITARISMO, INDEPENDÊNCIA

A inclinação à rebeldia dos nativos de Aquário se origina do seu planeta regente, Urano, que é conhecido pela habilidade de perceber tendências futuras, como também pela grande necessidade de liberdade. Aquarianos não gostam de receber ordens e gostam de pensar independentemente e de fazer as coisas do seu jeito único. A insistência em seguir um determinado caminho certamente faz com que eles muitas vezes sigam exatamente o caminho oposto. A combinação da grande necessidade de ser do contra com o seu signo fixo pode torná-los pessoas teimosas. Felizmente, eles sempre estão abertos a ouvir pontos de vista diferentes, contanto que sejam apresentados com objetividade. A perspectiva futurista dos aquarianos permite-lhes abraçar os avanços tecnológicos sem se sentir intimidados. Como Urano, os aquarianos têm uma qualidade excêntrica, que pode se manifestar na forma de uma intuição mental. Isso pode sempre produzir o "efeito eureca", quando subitamente descobrem que alguma coisa é verdadeira. Essa genialidade burlesca pode torná-los voláteis e imprevisíveis, mas também altamente inventivos.

Embora cada aquariano tenha uma aparência individual, todos sabem que são parte de um grupo unido que defendem os direitos humanos e as causas sociais. Mesmo que o resto do mundo não possa compreendê-los atualmente, os aquarianos serão compreendidos no futuro.

♓ Peixes

Os piscianos possuem uma natureza sentimental altamente desenvolvida. Os sensíveis piscianos constantemente recebem impressões do ambiente exterior, embora estejam sempre aguçadamente conscientes das próprias motivações interiores. Eles sempre se retiram para o mundo privado dos sonhos para desfrutar os devaneios da sua poderosa e extraordinária imaginação e, às vezes, para escapar da realidade mais dura da vida. O símbolo de Peixes é representado por dois peixes nadando em direções opostas, indicando uma personalidade dual de extremos. Às vezes, os nativos de Peixes podem se sentir cansados e letárgicos, ou apenas erráticos, e, em outros momentos, podem ser eficientes, precisos e extremamente trabalhadores.

♓

DÉCIMO-SEGUNDO SIGNO
MUTÁVEL ÁGUA
PARTE DO CORPO: PÉS
PALAVRAS-CHAVE: COMPAIXÃO, RECEPTIVIDADE, IMAGINAÇÃO

♓

Espiritualmente abertos a todas as emoções mais sutis, piscianos podem demonstrar generosidade e compaixão. Como nem sempre possuem fronteiras bem demarcadas, podem muitas vezes se dissolver nas necessidades de outras pessoas. Por isso, os piscianos precisam ser cuidadosos para não perder o próprio senso de autovalorização ou até mesmo para não se martirizar. Em geral, precisam ser sempre animados como forma de estimular sua confiança e, às vezes, podem ser bastante obstinados, não permitindo que ninguém os influencie. O signo menos egoísta do zodíaco, Peixes pode ser extremamente paciente, mas se for provocado pode se tornar surpreendentemente agressivo.

Sentimentais, amáveis e emotivos, os piscianos são muito receptivos ao meio ambiente ou aos sentimentos dos outros. Combinada com a sua impressionante imaginação, essa qualidade faz com que os piscianos sejam excelentes em qualquer tipo de cura, música, arte, teatro ou fotografia, e, em particular, em assuntos de natureza espiritual. Assim como os peixes que nadam em direções opostas, os piscianos também podem sofrer oscilações de humor. Às vezes, são extremamente otimistas e em outras ocasiões podem se tornar vagos ou sofrer de falta de impulso e desistir facilmente. Nesses momentos, eles devem se resguardar do escapismo ou do desânimo. É especialmente fácil para os piscianos idealistas projetarem as próprias expectativas elevadas e seus sonhos em outras pessoas e acabarem desiludidos.

Felizmente, eles podem usar essa habilidade psíquica natural para se conectar diretamente com a consciência de toda a humanidade. São os visionários que podem levantar os ânimos dos que estão à sua volta com humor, charme e simpatia.

Os dez planetas

Cada um dos planetas representa uma função psicológica e corresponde aos diversos aspectos da nossa personalidade. Os traços de caráter são sugeridos pelas posições dos planetas e pela relação que eles mantêm entre si. Na Astrologia, o Sol e a Lua, tecnicamente chamados de *luminares*, estão incluídos nos dez planetas que compõem o nosso sistema solar. Os assuntos-chave associados a cada planeta estão listados a seguir.

☉ O sol

Como centro de energia do nosso sistema solar, o Sol irradia o poder da luz e da vitalidade e está relacionado à força doadora da vida. Na Astrologia, ele representa a fonte de energia de cada criatura viva e fornece uma afirmação vigorosa de individualidade. O Sol significa o centro do nosso ser, nosso senso de identidade e ego. O glifo do Sol é um círculo com um ponto no centro, indicando o coração do nosso universo físico. No simbolismo esotérico, esse círculo representa a totalidade do infinito ou da eternidade; o ponto no meio significa um ponto particular no tempo e no espaço dentro dessa totalidade. Força de vontade, energia, força e auto-expressão são apenas alguns dos atributos do Sol. Ele também representa a ambição e o orgulho, a consciência e a autoconfiança e é uma metáfora do pai e do arquétipo masculino. Na mitologia, os reis e os heróis são freqüentemente associados a Hélio ou ao Sol, que é o planeta que rege Leão.

Positivo: vitalidade, individualidade, criatividade, vigor, força de vontade, inspiração, autoconsciência, o ego, identidade

Negativo: egoísmo, autocentramento, orgulho, arrogância, dominação

☾ A lua

A Lua recebe a luz refletida do Sol e é o único satélite que orbita em torno da Terra. A influência da Lua é essencialmente receptiva e não-racional. A Lua simboliza as nossas necessidades emocionais e instintos e governa o elemento água, incluindo os oceanos e as marés, além da vida noturna. Na Mitologia, Ísis, Ártemis e Diana representam as diversas faces da deusa Lua. Tradicionalmente, a Lua está associada ao feminino e à antiga concepção grega de Gaia. Geralmente associada às intuições e à habilidade psíquica, a Lua é também muito retratada no folclore, na poesia e na mitologia. Sua divindade é particularmente expressa por meio da feminilidade e do ciclo de fertilidade, concepção, nascimento, maternidade e abundância da natureza.

Na Astrologia Psicológica, a Lua representa as nossas reações inconscientes e experiências subjetivas. Ela também corresponde ao ímpeto inconsciente de satisfazer as nossas necessidades básicas. A Lua reflete as nossas diferentes tensões e nos força a expressar esses sentimentos. A Lua também influencia as flutuações desses sentimentos ou humores e governa o signo de Câncer.

Positivo: sensibilidade, nutrição, receptividade, intuição, habilidade psíquica

Negativo: humor instável, supersensibilidade, excesso de emotividade

☿ Mercúrio

Na Mitologia, Mercúrio é o mensageiro dos deuses, que deu ao homem a linguagem e a capacidade de se comunicar e de aprender. Entre os gregos, Mercúrio era conhecido como Hermes, que deu de presente à humanidade a escrita e a linguagem.

Mercúrio tem um talento para a retórica e para a impostura mental, um reflexo da habilidade de desenvolver a mente consciente até que nos tornemos bastante inteligentes para o nosso próprio bem. Embora seja muitas vezes retratado como uma figura masculina jovem, Mercúrio não é feminino nem masculino. Isso simboliza o seu papel como um meio neutro de troca de informações. Mercúrio reflete o pensamento intelectual e racional e os poderes de discriminação e está associado ao comércio.

Psicologicamente, Mercúrio representa a habilidade mental e a necessidade de compreender e se comunicar, seja por meio do discurso, da escrita, do ensino, ou de qualquer outra forma de expressão mental.

Mercúrio rege os signos de Gêmeos e Virgem.

Positivo: inteligência, agilidade mental, capacidade de comunicação, intelectualidade

Negativo: impostura, intelecto fraco ou desenvolvimento excessivo do intelecto, falta de lógica

♀ Vênus

Na Mitologia, Vênus é a deusa do amor e da beleza, a mãe de Eros. Para os gregos, ela era conhecida como Afrodite. Simbolizando o princípio feminino, Vênus harmoniza e cria a unidade, além de também conferir o apreço pela natureza e pela arte.

Na área da Psicologia, Vênus representa o impulso para se relacionar com os outros, a expressão das necessidades amorosas e aquilo que traz prazer. Vênus é popular, charmosa e sedutora, embora possa ser um tanto indulgente e despreocupada.

Por tentar evitar confrontos a todo custo, Vênus procura neutralizar as ameaças, cativando ou seduzindo os seus opositores. Como a função de Vênus é promover a união, a atração exerce um papel importante. Vênus confere ênfase à aparência externa, à sociabilidade, ao amor romântico e ao sexo oposto. O planeta Vênus confere ainda um caráter doce, apreço pela natureza e desejos fortes. Vênus também 'suaviza' tudo o que toca e dota de senso estético e bom gosto, refinamento natural e talento para a arte e a música. Vênus governa tudo o que você valoriza e revela as suas atitudes em relação ao dinheiro e posses, além da autovalorização.

Vênus rege os signos de Touro e Libra.

Positivo: amor à beleza e à arte, calor humano, sociabilidade, senso de valor, cooperação

Negativo: busca do prazer, indulgência excessiva, preguiça, luxúria

♂ Marte

Na Mitologia, Marte é o deus da guerra.

Marte governa o nosso instinto de sobrevivência, seja nas ocasiões em que lutamos, seja nas ocasiões em que fugimos. Por ser a antítese de Vênus, Marte representa o princípio masculino e é competitivo, assertivo e pronto para a ação. Marte é cheio de energia e impulso e dá prova de coragem e vigor dinâmico quando enfrenta os adversários.

Marte também é associado ao arquétipo do herói. As qualidades marcianas são freqüentemente associadas a atos de bravura e indicam uma mentalidade destemida. Na vida moderna, podemos usar a energia de Marte para impulsionar a nossa carreira, realizar os nossos objetivos ou defender as nossas convicções.

Como a função de Marte diz respeito à nossa vontade de sobrevivência, ela é relacionada à liberação de adrenalina nos nossos corpos e à habilidade de reagir rapidamente. Em excesso, essas mesmas energias que geram assertividade e nos ajudam a lutar também podem se manifestar em um temperamento difícil, na raiva, na agressão e na impaciência. No entanto, sem Marte nós não teríamos dinamismo, vigor, iniciativa ou impulso para alcançar as nossas ambições pelo esforço.

Marte governa o signo de Áries.

⬆ **Positivo**: assertividade, coragem, dinamismo, ação, vigor
⬇ **Negativo**: agressividade, violência, comportamento grosseiro, raiva, inquietude

♃ Júpiter

Júpiter é o maior planeta do nosso sistema solar. Com o mesmo nome do deus do panteão romano (conhecido como Zeus entre os gregos), na Mitologia, Júpiter era associado à sabedoria, à vitória e à justiça. Em consonância com o seu grande tamanho, Júpiter expande ou exagera. Ele representa a nossa habilidade de ir além dos nossos horizontes atuais e buscar um plano ou visão maior, com otimismo e confiança.

O desejo de descobrir o sentido e a verdade maiores significa que Júpiter aborda a vida de forma filosófica. O desejo por um conhecimento mais amplo inspira um maior aprendizado e está ligado às universidades ou professores espirituais.

Além disso, como Senhor da Verdade, Júpiter é, com freqüência, associado ao sistema judicial, aos tribunais, à lei e à ordem.

Juntamente com o impulso de expansão mental, a sorte e abundância estão muitas vezes ligadas a Júpiter. Júpiter estimula o anseio por experiências e viagens a lugares distantes e exóticos. A expansão excessiva, contudo, pode levar à avidez, ao falso otimismo, à insinceridade e ao ego inflado. No melhor dos casos, Júpiter simboliza o idealista generoso e bem-humorado, que tem fé e sabedoria para tornar os próprios planos realidade.

Júpiter rege Sagitário.

⬆ **Positivo**: desejo de verdade, generosidade, idealismo, otimismo, viagens longas, aprendizado elevado
⬇ **Negativo**: exagero, excesso de expansão, falso otimismo, avidez

♄ Saturno

Na Mitologia, Saturno é o Velho Senhor, o Tempo, o Ceifador. Nos períodos grego e romano, Saturno era o deus da ordem social e era reproduzido como o colhedor, com uma foice simbolizando o princípio de que colhemos o que plantamos. Saturno representa a justiça perfeita ou a lei da causa e do efeito.

Psicologicamente, Saturno é o arquétipo do velho homem sábio, do professor. Aceitando a responsabilidade e a disciplina para atingirmos a auto-realização, nós nos tornamos mais velhos e mais sábios. O trabalho e o treinamento árduos sugeridos pela influência restritiva de Saturno, em última análise, valem a pena, porque são a única maneira de aprendizado. Para equilibrar a expansividade de Júpiter, temos a influência restritiva de Saturno, que pode conter o excesso de presunção e manter a ordem. A influência restritiva de Saturno, no entanto, pode gerar pessimismo, medo e seriedade excessiva.

Saturno quer definição, forma e estrutura. Ele cria fronteiras para manter controle, regulação e segurança. Saturno representa qualquer coisa dura, desde os nossos ossos e dentes até as situações em que precisamos ser duros com nós mesmos.

Como este planeta requer que enfrentemos as nossas responsabilidades e deveres, as suas lições são às vezes pouco confortáveis. Saturno é totalmente justo e imparcial: o trabalho dedicado é recompensado. Com Saturno, você não pode esperar algo do nada. Ele fornece determinação e perseverança para sermos bem-sucedidos.

Saturno governa o signo de Capricórnio.

⬆ **Positivo**: disciplina, ordem, autoridade, sabedoria, realismo, paciência, perseverança
⬇ **Negativo**: pessimismo, medo, excesso de severidade

♅ Urano

O antigo nome de Urano era Céu Noturno e, na Mitologia, Urano era o pai de Saturno.

A vastidão dos céus simboliza a nossa habilidade de abrir as mentes para o universal. Urano traz iluminação e liberdade de espírito, rompendo com a restrição e a segurança de Saturno. Esse tipo de liberdade requer que deixemos espaço em nossa vida para o inesperado, ou que ousemos expressar a nossa individualidade, apesar das pressões do conformismo. Mas se forçarmos muito, corremos o risco de nos tornar rebeldes sem causa.

Por uma análise psicológica, por intermédio de Urano nós podemos ampliar o nosso ponto de vista para ter uma visão universal e compreender a humanidade como uma família de irmãos e de irmãs. Urano nos leva a lutar pelos direitos humanos e pela liberdade de expressar o nosso eu. Urano governa a energia elétrica de todos os tipos: ondas de televisão e de rádio, campos magnéticos, *lasers*, computadores e a nova tecnologia eletrônica.

Sempre olhando para o futuro e com capacidade de pensar de forma simbólica e abstrata, Urano representa a intuição e a inventividade. Isso de uma forma geral significa estar à frente da sociedade como um todo e se expressar de maneira individualista e não-convencional.

Urano rege o signo zodiacal Aquário.

⬆ **Positivo**: liberdade, humanitarismo, desapego, objetividade
⬇ **Negativo**: rebelião, excentricidade, tendências revolucionárias, teimosia

♆ Netuno

Na Mitologia, Netuno é o rei do mar, profundo, insondável e misterioso. Assim como o oceano pode dissolver as rochas em areia, Netuno pode, lenta e sutilmente, dissolver as barreiras criadas pelo ego, levando-nos à experiência mística. A névoa que paira sobre o mar é análoga à névoa que circunda este planeta, onde nada é sólido e tudo é ilusório e enigmático.

Psicologicamente, a função de Netuno é nos ajudar a transcender as nossas limitações, por meio do refinamento e da purificação de nossa natureza emocional. Diferentemente de Saturno, ele não tem fronteiras, mas sim um senso de unidade com todas as coisas. Contudo, essa habilidade para se misturar com tudo pode gerar uma sensação de incerteza. A extrema sensibilidade a tudo, indicada pela influência de Netuno, pode conferir uma grande compaixão pelo sofrimento da humanidade.

Ele ainda oferece a habilidade de se perder na inspiração criativa da arte, da música ou do teatro. Netuno pode dar ao artista a inspiração e a imaginação para tudo o que é possível. Com uma percepção e imaginação elevadas, pode ser fácil escapar para um mundo de fantasia, para o excesso de drogas ou de álcool, ou enganar a si mesmo e entrar em confusão. O trabalho positivo com Netuno envolve uma visão do nosso ideal que nos leva a alcançar os nossos sonhos.

Netuno rege o signo zodiacal de Peixes.

⬆ **Positivo**: sensibilidade, visão, compaixão, inspiração, transcendência

⬇ **Negativo**: ilusão, engano, escapismo, confusão, incerteza

♇ Plutão

Mitologicamente, Plutão, o rei do submundo, representa transformação, morte e renascimento. Plutão significa mudança profunda, e sua energia é intensa e poderosa. Sob a influência de Plutão, podemos ter a habilidade de penetrar ou ler o subconsciente a partir de sinais subliminares que ele gera, especialmente por meio da linguagem corporal. Isso pode ser usado positivamente em áreas como a Psicologia Profunda, mas também pode ser usado para controlar os outros.

A descoberta do planeta Plutão aconteceu na mesma época da descoberta das partículas subatômicas e da publicação da teoria do inconsciente de Jung. Seja governando personagens sombrias do submundo, fanáticos ou terroristas, ou grandes transformadores que trabalham para o bem da sociedade, a energia de Plutão pode ser extrema. Ele também pode provocar esse mesmo nível de reação intensa dentro de nós. Plutão freqüentemente simboliza a reação do tudo ou nada. Como parte de nossos esforços em direção ao auto-aperfeiçoamento, há sempre momentos em que devemos deixar para trás o velho sem garantias para o futuro. A energia da morte e do renascimento é poderosamente simbolizada por Plutão. Com a ajuda de Plutão, aceitamos as mudanças da nossa vida e aprendemos a deixar para trás, na hora certa, o passado ou qualquer coisa que tenhamos de superar. Plutão nos ensina que todo fim é um novo começo e que a vida continua. Esse conhecimento nos ajuda em todo o processo de reconstrução.

Plutão governa o signo de Escorpião.

⬆ **Positivo**: poder, transformação, regeneração, revelação do oculto

⬇ **Negativo**: abuso do poder, obsessão, compulsão

Decanatos

Um decanato consiste em 10 dos 360 graus do círculo zodiacal. Cada signo tem 30 graus daquele círculo, e assim cada signo contém três decanatos espacialmente equivalentes, embora simbolicamente diferentes. Lembre-se de que 30 graus do zodíaco equivalem a uma porção de 30 graus do caminho da Terra em volta do céu. À medida que o Sol passa pelo signo zodiacal (a constelação zodiacal no céu celestial oposta à posição da Terra em relação ao Sol) no curso de um mês astrológico, o Sol passa por três decanatos, um após o outro. O Sol se move para um novo decanato a cada dez dias, aproximadamente. Cada um dos três decanatos adiciona as influências do próprio planeta e signo às influências básicas gerais do signo do Sol.

Considerando o decanato, além do signo do Sol, podemos apurar a leitura da data de nascimento individual. Por exemplo, um capricorniano nascido no segundo decanato estará sob a influência do signo de Touro. Os egípcios antigos consideravam os significados dos decanatos tão importantes quanto os do signo do Sol.

As influências dos decanatos são determinadas pelo elemento associado ao signo que os contém. Cada signo se associa simbolicamente a um dos quatro elementos fundamentais:

- O elemento **fogo** rege: Áries, Leão, Sagitário
  Regentes planetários: Marte, Sol, Júpiter
- O elemento **terra** rege: Touro,Virgem, Capricórnio
  Regentes planetários: Vênus, Mercúrio, Saturno
- O elemento **ar** rege: Gêmeos, Libra, Aquário
  Regentes planetários: Mercúrio, Vênus, Urano
- O elemento **água** rege: Câncer, Escorpião, Peixes
  Regentes planetários: Lua, Plutão, Netuno

A seqüência dos três decanatos obedece ao mesmo padrão de cada um dos doze signos solares. Os decanatos de cada signo do Sol estão associados aos três signos associados ao elemento ligado ao do signo do Sol. Por exemplo, como você pôde ver anteriormente, Áries está ligado ao elemento fogo. Todas as pessoas nascidas sob o signo de Áries pertencem ao elemento fogo. Todos os três decanatos de Áries estão associados a signos correspondentes ao fogo. O primeiro decanato de Áries está associado ao signo do Sol mais próximo de Áries e ligado ao fogo, nomeadamente, o próprio signo de Áries. Em seguida, viajando em direção oposta ao do relógio ao longo do círculo do zodíaco, o próximo elemento fogo será Leão. Leão está, por isso, associado ao segundo decanato. Continuando o percurso pelo círculo, alcançamos o terceiro signo relacionado ao elemento fogo: Sagitário. O terceiro decanato de Áries está associado a Sagitário. Acontece o mesmo para todos os decanatos de todos os signos do Sol.

Cada signo, indo além, está associado a um planeta. Assim como o signo do Sol tem um regente planetário, o mesmo acontece para cada signo do decanato. O decanato de Áries é regido pelo planeta Marte e o decanato de Sagitário é regido pelo planeta Júpiter.

No diagrama a seguir, você poderá ver claramente como os decanatos operam dentro dos diferentes signos. Apresentamos uma lista dos signos do Sol e as influências dos decanatos localizados dentro de cada um deles, juntamente com os dias associados a cada decanato.

ÁRIES, 21 DE MARÇO A 20 DE ABRIL

Áries-Áries	Decanato de Marte: 20-21 de março a 30 de março
Áries-Leão	Decanato do Sol: 31 de março a 9 de abril
Áries-Sagitário	Decanato de Júpiter: 10 de abril a 20-21 de abril

TOURO, 21 DE ABRIL A 21 DE MAIO

Touro-Touro	Decanato de Vênus: 20-21 de abril a 30 de abril
Touro-Virgem	Decanato de Mercúrio: 1 de maio a 10 de maio
Touro-Capricórnio	Decanato de Saturno: 11 de maio a 21-22 de maio

GÊMEOS, 22 de MAIO A 21 DE JUNHO

Gêmeos-Gêmeos	Decanato de Mercúrio: 21-22 de maio a 31 de maio
Gêmeos-Libra	Decanato de Vênus: 1 de junho a 10 de junho
Gêmeos-Aquário	Decanato de Urano: 11 de junho a 21-22 de junho

CÂNCER, 22 DE JUNHO A 22 DE JULHO

Câncer-Câncer	Decanato da Lua: 21-22 de junho a 1 de julho
Câncer-Escorpião	Decanato de Plutão: 2 de julho a 11 de julho
Câncer-Peixes	Decanato de Netuno: 12 de julho a 22-23 de julho

LEÃO, 23 DE JULHO A 22 DE AGOSTO

Leão-Leão	Decanato do Sol: 23-24 de julho a 2 de agosto
Leão-Sagitário	Decanato de Júpiter: 3 de agosto a 12 de agosto
Leão-Áries	Decanato de Marte: 13 de agosto a 22-23 de agosto

VIRGEM, 23 DE AGOSTO A 22 DE SETEMBRO

Virgem-Virgem	Decanato de Mercúrio: 22-23 de agosto a 2 de setembro
Virgem-Capricórnio	Decanato de Saturno: 3 de setembro a 12 de setembro
Virgem-Touro	Decanato de Vênus: 13 de setembro a 22-23 de setembro

LIBRA, 23 DE SETEMBRO A 21 DE OUTUBRO

Libra-Libra	Decanato de Vênus: 22-23 de setembro a 3 de outubro
Libra-Aquário	Decanato de Urano: 4 de outubro a 13 de outubro
Libra-Gêmeos	Decanato de Mercúrio: 14 de outubro a 22-23 de outubro

ESCORPIÃO, 23 DE OUTUBRO A 21 DE NOVEMBRO

Escorpião-Escorpião	Decanato de Plutão: 22-23 de outubro a 2 de novembro
Escorpião-Peixes	Decanato de Netuno: 3 de novembro a 12 de novembro
Escorpião-Câncer	Decanato da Lua: 13 de novembro a 21-22 de novembro

SAGITÁRIO, 22 DE NOVEMBRO A 21 DE DEZEMBRO

Sagitário-Sagitário	Decanato de Júpiter: 21-22 de novembro a 2 de dezembro
Sagitário-Áries	Decanato de Marte: 3 de dezembro a 12 de dezembro
Sagitário-Leão	Decanato do Sol: 13 de dezembro a 21-22 de dezembro

CAPRICÓRNIO, 22 DE DEZEMBRO A 20 DE JANEIRO

Capricor.-Capricor.	Decanato de Saturno: 21-22 de dezembro a 31 de dezembro
Capricórnio-Touro	Decanato de Vênus: 1 de janeiro a 10 de janeiro
Capricórnio-Virgem	Decanato de Mercúrio: 11 de janeiro a 20-21 de janeiro

AQUÁRIO, 21 DE JANEIRO A 19 DE FEVEREIRO

Aquário-Aquário	Decanato de Urano: 20-21 de janeiro a 30 de janeiro
Aquário-Gêmeos	Decanato de Mercúrio: 31 de janeiro a 9 de fevereiro
Aquário-Libra	Decanato de Vênus: 10 de fevereiro a 19-20 de fevereiro

PEIXES, 20 DE FEVEREIRO A 20 DE MARÇO

Peixes-Peixes	Decanato de Netuno: 19-20 de fevereiro a 1 de março
Peixes-Câncer	Decanato da Lua: 2 de março a 11 de março
Peixes-Escorpião	Decanato de Plutão: 12 de março a 20-21 de março

Progressões

As progressões astrológicas são muito usadas como uma técnica do sistema de predições. O mais conhecido método de progressão se faz pela substituição de "um dia por um ano" como modo de mostrar simbolicamente as nossas vidas em câmera lenta. Nesse sistema simbólico de interpretação, os movimentos planetários ao longo de um dia são traduzidos como o movimento de planetas ao longo de um ano. Por exemplo, as posições dos corpos celestiais nos 24 dias depois do nascimento correspondem ao 24º ano da vida da pessoa.

O Sol é o signo do grande círculo estelar do zodíaco oposto à posição da Terra em relação ao Sol. Como a Terra orbita em torno do Sol, este se move através dos diversos signos localizados nos intervalos de 30 graus deste grande círculo estelar.

Neste livro, seguimos essa jornada do Sol através dos vários signos e interpretamos como isto afeta cada indivíduo. Com o sistema de progressão de "um dia por um ano", o Sol demora aproximadamente trinta anos, e não trinta dias, para viajar por cada signo zodiacal. Por exemplo, se você nasceu na cúspide entre dois signos, no sistema "um dia por um ano" o seu Sol progredido chega à próxima cúspide depois de trinta anos, no seu 30º aniversário. Se você nasceu no décimo quinto dia de um determinado signo do Sol, o seu Sol progredido se move até o próximo signo do Sol depois de quinze anos; no seu 30º aniversário, você terá alcançado a metade deste signo.

Se você nasceu perto do final do signo zodiacal ou em uma cúspide, o seu Sol progride até o próximo signo zodiacal em poucos anos. Nessas ocasiões, você pode sentir uma afinidade maior com o signo seguinte do que com o seu signo solar. Colocamos abaixo três exemplos e um mapa correspondente das progressões do Sol; os períodos de mudança estão assinalados com um X.

EXEMPLO 1: Se você nasceu no início do signo de Gêmeos, isto é, no dia 23 de maio, o seu Sol progride através de Gêmeos durante vinte e oito anos. Ele se move para o signo de Câncer quando você tem cerca de 29 anos. Em seguida, o Sol demora mais trinta anos para completar a jornada através do signo de Câncer e se mover para Leão, quando você completa 59 anos.

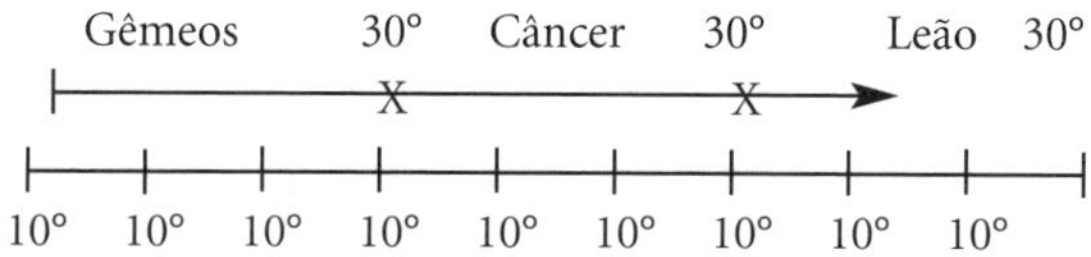

EXEMPLO 2: Se você nasceu no meio do signo de Virgem, isto é, no dia 7 de setembro, o seu Sol progredido irá mudar de signo zodiacal e entrar em Libra quando você tiver 15 anos. O Sol precisará então de mais trinta anos para atravessar o signo de Libra, antes de entrar no signo de Escorpião, quando você tiver aproximadamente 45 anos. Outra mudança ocorrerá aos 75 anos, quando o seu Sol progredido entrar no signo de Sagitário.

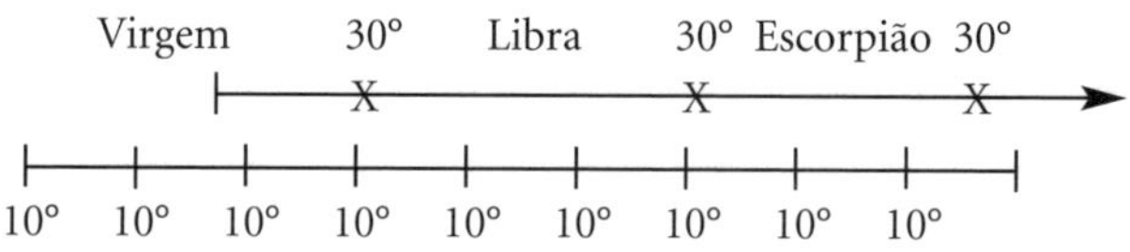

EXEMPLO 3: Se você nasceu nos últimos dias de Sagitário, o seu Sol progride até Capricórnio quando você ainda é bebê. O Sol precisa então de trinta anos para atravessar Capricórnio. Outra mudança ocorrerá aos 31 anos, quando o seu Sol progredido entrar no signo de Aquário. Quando você completar 61 anos, o seu Sol progredido mudará novamente de signo e entrará em Peixes.

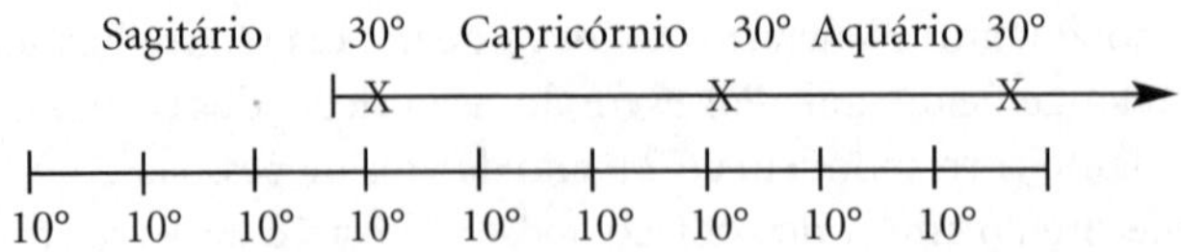

Introdução às Estrelas Fixas

As Estrelas Fixas pertencem ao grande Cosmos e não ao nosso sistema solar. Diferentemente dos planetas que orbitam o nosso Sol, as estrelas fixas também são sóis; de fato, dependendo da sua magnitude, algumas estrelas fixas são muito maiores e mais brilhantes do que o nosso Sol. Quando falamos a respeito de estrelas fixas, usamos o termo "anos-luz" para descrever as vastas distâncias que são difíceis de calcular ou entender. Devido à distância que essas estrelas estão da Terra, para nós elas parecem estacionárias e são, por isso, chamadas de estrelas "fixas". A influência das Estrelas Fixas é referente à sua força, que é calculada pelo seu brilho.

Embora haja milhões de Estrelas Fixas no Universo, na prática astrológica, relativamente poucas delas são consideradas — propriamente, as que estão localizadas perto do anel zodiacal. A observação e a relação das Estrelas Fixas com os eventos do mundo tiveram início milhares de anos atrás. Os nomes delas foram dados nas eras mesopotâmica e babilônica. As Estrelas Fixas foram mencionadas na Epopéia de Gilgamesh e, juntamente com os cometas, eclipses e planetas, desempenhavam um importante papel na interpretação dos fenômenos do tempo. Além dos babilônicos, os egípcios acreditavam na poderosa influência das Estrelas Fixas. Como conheciam o poder da natureza e eram dependentes do rio Nilo para a sobrevivência, os egípcios celebravam o solstício de verão do calendário agrícola com ritos de fertilidade e associavam o nascer da estrela Sirius à inundação do rio Nilo. Recentemente, surgiram muitos indícios de que os egípcios alinharam as majestosas pirâmides de Giza ao Cinturão Oriental. Embora muitos historiadores ainda achem que as grandes pirâmides são uma testemunha dos grandes reis do Egito, diversas novas descobertas arqueológicas revelam uma nítida conexão entre o projeto da Pirâmide de Queóps e as estrelas circumpolares.

Na história do nascimento de Jesus, uma estrela guiou os três homens sábios ao estábulo de Belém. Na Grécia, em torno do ano 250 a.C., foram registrados catálogos de Estrelas Fixas. A observação das Estrelas Fixas continuou por toda a História e foi incorporada à compreensão celestial dos antigos. As Estrelas Fixas eram associadas a diferentes aspectos da vida; a origem da sua interpretação deriva dos símbolos com os quais as constelações eram associadas. Por exemplo, na constelação de *Alpha Leonis*, ou Leão, a estrela fixa mais brilhante é *Regulus* (também chamada de Coração do Leão), que simboliza força, poder e autoridade. Ela é uma das Estrelas Fixas mais importantes do céu e está associada à realeza e às honrarias. Usualmente, ela aparece nos mapas de reis, rainhas, regentes e altos funcionários de governo. Essa estrela está também associada às pessoas que são favorecidas pelo público e confere autoridade.

A importância das estrelas fixas deriva do fato de que os corpos materiais do Cosmos estão em estado de corrente elétrica e são circundados por um campo magnético. Mesmo a emissão mais fraca pode influenciar a Terra. Isso é incrivelmente semelhante ao termo "efeito borboleta", usado pela moderna teoria do caos, que acredita que até mesmo uma asa de borboleta batendo no ar pode criar um efeito ondular que leva a uma transformação do sistema meteorológico em outra parte do mundo.

Como as Estrelas Fixas são essencialmente as mesmas que o nosso próprio Sol, elas têm campos de força similares. O efeito das estrelas é medido por sua magnitude e brilho.

As Estrelas Fixas proporcionam uma compreensão fascinante do subconsciente e do potencial ou problemas que um indivíduo pode ter. Essa interpretação, contudo, deve ser analisada cuidadosamente em relação ao horóscopo natal completo; as Estrelas Fixas não são interpretadas separadamente, mas sempre tomadas como uma subinfluência nas qualidades celestiais dos planetas. As Estrelas Fixas devem ser entendidas como uma força que amplia ou diminui as forças dos planetas com os quais mantêm contato.

Listamos nas páginas dos dias de aniversário as Estrelas Fixas mais influentes para cada dia. Freqüentemente, outras Estrelas Fixas exercem influências adicionais, e nós incluímos as suas interpretações no apêndice acerca de Estrelas Fixas no final deste livro.

Observe que nem todos os dias deste livro estão associados a uma estrela fixa. Discutimos apenas as estrelas associadas ao Sol, e quando não há estrelas de grande influência próxima ao Sol em um determinado dia, esse dia de aniversário não tem estrelas fixas. É provável, no entanto, que haja outras estrelas fixas associadas às posições dos planetas naquele dia. Com um mapa natal, você poderá usar o apêndice deste livro para entender as influências que as Estrelas Fixas associadas ao seu planeta exercem sobre você. Nossa discussão a respeito das Estrelas Fixas neste livro pretende ser somente uma introdução ao seu intrincado e fascinante reino.

Estrelas Fixas: regras básicas de interpretação

Em um ano, o Sol viaja através dos 360 graus do círculo zodiacal. Os doze signos astrológicos ocupam, cada um, 30 graus deste círculo. As estrelas fixas ocupam pontos de graus únicos, mas as suas órbitas, ou espectro de influência, podem ter muitos graus. A magnitude da estrela afeta a potência da sua influência. Tanto o espectro quanto a potência devem ser calculados para a determinação do potencial de duração e força da influência exercidos pela Estrela Fixa. Quando o Sol ou um planeta estão dentro da órbita de uma estrela fixa, a influência da estrela é nitidamente sentida, mais poderosamente no momento da conjunção e com uma intensidade menor à medida que o Sol ou o planeta se movem para fora da órbita.

Magnitude da Estrela Fixa

O poder de uma estrela é julgado por sua magnitude.

A maior magnitude: entre 0 e -1.

Magnitude 1: orb de 2° 30'
Magnitude 2: orb de 2° 10'
Magnitude 3: orb de 1° 40'
Magnitude 4: orb de 1° 30'
Magnitude 5: estrelas, agrupamentos e nebulosa: orb menor que 1°

Neste livro, ilustramos as influências positivas e negativas dessas estrelas sobre o dia de aniversário individual. Tentamos não apenas fornecer as interpretações clássicas, mas também sugerir os seus efeitos vistos à luz das interpretações da Psicologia Moderna.

Demos uma classificação de força para cada estrela, que corresponde a sua magnitude. Uma magnitude de -1, a maior, recebe uma classificação de força correspondente a dez estrelas. Uma magnitude de 5, a mais fraca, recebe uma classificação de duas estrelas.

Lista das estrelas fixas de Touro

♉	
Mirach	★★★★★★★★
Mira	★★★★★
El Scheratain	★★★★★★★
Hamal	★★★★★★★★
Schedir	★★★★★★★
Alamak	★★★★★★★★
Menkar	★★★★★★★
Zanrak	★★★★★★
Capulus	★★★★
Algol	★★★★★★★
Alcyone	★★★★★★

Introdução à Numerologia

A crença de que os números possuem poderes sagrados é compartilhada não apenas pelas culturas arcaicas e pelos filósofos gregos, mas também pelos estudiosos renascentistas e muitos matemáticos contemporâneos.

Os entalhes gravados em ossos encontrados no Zaire, que datam entre 9000 e 750 a.C., correspondem às marcas das fases lunares e são um dos primeiros sinais da adiantada atividade matemática.

A Numerologia é tão Antiga quanto a Astrologia e tem a sua origem nas culturas mesopotâmica, judaica e grega antigas. Por exemplo, acreditava-se que os números e cartas do Antigo Testamento estavam relacionados a significados ocultos relativos a mensagens, sonhos e nomes de pessoas. Cada cultura desenvolveu o seu próprio sistema de interpretação de números para dar sentido ao Universo e à natureza humana. Os mais respeitados sistemas que contêm a Numerologia são as teorias de Pitágoras, da cabalística, do I Ching e dos maias.

Muitos filósofos gregos ficavam intrigados com o mistério dos números. Um dos mais extraordinários pensadores da antiga época grega foi Pitágoras, que dizia que os números eram sagrados e que "todas as coisas são números". Ele era um líder religioso, místico e estudioso de matemática pura. Diferentemente de muitos matemáticos modernos, ele unia a teologia ao pensamento racional. Pitágoras deixou um legado único à cultura ocidental e um início para a identificação dos números. Ao descobrir a importância da ligação entre a música e os números, ele estabeleceu uma conexão harmônica entre as notas musicais e a Matemática. Ao perceber que os números correspondiam às formas, ele foi o primeiro a descrever as figuras oblongas, o quadrado e o triângulo como um conjunto de pontos ou números. Seus seguidores, os pitagóricos, foram também os primeiros a acreditar que os princípios da Matemática eram a base de todas as coisas existentes e, desde então, entre esses princípios, os números são por natureza arquétipos primários, pois eles, acima de qualquer outra coisa, estabelecem a ordem na natureza e no Universo.

Alguns matemáticos contemporâneos dão eco a essas crenças e argumentam que quanto mais profundamente se percebe a maneira como o Universo funciona, mais se percebe que o Cosmos tem uma essência matemática. Os números e a Matemática salientam o modo mais preciso pelo qual o Universo se comporta.

Há três padrões básicos de números. Podemos ver os números por meio de teorias matemáticas, de definições filosóficas e de simbolismo numérico. No início do século XX, Jung interpretou o número como um arquétipo de ordem que se tornou consciente e afirmou que os números são instrumentos para a criação da ordem. Ele acreditava que um número tem uma natureza qualitativa e quantitativa. De fato, mesmo as investigações da física das partículas sugerem que as mudanças na quantidade atômica resultam em diferenças qualitativas perceptíveis no mundo macroscópico.

A Numerologia, da mesma maneira que a Astrologia, é um sistema simbólico, uma das diversas ferramentas que podemos usar para entender a nós mesmos e a nossa vida. Os números possuem uma natureza dual e podem representar tanto uma força negativa quanto uma força positiva. A exploração do seu significado pode nos ajudar a descobrir e desenvolver o nosso potencial pessoal e nos guiar na nossa vida.

Neste livro, nós nos concentramos particularmente nas interpretações qualitativas dos números em relação ao dia e mês de nascimento de uma pessoa e mostramos nas páginas a seguir como é simples descobrir o seu número holístico.

Como calcular o seu número holístico

O seu número holístico é simbolizado pela soma total dos números do dia, ano e mês do seu aniversário. Esse número revela o propósito da sua vida ou desafio, com os atributos positivos e negativos. Entendendo o seu número holístico, você pode atingir um nível mais alto de autoconsciência. Tudo o que você precisa é somar todos os dígitos, um por um. Por exemplo:

28 de junho de 1956 (28/6/1956) = 2 + 8 + 6 + 1 + 9 + 5 + 6 = 37 = 3 + 7 = 10 = 1 + 0 = 1.
O seu número holístico é 1, que também pode ser lido como 37/1
20 de outubro de 1961 (20/10/1961) = 2 + 0 + 1 + 0 + 1 + 9 + 6 + 1 + 20 = 2 + 0 = 2.
O seu número holístico é 2, que também pode ser lido como 20/2.

Os nove números básicos

A qualidade de cada um dos nove números básicos pode ter uma expressão positiva ou negativa na personalidade da pessoa, dependendo de como ela aborda os desafios da vida.

Número 1

A dinâmica do número 1 é consciente. Os atributos positivos do número 1 são assertividade, criatividade, singularidade e independência. Se o seu número holístico é 1, isso sugere que você é uma pessoa inventiva e cheia de vitalidade, ambição e impulso. Pioneiro e com um espírito ousado, você gosta de assumir um papel de liderança e de expressar a própria originalidade. À medida que conhece a própria força criativa e individualidade, você passa a ter mais necessidade de se expressar e de estar preparado para enfrentar a vida. Freqüentemente, isso pode significar pensar de forma diferente ou agir por conta própria. Às vezes, você pode se sentir isolado do seu ambiente imediato, principalmente se está dando início a novas idéias. A inspiração é a chave para a sua motivação, e o desenvolvimento da sua intuição irá ajudá-lo a decidir o que fazer quando confrontado com diversas escolhas. A sua grande força de vontade e determinação levam-no a liderar e não a ser liderado. Por toda a sua vida, você está propenso a ter experiências que irão ensiná-lo a superar as suas inseguranças, sejam elas de ordem emocional, física ou mental. Assumir a responsabilidade sobre as suas ações também faz parte da sua lição de vida. No melhor dos casos, você é uma pessoa confiante e confiável, que inspira os outros de uma forma positiva. O desenvolvimento da tolerância, da compaixão e da paciência irá ajudá-lo a alcançar os seus objetivos. Quando pode aperfeiçoar as suas habilidades, sente-se encorajado para exibir um pouco da sua originalidade. Os desafios que se colocam para as pessoas de número 1 incluem oscilações entre a falta de confiança e o excesso de confiança, ser uma pessoa exigente, arrogante, egoísta e um tanto ditatorial.

Número 2

A dinâmica do número 2 é sensorial. Os atributos positivos são sociabilidade, receptividade e habilidade para equilibrar as suas necessidades com as necessidades dos outros. Os indivíduos de número 2 têm jeito para lidar com as pessoas e muitas vezes aprendem por meio do trabalho cooperativo. Se o seu número holístico é 2, você é uma pessoa atenciosa e sensível aos sentimentos dos outros e tem uma natureza cortês e romântica.Você é também diplomático, amigável e sociável, com interesse por relações públicas. Intuitivo e adaptável, prospera quando é encorajado, mas pode ser suscetível à bajulação. Você precisa aprender a distinguir entre ser cooperativo e ajudar os outros e ser subserviente e se martirizar devido a inseguranças emocionais. A sua confiança pode ser abalada caso se torne excessivamente dependente; por isso, você precisa dar e receber em medidas iguais. Se você for uma pessoa carente ou vulnerável, outras pessoas podem facilmente se aproveitar da sua natureza gentil. O indivíduo número 2 precisa aprender a lidar com confrontos sem agressividade e aprender a dizer não sem se sentir culpado.Você também se beneficia ao receber ajuda alheia sem parecer fraco. A auto-aceitação é o caminho certo para as pessoas número 2. As suas realizações positivas são alcançar harmonia interior, desenvolver objetivos com propósito e estabelecer limites.

Os desafios para as pessoas número 2 são dependência, inquietude, insegurança, sensibilidade excessiva, ser facilmente desencorajado, desconfiança habitual das pessoas e baixa auto-estima.

Número 3

A dinâmica do número 3 é expressiva ou emocional. Os atributos positivos são a auto-expressão criativa, à sensibilidade, à imaginação e à versatilidade. Se o seu número holístico é 3, isso sugere que você é uma pessoa entusiástica, que gosta de se divertir, é sociável e amigável. Você pode exibir a sua natureza multitalentosa por meio de diversas atividades artísticas. Contudo, fazer escolhas pode ser um de seus desafios. Como uma pessoa número 3, você gosta de interagir com os outros, por intermédio de diversões, de reuniões sociais e de conversas íntimas. Amante da liberdade e emotivo, você precisa expressar a alegria de viver. Você também sabe sintetizar bem o seu conhecimento e transmitir as suas idéias. As pessoas número 3 costumam evitar conflitos, mantendo-se animadas e otimistas. Como o seu aprendizado se relaciona ao crescimento emocional e à auto-expressão, talvez você precise desenvolver uma compreensão mais profunda dos seus sentimentos, e, em vez de manipular as situações, deve expressar aberta e diretamente os seus sentimentos.

Os indivíduos número 3 podem também ter instabilidade emocional ou sentimentos negativos, como inveja e ódio. Embora sejam espirituosos e saibam lidar com as palavras, se se sentirem tímidos e inseguros podem se isolar ou ficar inibidos, achando difícil expressar os sentimentos. A realização e a satisfação emocional normalmente derivam da alegria de compartilhar e aprender a respeito do amor e da compaixão.

Os desafios para o número 3 são a preocupação e a dúvida quanto a si mesmos, a tendência para desperdiçar energia, exagero, intolerância, sentir-se despreparado, indecisão e irresponsabilidade.

Número 4

A dinâmica do número 4 é física. Os atributos positivos do número 4 são praticidade, capacidade de organização e autodisciplina. Se o seu número holístico é 4, você é uma pessoa honesta, direta e trabalhadora, que deseja ter estabilidade. Os indivíduos número 4 são pacientes, meticulosos e sabem que a metodologia e a preparação são essenciais. Qualquer coisa que fizerem na vida precisa ter um propósito e uma aplicação prática. Embora sejam indivíduos severos e que não demonstram as emoções, são leais e confiáveis.

Como número 4, você tem habilidades ligadas à forma, técnica e mecânica. Astutas e preocupadas com a própria segurança, as pessoas de número 4 são atraídas pelo mundo financeiro ou de negócios em geral. Você tende à teimosia e à rigidez e seria bom aprender a ser mais flexível e adaptável. A sua ambição e vitalidade geralmente o ajudam a resistir, enquanto outros desistem por falta de energia. No entanto, talvez seja necessário aprender a não assumir mais do que pode. Embora proteja as pessoas de quem cuida, você precisa superar a tendência a controlar as situações e a ser dominador.

Os indivíduos número 4 são, em geral, conhecidos como construtores e, de fato, podem muitas vezes ser os fundadores de projetos e empreendimentos.

Os desafios para o número 4 são dogmatismo, obstinação, falta de confiabilidade, oscilações entre ser muito preguiçoso ou trabalhar em excesso, dificuldade para deixar o passado para trás e dar em excesso.

Número 5

A dinâmica do número 5 é instintiva. Os atributos positivos do número 5 são engenhosidade, reações rápidas e ação decisiva. Os indivíduos número 5 são entusiásticos e amantes da liberdade. Se tiver uma disposição positiva, você é uma pessoa autodisciplinada e concentrada, com uma mente alerta e astuta. Embora possa ser uma pessoa responsável, você precisa de autonomia para se movimentar livremente.

Geralmente versátil e empreendedor, você gosta de conhecer novas pessoas e de ter experiências diferentes. Liberal e mentalmente aberto, você pode facilmente se adaptar a novas situações ou ter uma atitude progressista. Muitas vezes habilidoso e eficiente, você pode aprender rapidamente e captar as situações com a sua abordagem realista. As viagens e mudanças são parte do estilo de vida do número 5.

Como é provável que seja uma pessoa que segue o fluxo da vida, você aceita bem as mudanças e se adapta a novos ambientes com pouca resistência. Os traços negativos do número 5 são muitas vezes a inquietude, a impaciência e a falta de consistência. Sem propósito e sem perseverança, o número 5 pode vagar pela vida sem objetivos, procurando uma vocação verdadeira; assim, o melhor é não deixar as coisas ao acaso.

Profundidade de entendimento e maior conhecimento podem ajudá-lo a utilizar o seu grande potencial. Se aprender a combinar o seu pensamento rápido com os seus fortes instintos, você pode facilmente se destacar com as suas reações rápidas. Espirituoso e audacioso, você tem uma personalidade cortês e ousada.

Os desafios para o número 5 são comportamento impetuoso e errático, conduta irresponsável, impaciência, falta de consideração, rudeza e tendência a desperdiçar a própria energia.

Número 6

A dinâmica do número 6 é emocional e universal. Os atributos positivos do número 6 são idealismo, criatividade, humanitarismo, compaixão e visão. Os indivíduos número 6 são sensíveis e responsáveis, e muitas vezes julgam a vida de acordo com os próprios sentimentos.

Direto em suas reações, você espelha o seu ambiente imediato e o comportamento das pessoas. Você tanto pode ter amor à casa como ser mundano e pode se envolver com a sua comunidade. Com fortes laços familiares, você pode ser um bom pai, apoiando e animando os seus filhos. Como um indivíduo que age como conselheiro confiável e prático, você tem amigos que sempre o procuram em épocas difíceis. Muitas vezes perfeccionista, você gosta de atividades criativas ou artísticas. Com bom gosto e estilo, senso de beleza e forma, você gosta de decorar a sua casa. Se tem ideais elevados, sabe separar a realidade mundana da vida comum. No entanto, para tornar o mundo um lugar melhor, você deveria se ater aos seus ideais utópicos e tentar viver de acordo com o seu elevado padrão moral. Seria bom, todavia, aprender a superar a tendência a ser crítico e a julgar. Aprendendo a equilibrar os seus sentimentos e pensamentos, você pode criar com as suas limitações. Como uma pessoa número 6, você precisa superar a tendência a se preocupar ou a ficar frustrado. Quanto mais dá, mais recebe.

Os desafios do número 6 são insatisfação, esnobismo, falta de compaixão, criticismo excessivo, dominação e interferência na vida alheia.

Número 7

A dinâmica do número 7 é a intuição e a capacidade mental e racional. Alguns dos atributos positivos do número 7 são honestidade e confiabilidade, capacidade de discernimento, atenção aos detalhes, metodologia e engenhosidade. Analíticos e ponderados, os indivíduos de número 7 são autocentrados e reflexivos e têm habilidade para a perfeição e a precisão. A sua perspectiva autônoma indica que você também é autoconfiante e assertivo. Como prefere tomar as próprias decisões, muitas vezes aprende melhor por meio da experiência pessoal. Se tem tendência a ser excessivamente sensível e inseguro, pode se tornar distante e reservado. Quando não consegue expressar os seus sentimentos, você pode se sentir mal-interpretado.

A habilidade para diferenciar e refinar sugere que, embora possa se tornar uma pessoa que vive procurando defeitos, você pode ser excelente no aperfeiçoamento dos sistemas existentes. Você é bem-informado e meticuloso, o que significa que gosta de reunir informações e tem uma memória excelente. Você sabe analisar a si mesmo e busca uma maior autoconsciência, porque ficar sozinho é muitas vezes importante para a sua introspecção; contudo, tome o cuidado de evitar o isolamento.

O seu interesse em ler, em escrever ou em assuntos espirituais é, muitas vezes, uma fonte de inspiração e de ampliação dos seus horizontes. O desejo de obter uma maior compreensão pode incluir a educação e o mundo acadêmico ou da pesquisa em um campo especializado. Embora intuitivos, os indivíduos número 7 podem se deixar levar pelo excesso de racionalização, o que pode levá-los a se perder em detalhes. Isso, contudo, muitas vezes traz uma falta de fé ou cria uma sensação de dúvida quanto a si próprio e de insegurança. Embora tenha a tendência a ser reservado, enigmático ou retraído, você é curioso e muitas vezes faz perguntas sutis, sem deixar que ninguém saiba o que realmente pensa.

Os desafios a serem superados pelo número 7 são desconfiança, insinceridade, retraimento, ceticismo, confusão, criticismo exagerado, desapego e insensibilidade.

Número 8

A dinâmica do número 8 é emocional e de poder material. Os atributos positivos do número 8 são a força e as convicções fortes. Motivados e determinados, são trabalhadores e autoritários. A força ou o poder sugeridos pelo número 8 mostram um caráter com valores fortes, habilidade de execução e capacidade de julgamento.

Como número 8, você procura a segurança e a consistência em situações permanentes. Autoritário e desejoso de dominação e de sucesso material, o número 8 muitas vezes aspira a grandes realizações e possui uma natureza ambiciosa. Muitas vezes, assume posições de responsabilidade e liderança devido à sua dedicação e perseverança. Como uma pessoa número 8, você tem um senso natural para os negócios e irá se beneficiar muito desenvolvendo as suas habilidades organizacionais e executivas inatas. Talvez você precise aprender a delegar a sua autoridade ou a administrar de forma justa. Se estiver em posição de influência, você pode fornecer aos outros conselhos práticos e proteção. Como um indivíduo número 8, você precisa lidar com poder, paciência e tolerância, aprender a perdoar, a compreender e a considerar as fraquezas das pessoas quando fizer um julgamento. A pessoa de número 8 procura segurança por meio de planos em longo prazo e investimentos para o futuro. Em geral, você tem poder de curar a si e aos outros e se beneficia mais quando aprende a canalizar essas forças em prol das pessoas que estão à sua volta.

Os desafios colocados para o número 8 são impaciência, intolerância, excesso de trabalho, sede de poder, dominação e falta de planejamento.

Número 9

A dinâmica do número 9 é o coletivo ou o universal. Os atributos positivos do número 9 são a compaixão, a tolerância, a paciência, a integridade, a sensibilidade e o humanitarismo. Os indivíduos de número 9 são usualmente magnéticos e carismáticos, com mentes preceptivas e habilidade psíquica que apontam para uma receptividade universal.

Se o seu número holístico é 9, você é, muitas vezes, generoso e intuitivo e tem fortes premonições. Idealista e impressionável, como número 9 você muitas vezes tem visão e julga a vida de acordo com os seus sentimentos e sua receptividade. Esse senso de sabedoria profética implica que, como número 9, você possui sabedoria interior e uma elevada conscientização. Embora possa ser uma pessoa generosa e compassiva, com uma grande imaginação, você pode se iludir ou ficar emocionalmente frustrado quando percebe que as outras pessoas não correspondem às suas expectativas elevadas. Isso pode resultar em oscilações de humor ou em uma tendência para se deixar levar pelo escapismo.

Como número 9, você precisa encontrar a satisfação interior e evitar o desânimo ou a melancolia. Você também deve desenvolver a compreensão, a tolerância e a paciência, bem como aprender a exercer a impessoalidade. Além disso pode ser destinado a servir aos outros ou a contribuir para o bem-estar da humanidade. Sendo universal, você provavelmente irá se beneficiar muito de viagens pelo mundo e com a interação com outras pessoas de outros círculos sociais. A necessidade de superar os desafios e a tendência a ser excessivamente sensível indicam que você se beneficia quando mantém o equilíbrio e evita ter sonhos irreais. A combinação de inspiração e idealismo com uma vida interior intensa e sonhos vívidos sugere que você pode ser a pessoa mais feliz do mundo se procurar um caminho espiritual.

Os desafios que se colocam para o número 9 são nervosismo, egoísmo, teimosia, falta de senso prático, deixar-se levar facilmente, complexo de inferioridade e preocupação.

Como calcular o seu número pessoal anual

Para calcular o seu número pessoal para um determinado ano, simplesmente some o seu mês pessoal com o dia do seu aniversário e o ano em questão. Por exemplo, se você nasceu no dia 28 de junho de 1956 e quer saber como será o ano de 2001, simplesmente substitua o ano do seu nascimento por 2001. Por exemplo:

Substitua o ano do seu nascimento (1956) por 2001.
28 de junho de 2001 = 2 + 8 + 6 + 2 + 0 + 0 + 1 = 19
A vibração será sentida por apenas um ano, de 1° de janeiro de 2001 a 31 de dezembro de 2001.

Interpretações dos nove anos pessoais

Os números pessoais anuais têm ciclos de nove anos.As palavras-chave a seguir descrevem a qualidade da vibração de cada ano pessoal.

Ano 1

É tempo de novos começos.Você terá numerosas oportunidades para a expansão de projetos que já foram estabelecidos ou para o início de programas que têm a marca da sua própria individualidade. Embora haja a possibilidade de você vir a tomar uma nova direção, fazer as escolhas certas exige coragem e confiança. Por isso, ouça a sua voz interior e evite ser desencorajado pelos outros. Se as mudanças estão no ar, esta é a hora de agir. O auto-aperfeiçoamento é verdadeiramente importante para você e é importante que neste ano você seja independente, positivo e ambicioso; se não o for, poderá perder oportunidades que o ano número 1 tem a oferecer. Qualquer tentativa de retrocesso será negada ou é desaconselhável. Na busca para realizar os seus sonhos, evite a preguiça ou a insegurança. A experiência mais gratificante para as pessoas número 1 é criar uma nova idéia ou invenção que beneficie os outros.

Ano 2

Este é um ano de relacionamentos, cooperação e paciência. Você provavelmente irá expandir o seu círculo social e conhecerá pessoas novas. Ao desenvolver a sua capacidade de agir como um apaziguador, você aumenta as suas chances de estabelecer relacionamentos ou parcerias duradouras. Pode ser que você se depare com alguém que represente um verdadeiro desafio e o melhor é enfrentar a situação, pois, se mantiver a mente aberta e positiva, terá muito a aprender com essa pessoa.

Aprender a fazer acordos, manter o equilíbrio, ser diplomático e desenvolver a sua habilidade de comunicação são possibilidades oferecidas a você este ano.

Este é, de forma geral, um ano para o aperfeiçoamento por meio da autoconscientização. Lembre-se de que a maneira pela qual você se relaciona com as pessoas pode ensinar-lhe muitas coisas acerca de si mesmo. O ano número 2 lhe oferece a experiência de estar em boa companhia e de formar novas parcerias baseadas em sinceridade, que lhe permitirão manter a liberdade e a independência.

Ajude os outros enquanto ajuda a si mesmo.

Ano 3

Este é um ano de auto-expressão emocional mediante atividades criativas, diversão e amor. É também uma época para comemorações, e é provável que você sinta necessidade de se divertir mais. As suas energias criativas irão fluir, permitindo que se expresse mais completa e livremente. É um período em que você pode se apaixonar e o seu otimismo jovial irá ajudá-lo a satisfazer a sua necessidade de amor e alegria. Você pode também expandir o seu círculo social, mas evite a tendência ao ciúme, à preocupação, à indecisão e ao desperdício de energia. O número 3 indica também um ano de criatividade e de expansão: ter um filho, viajar por prazer, levar a arte, a música e a cultura para a sua casa, tornando-a mais agradável. Programas sociais, cinema, exibições artísticas e reuniões com os amigos na sua casa são coisas que você quer ou precisa fazer este ano.

Se quiser se expressar artisticamente, esta é uma época excelente para adotar um *hobby* ou uma atividade criativa que sempre tenha sonhado iniciar, como atuar em teatro amador, pintar, dançar, cantar ou escrever.

Tenha confiança em si mesmo, experimente novos projetos e lembre-se de se divertir. As experiências mais gratificantes que o ano número 3 tem a oferecer são o aprendizado das coisas boas da vida e a experiência do crescimento emocional.

Ano 4

Em um ano número 4, a chave é ter uma boa estrutura. Neste ano, a organização, a ordem, a paciência e a aplicação prática irão ajudá-lo a estabelecer uma base mais firme. Neste ano, você pode realizar muitas coisas e terá oportunidades para isso. A necessidade de ter uma perspectiva pragmática sugere que desafios financeiros ou materiais também podem ocorrer, especialmente se os seus recursos forem mal-administrados. Contudo, qualquer que seja a sua situação, esta é a época para fazer uma revisão nas suas finanças e nas questões legais ou ligadas a seguros, bem como fazer os arranjos necessários para que tudo fique mais simples ou eficiente.

Os anos número 4 são bons para os negócios, construção e reformas em propriedades, ou simplesmente para se mudar para um local melhor. No entanto, tome cuidado para não tomar decisões pouco práticas em relação ao seu patrimônio ou apólice de seguro, pois mais tarde você pode se arrepender. O desafio mais importante para este ano é construir uma base sólida e não se deixar levar pela rebeldia ou pela preguiça. A experiência mais gratificante pode ser a conquista de algo de que você venha a se orgulhar.

Ano 5

Este é um ano de mudanças, o que muitas vezes indica que a sua situação, profissional ou pessoal, está em processo de transformação. Oportunidades de viagem (pequenas viagens ou longas jornadas) ou de mudança de emprego podem dar vez a muita atividade. Os seus instintos são poderosos e a necessidade de mudança pode tornar-se crucial. Você pode procurar novas pessoas e novas experiências.

Espere o inesperado e surpresas agradáveis.

Em um ano número 5, é vital fazer ajustes para as mudanças. Tente manter a perspectiva e evite a impaciência, a agitação e o tédio; seja também cuidadoso para não agir no calor do momento e depois se arrepender. Esta é uma época para agir com propósito e determinação, por isso renove a sua aparência ou faça alterações na sua rotina regular para evitar a mesmice. Os elementos mais gratificantes de um ano de número 5 são as experiências de novos aprendizados, novos rostos e novos lugares, bem como saber que você pode conquistar muito em um curto período de tempo.

Ano 6

Este é um ano para assumir responsabilidades, em casa ou no mundo. Como o número 6 é universal, você precisa se interessar mais pelo mundo de modo geral, sem se restringir ao próprio meio. Esta é a época para você se estabelecer em um novo ambiente. As novas responsabilidades muitas vezes dizem respeito aos seus familiares ou à vontade de tornar a sua casa confortável e bonita. Servir aos outros, como por exemplo participar de um trabalho comunitário, faz deste ano uma época de dedicação. Contudo, se trabalhar arduamente durante este ano, você irá colher recompensas positivas posteriormente, pois as oportunidades e os ganhos inesperados vêm da ajuda que dá aos outros. Procure dispor de tempo para estar com seus amigos e entes queridos, pois, neste ano, eles podem precisar de seu apoio. Por ser uma época de incorporação da harmonia e da beleza em sua vida, o ano número 6 oferece uma boa oportunidade para fazer melhorias na sua casa e torná-la mais confortável e luxuosa.

Ano 7

Este é um ano para o auto-aperfeiçoamento, a obtenção de novos conhecimentos e o desenvolvimento mental. O desejo de ter uma nova compreensão ou aprendizado pode encabeçar a sua lista de prioridades, sugerindo que vale a pena fazer uma avaliação de sua vida, refletir acerca dos seus esforços e realizações passados e planejar o futuro. É também um bom ano para aprimorar as suas habilidades ou para dedicar-se ao estudo de um novo assunto. Novas oportunidades podem vir por meio de seu trabalho, como, por exemplo, um aprendizado que pode melhorar a sua posição profissional ou o seu desempenho. Você terá necessidade de passar mais tempo sozinho ou, se estiver sozinho, desejará conhecer novas pessoas com as quais possa compartilhar seus interesses e se comunicar com facilidade. Um livro ou artigo poderão influenciá-lo de maneira profunda ou levá-lo a compreender as coisas sob novos aspectos. Escrever, ler ou se juntar a um grupo intelectualmente estimulante podem ser experiências interessantes. Evite isolar-se do mundo ou criticar excessivamente os que estão à sua volta, pois, em um ano número 7, mal-entendidos têm mais probabilidade de ocorrer. O mais gratificante este ano será procurar alcançar uma compreensão mais profunda da vida e expressar as suas idéias de uma nova maneira.

Ano 8

Este é um ano para agir com decisão, estabelecer e atualizar todos os esforços feitos nos últimos sete anos. Se quiser ser bem-sucedido, este não é o ano para sonhar acordado — você precisará se esforçar e seguir adiante. É provável que surjam oportunidades por intermédio de promoções ou de ganhos financeiros. Planos ou investimentos feitos no passado darão frutos. Este é também um ano de trabalho árduo e de responsabilidades adicionais. Por isso, evite o excesso de trabalho.

Pode ser que você se interesse em fazer investimentos em longo prazo, como, por exemplo, comprar uma propriedade, pois sentirá a necessidade de criar raízes e controlar a sua vida ou ter segurança duradoura. Boas oportunidades de negócios poderão surgir este ano e você terá sorte. Entretanto, é essencial que saiba gerenciar as suas finanças para garantir um bom retorno. Neste ano, procure ter consideração pelos outros e desfrutar o que a vida tem a oferecer, sem querer dominar os outros ou se concentrar somente nos seus ganhos pessoais.

Ano 9

Este é o ano mais importante e espiritual do ciclo numerológico. É um ano de completude, de buscar amarrar o que está solto. Um novo ciclo ainda não nasceu, mas o anterior está se acabando. O fundamental é que no ano número 9 você colhe o que planta. Esta é também uma época para avaliar a sua posição e descartar tudo o que não é essencial. Evite agarrar-se ao passado; se você tiver superado certas situações ou mesmo pessoas, esta é a época de dizer adeus e de planejar o futuro, especialmente no final do ano.

O simbolismo universal do número 9 também indica a conquista da maturidade e a compreensão dos princípios fundamentais da vida — do ciclo de morte e renascimento, do término e do recomeço. O número 9 representa a base do movimento eterno da vida, de mudança e de continuidade. As experiências mais gratificantes para o ano de número 9 são compaixão e perdão. Os seus bons atos não serão vãos: sua caridade para com os outros irá torná-lo uma pessoa melhor e lhe dará coragem para seguir adiante.

Interpretação dos 31 dias pessoais

O número do dia pessoal corresponde ao dia do mês que você nasceu. Ele nunca muda.

Dia 1

O grande desejo de ser o primeiro e independente é sugerido pelo dia do seu aniversário. Como número 1, você tem inclinação para ser original, inovador e corajoso, além de dispor de muita energia. Muitas vezes, há a necessidade de estabelecer uma identidade marcante e de desenvolver a autoconfiança e a assertividade. O espírito pioneiro aqui indicado o encoraja a tomar as suas decisões ou a agir por conta própria, o que o estimula a desenvolver habilidades executivas ou de liderança.

Cheio de entusiasmo e de idéias originais, você freqüentemente mostra aos outros o caminho a seguir. Contudo, a necessidade de ser admirado e popular pode minar a sua confiança, e a tendência a depender dos outros pode surgir da falta de confiança. Com o dia de aniversário número 1, pode ser que você precise aprender que o mundo não gira ao seu redor e tenha de evitar o autocentramento e o autoritarismo.

A vitória e o sucesso são possíveis por meio de novas idéias ou empreendimentos.

- **Positivo:** liderança, criatividade, progressão, vigor, otimismo, forte convicção, competitividade, independência, espírito gregário
- **Negativo:** arrogância, ciúme, egocentrismo, orgulho, antagonismo, falta de controle, egoísmo, fraqueza, instabilidade, impaciência

Dia 2

Sensibilidade e uma grande necessidade de pertencer a um grupo são sugeridos pelo dia de aniversário número 2. Você é, na maioria das vezes, uma pessoa adaptável e compreensiva, que tem prazer em participar de atividades cooperativas, nas quais possa interagir com os outros. Receptivo e influenciado pelo seu ambiente, você possui uma personalidade amigável e calorosa, tem boas habilidades sociais e uma abordagem diplomática. O amor pela harmonia e a inclinação para trabalhar melhor com os outros podem inspirá-lo a agir como mediador em assuntos familiares ou a atuar como apaziguador. Na sua tentativa de agradar os outros, você corre o risco de se tornar excessivamente dependente. Quando desenvolve a autoconfiança, você pode superar a tendência a se magoar com facilidade com as ações e críticas alheias. Nas suas relações amorosas e sociedades, aprenda a confiar na sua intuição. Evite a inclinação à manipulação.

Positivo: boas parcerias, gentileza, tato, receptividade, intuição, consideração, harmonia, boa vontade extrema, agradável

Negativo: desconfiança, subserviência, timidez, hipersensibilidade, egoísmo, facilmente magoável, ardiloso, mentiroso

Dia 3

Necessidade de amor, criatividade e expressão emocional são indicados pelo dia de nascimento número 3. Uma pessoa que gosta de se divertir, de fácil trato e boa companhia, você gosta de atividades sociais amigáveis e tem muitos interesses. A sua versatilidade e necessidade de auto-expressão podem levá-lo a ter numerosas experiências. A sua inclinação para se entediar facilmente pode levá-lo a se tornar indeciso ou a querer abraçar o mundo com as pernas. Mas como uma pessoa com o dia de aniversário número 3, você é em geral artístico e charmoso e tem senso de humor.

Talvez seja preciso desenvolver a auto-estima e evitar a tendência a se preocupar, a sentir ciúmes e outras manifestações de insegurança emocional. As relações pessoais e uma atmosfera amorosa são de importância vital para você, pois lhe dão entusiasmo e inspiração.

Positivo: humor, felicidade, amizade, produtividade, criatividade, habilidade artística, poder de desejar, amor à liberdade, talento com as palavras

Negativo: tédio, vaidade, exagero, extravagância, auto-indulgência, preguiça, hipocrisia, preocupação, indecisão, insegurança

Dia 4

A sólida estrutura e o poder de organização sugeridos pelo dia de aniversário número 4 indicam que você, muitas vezes, precisa de estabilidade e de ordem. Dotado de energia, habilidades práticas e muita determinação, você pode ser bem-sucedido se trabalhar firmemente. Com dia de nascimento número 4, você é uma pessoa sensível à forma e à composição e é capaz de criar sistemas práticos. Preocupado com a própria segurança, você quer construir uma base sólida para si e para sua família. Confiável mas retraído, você acredita que as ações falam mais alto do que as palavras. A maneira pragmática com que encara a vida lhe confere senso para negócios e habilidade para alcançar o sucesso material na vida. Como uma pessoa número 4, você, em geral, é honesto, franco e justo. No entanto, talvez precise aprender a expressar os seus sentimentos e evitar a teimosia e a falta de tato.

Os desafios postos ao indivíduo de número 4 podem incluir a superação de períodos de instabilidade, preocupação financeira ou de crueldade.

Positivo: organização, autodisciplina, firmeza, trabalho árduo, engenhosidade, habilidade manual, pragmatismo, confiabilidade, precisão

Negativo: comportamento destrutivo, falta de comunicação, repressão, rigidez, preguiça, pão-durismo, autoritarismo, severidade

Dia 5

Fortes instintos, natureza aventureira e desejo de liberdade são indicados pelo dia de aniversário número 5. Sua disposição para explorar ou experimentar qualquer novidade e a sua abordagem animada sugerem que a vida tem muito a lhe oferecer. Viagens e muitas oportunidades de mudança, algumas inesperadas, podem levá-lo a passar por uma verdadeira transformação de pontos de vista e crenças. Com o dia de aniversário número 5, você precisa sentir que a vida é empolgante; no entanto, talvez precise desenvolver uma atitude responsável e evitar a tendência à imprevisibilidade, a excessos e à agitação.

Muitas vezes, o dia de aniversário número 5 significa que você precisa aprender a ser paciente e a prestar atenção aos pormenores. Você pode alcançar o sucesso se evitar ações precipitadas ou especulativas. O talento natural do indivíduo número 5 é saber como seguir o fluxo da vida e ser desapegado.

Positivo: versatilidade, capacidade de adaptação, progressão, instinto forte, magnetismo, sorte, ousadia, amor à liberdade, rapidez, inteligência, curiosidade, misticismo, sociabilidade

Negativo: falta de confiabilidade, instabilidade, procrastinação, inconsistência, excesso de confiança, obstinação

Dia 6

Compaixão, idealismo e natureza atenciosa são alguns dos atributos sugeridos pelo dia de aniversário número 6. Este é o número da amizade universal e indica que você, muitas vezes, é um visionário ou humanitário, que pode ser responsável, amoroso e prestativo.

Embora possa ser, em muitas ocasiões, uma pessoa mundana e voltada para a sua vida profissional, com o dia de aniversário número 6, você é uma pessoa caseira e um pai de família dedicado. As suas intensas emoções e o desejo de promover a harmonia universal muitas vezes o encorajam a trabalhar arduamente pelo que acredita, seja mediante atividades na sua comunidade ou outro tipo de trabalho voluntário.

Os tipos mais sensíveis precisam encontrar uma forma de expressão criativa e são, muitas vezes, atraídos pelo mundo das diversões, da arte ou do *design*. Entre os desafios a ser enfrentados por algumas pessoas com o dia de aniversário número 6, estão o desenvolvimento da autoconfiança e da compaixão pelos amigos e vizinhos, bem como o aprendizado da responsabilidade. Pode ser que você precise superar a tendência a interferir na vida alheia, a preocupação, a insatisfação e a solidariedade com as pessoas erradas.

Positivo: fraternidade universal, compaixão, confiabilidade, compreensão, solidariedade, idealismo, vida doméstica, ideais humanitários, estabilidade, talento artístico, equilíbrio

Negativo: ansiedade, timidez, irracionalidade, teimosia, franqueza, desarmonia, perfeccionismo, comportamento dominador, irresponsabilidade, egoísmo, desconfiança, autocentramento

Dia 7

Analíticos e ponderados, os indivíduos de número 7 são, em geral, perfeccionistas, críticos e egocêntricos. Você, na maioria das vezes, prefere tomar as próprias decisões e sempre aprende melhor com a experiência pessoal. Por sua necessidade de elevar a autoconsciência, você gosta de reunir informações e tem interesse em ler, em escrever ou em assuntos ligados à espiritualidade. O desejo de aprender pode também levá-lo ao mundo acadêmico ou ao aperfeiçoamento constante das próprias habilidades. Como um indivíduo número 7, você muitas vezes pode se deixar levar pelo excesso de racionalização ou se perder em detalhes. Em outros momentos, pode se tornar uma pessoa extremamente sensível à crítica ou se sentir incompreendido. A tendência a ser enigmático ou dissimulado muitas vezes o leva a desenvolver a arte de fazer perguntas sutis sem deixar que ninguém saiba o que você realmente está pensando. Pode ser que o indivíduo número 7 também precise evitar ser excessivamente crítico, dogmático, pouco comunicativo e arrogante.

Positivo: educação, confiabilidade, meticulosidade, idealismo, honestidade, habilidade física, orientação científica e racional, reflexão

Negativo: ilusão, tendência à solidão, dissimulação, ceticismo, confusão, distanciamento, frieza

Dia 8

A força e o poder sugeridos pelo dia de aniversário número 8 mostram uma personalidade com princípios fortes e julgamento sólido. O número 8 muitas vezes indica que você aspira a grandes realizações e possui uma natureza ambiciosa. O desejo de dominação, segurança e sucesso material também é indicado por este dia de aniversário. Como uma pessoa número 8, você tem um senso natural para negócios e irá se beneficiar muito se desenvolver as suas habilidades organizacionais e executivas. Se tiver disposição para trabalhar duro, você sempre poderá arcar com grandes responsabilidades, mas talvez precise aprender a administrar a própria autoridade ou a delegar tarefas de forma justa e imparcial. Muitas pessoas com dia de aniversário número 8 costumam se sentir atraídas por atividades ligadas à justiça, lei e ordem, ou por posições de liderança em gerenciamento administrativo, bancário e financeiro. A forte necessidade de se sentir seguro ou estabelecido pode levá-lo a fazer planos ou investimentos em longo prazo. Muitos indivíduos com o dia de aniversário número 8 também possuem um grande poder de curar a si mesmos e aos outros e podem se beneficiar se aprenderem a canalizar essas forças para o aperfeiçoamento da humanidade.

Positivo: liderança, meticulosidade, capacidade de trabalho, tradição, autoridade, proteção, poder de cura, capacidade de julgamento

Negativo: impaciência, intolerância, avareza, agitação, excesso de trabalho, sede de poder, comportamento dominador, facilidade de ser desencorajado, falta de planejamento, comportamento controlador

Dia 9

Benevolência, compaixão e sensibilidade emocional estão associadas ao dia de aniversário número 9. Criativo e gentil, você é muitas vezes considerado inteligente e generoso. Você tem intuição, habilidades psíquicas e receptividade universal que, se forem positivamente canalizadas, podem inspirá-lo a seguir o caminho espiritual. Com o dia de aniversário número 9, você usualmente sente que a sua vida já está traçada e que não há muito espaço para manobrá-la.Você talvez precise desenvolver a compreensão, a tolerância e a paciência, bem como aprender a se tornar impessoal.

Este dia de aniversário sugere uma necessidade de superar desafios e uma tendência a ser excessivamente sensível e a sofrer de instabilidade emocional. Mesmo assim, as pessoas com o dia de aniversário número 9 estão destinadas a conquistar na vida e a servir à humanidade.

É provável que você se beneficie muito de viagens pelo mundo e da interação com pessoas dos mais diversos círculos sociais. Talvez precise evitar a tendência a ter sonhos irrealistas ou a inclinação ao escapismo.

Positivo: idealismo, humanitarismo, criatividade, sensibilidade, generosidade, magnetismo, natureza poética, caridade, distanciamento, sorte, popularidade

Negativo: frustração, nervosismo, incerteza, egoísmo, falta de senso prático, amargura, falta de personalidade, complexo de inferioridade, medo, preocupação, isolamento

Dia 10

Como as pessoas de dia de aniversário número 1, você provavelmente se esforça para alcançar as suas realizações e conquistas. Não obstante, talvez precise superar diversos obstáculos antes de conquistar as suas metas. Em geral, há uma forte necessidade de estabelecer uma identidade única, e o dia de aniversário número 10 indica que você pode ser inovador, autoconfiante e ambicioso.Você pensa grande e é em geral mundano. Muitas vezes vigoroso e original, você defende as próprias crenças, mesmo quando elas são diferentes das dos outros. Às vezes, pode se sentir sozinho ou pouco popular. A sua habilidade para iniciar as coisas sozinho e o seu espírito pioneiro freqüentemente o encorajam a viajar para locais distantes ou a se aventurar por conta própria. A sua tendência a depender dos outros muitas vezes deriva da falta de confiança, do medo, ou da necessidade de ser admirado e reconhecido. Com o dia de aniversário número 10, você talvez precise aprender que o mundo não gira ao seu redor e deve evitar o egoísmo e o autoritarismo. O sucesso e a realização são importantes para todas as pessoas que têm o dia de aniversário número 10, e muitas vezes você chegará ao topo da sua profissão. Como isso muitas vezes implica o envolvimento com questões mais amplas, pode ser que você não tenha inclinação para a vida doméstica.

Positivo: liderança, criatividade, progressão, vigor, otimismo, fortes convicções, competitividade, independência, senso gregário

Negativo: arrogância, ciúme, orgulho, antagonismo, falta de controle, egoísmo, fraqueza, instabilidade, impaciência

Dia 11

A vibração especial do dia de aniversário número 11 sugere que o idealismo, a inspiração e a inovação são altamente importantes para você. Um misto de humildade e de confiança geralmente o desafia a trabalhar o próprio autocontrole, tanto material quanto espiritual. Mediante a experiência, você pode aprender a lidar com os dois lados da sua natureza e a desenvolver uma atitude menos radical, quando acredita nos próprios sentimentos. Embora tenha intuição, você pode desperdiçar as suas energias e muitas vezes precisa encontrar um objetivo sobre o qual possa concentrar a sua atenção. Usualmente, você é altamente enérgico e vigoroso, mas deve evitar se tornar excessivamente ansioso ou perder o senso prático.

Com o dia de aniversário número 11, você, na pior das hipóteses, pode ter dificuldade em separar os seus sentimentos do que deseja realizar. Na melhor, pode ter características geniais que podem gerar benefícios para as outras pessoas.

Positivo: equilíbrio, foco, objetividade, entusiasmo, inspiração, espiritualidade, idealismo, intuição, inteligência, natureza expansiva, inventividade, natureza artística, disposição para servir, habilidade de cura, humanitarismo, fé, habilidade psíquica

Negativo: complexo de superioridade, emotividade excessiva, desonestidade, falta de objetivos, facilidade para ser magoado, tensão, egoísmo, falta de clareza, dominação, mesquinhez

Dia 12

O desejo de estabelecer uma verdadeira individualidade é muitas vezes sugerido pelo dia de aniversário número 12. Em geral intuitivo, prestativo e amigável, você tem boa capacidade de raciocínio. Inovador, compreensivo e sensível, você também sabe usar o tato e métodos cooperativos para alcançar os seus objetivos e metas. Para os outros, você muitas vezes parece ser confiante, embora a dúvida quanto a si mesmo e a desconfiança possam minar a sua personalidade naturalmente expansiva e sua perspectiva positiva. Quando alcança o equilíbrio entre a necessidade de auto-expressão e a inclinação natural para apoiar as outras pessoas, você pode encontrar a satisfação emocional e a realização pessoal. No entanto, talvez precise desenvolver a autoconfiança ou aprender a não ser facilmente desencorajado pelas outras pessoas.

Positivo: criatividade, atração, iniciativa, disciplina, promoção dos outros

Negativo: reclusão, excentricidade, falta de cooperação, excesso de sensibilidade, falta de auto-estima

Dia 13

Sensibilidade, entusiasmo e inspiração são muitas vezes identificados com o dia de aniversário número 13. Numericamente, você está associado à ambição e ao trabalho árduo e pode conquistar muito por meio da auto-expressão criativa. Pode ser, contudo, que você precise desenvolver uma perspectiva pragmática, se quiser transformar os seus talentos criativos em resultado concreto. A sua abordagem original e inovadora inspira novas e excitantes idéias que, freqüentemente, resultam em trabalhos que impressionam as pessoas.

Com o dia de aniversário número 13, você é sério, romântico, charmoso e amante das diversões, e com dedicação pode prosperar na vida. As suas poderosas emoções e desejo de liberdade e de auto-expressão emocional podem ser os seus grandes trunfos. Porém, quando aprende a importância das parcerias e da cooperação, você tem mais oportunidades de compartilhar o seu grande talento com as outras pessoas. Como muitos outros que fazem aniversário no dia 13, você talvez queira viajar ou se estabelecer em um novo ambiente, em busca de uma vida melhor. Os idealistas podem escolher uma carreira no mundo do entretenimento e procurar caminhos para expressar seu talento criativo.

Positivo: ambição, criatividade, amor à liberdade, auto-expressão, iniciativa

Negativo: impulsividade, indecisão, autoritarismo, natureza pouco emotiva, rebeldia

Dia 14

Potencial intelectual, perspectiva pragmática e forte determinação são algumas das qualidades das pessoas nascidas no dia 14. Muitas vezes, você possui um forte desejo de estabelecer uma sólida base e de alcançar o sucesso por meio do trabalho árduo. De fato, com o dia de aniversário número 14, você normalmente prioriza o trabalho e julga a si próprio e aos outros tomando como base a realização profissional.

Embora você precise de estabilidade, a agitação indicada pelo número 14 impele-o a seguir adiante e a assumir novos desafios, em uma constante tentativa de aperfeiçoamento. Essa insatisfação inata também pode inspirá-lo a passar por grandes mudanças na vida, especialmente se não estiver satisfeito com sua situação profissional e com sua condição financeira. Como muitas pessoas associadas a este dia de aniversário, você pode muitas vezes chegar ao topo da sua profissão.

As características ocultas indicadas pelo dia de aniversário número 14 sugerem que você sempre será beneficiado se explorar os seus talentos criativos e se aprender a expressar os seus sentimentos mais abertamente. O amor pode, em algumas ocasiões, apresentar-se como um verdadeiro desafio, embora a sua versatilidade, senso prático e grande intuição possam atropelar a sua tendência à teimosia. Com a sua mente perceptiva, você reage rapidamente aos problemas e gosta de resolvê-los. Tendo o dia de aniversário 14, você gosta de jogos e de correr riscos, e pode ter bastante sorte.

Positivo: ações decisivas, trabalho árduo, sorte, criatividade, pragmatismo, imaginação, diligência

Negativo: cautela excessiva ou impulsividade excessiva, instabilidade, imprevidência, teimosia

Dia 15

Versatilidade, generosidade e inquietude são qualidades sugeridas pelo dia de aniversário número 15. Geralmente, você é uma pessoa rápida e animada e tem uma personalidade carismática. Os seus grandes trunfos são a sua grande intuição e a habilidade para aprender rapidamente mediante a combinação entre prática e teoria. Em muitas ocasiões, você consegue conciliar o ganho financeiro com o aprendizado de novas habilidades. Muitas vezes, você pode utilizar a sua intuição e perceber rapidamente as oportunidades que surgem. Com o aniversário número 15, você possui talento para atrair dinheiro e receber ajuda de outros. Habitualmente despreocupado e animado, você saúda o inesperado. Embora seja naturalmente aventureiro, você precisa ter uma base verdadeira, ou algum local que considere a sua verdadeira casa. Embora tenha muito vigor e ambição, às vezes você pode se tornar teimoso ou obstinado. Evite a mesmice. Se combinar as suas habilidades práticas com suas idéias originais e superar a tendência a ser agitado e a se sentir insatisfeito, você pode ser mais bem-sucedido nos seus empreendimentos.

Positivo: disposição, generosidade, responsabilidade, amabilidade, cooperação, apreço, idéias criativas

Negativo: destrutividade, agitação, irresponsabilidade, egocentrismo, medo de mudanças, perda da fé, preocupação, indecisão, materialismo, mau uso do poder

Dia 16

O dia de aniversário número 16 sugere que você é uma pessoa ambiciosa, mas emotiva, cuidadosa e amigável. O seu grande desejo de se realizar e a necessidade de conhecer o mundo podem encorajá-lo a se afastar da sua família. Muitas vezes, você julga a vida de acordo com os seus sentimentos e tem a capacidade de compreender profundamente as pessoas e as situações. Como uma personalidade de número 16, no entanto, você pode sofrer tensões interiores quando se defronta com a necessidade de conciliar a sua auto-expressão com a responsabilidade para com os outros.

Com o dia de aniversário número 16, você pode se interessar por assuntos mundanos e trabalhar em corporações internacionais ou ligadas a meios de comunicação internacionais. Mas você pode também se envolver com organizações de caridade e trabalhar em prol de causas justas. Os que são criativos podem ter talento para escrever e receber súbitos rasgos de inspiração. A inquietude interior indicada pelo dia de aniversário 16 freqüentemente indica um despertar espiritual do "eu", especialmente nos períodos de instabilidade ou de mudança. Se você fizer aniversário no dia 16, precisa aprender a equilibrar o excesso de confiança com a insegurança. Embora muitos de vocês venham de famílias unidas, sempre preferem viver sozinhos ou viajar muito.

Positivo: educação elevada, responsabilidade para com a casa e a família, intuição, sociabilidade, cooperação, discernimento

Negativo: preocupação, inabilidade para se sentir satisfeito, irresponsabilidade, autopromoção, dogmatismo, ceticismo, alvoroço, irritabilidade, egoísmo, falta de solidariedade

Dia 17

Com o dia de aniversário número 17, você é muitas vezes uma pessoa arguta, de natureza reservada e dotada de habilidade analítica. Com capacidade para pensar de forma independente, você é uma pessoa culta ou cheia de habilidades e confia em sua experiência pessoal. Usualmente, você se vale de seu conhecimento de forma específica para se desenvolver na sua especialização e tem capacidade para o sucesso material ou para ocupar uma posição proeminente, como especialista ou pesquisador. Reservado, retrospectivo e distante, com um grande interesse por fatos e números, você, em geral, tem um comportamento sério e ponderado e gosta de fazer as coisas em um ritmo próprio. Mas se desenvolver a sua capacidade de comunicação, você pode descobrir muito mais acerca de si mesmo com o auxílio das outras pessoas. Contudo, depois de optar por um curso de ação, pode ser bastante determinado e não dar ouvidos ao conselho dos outros. Freqüentemente capaz de longos períodos de concentração e de resistência, você pode aprender muito mais com a experiência. Não obstante, você pode aprender mais rapidamente se deixar o ceticismo de lado.

Positivo: ponderação, capacidade para se tornar um especialista, planejamento, aptidão para os negócios, habilidade para atrair dinheiro, pensamento independente, natureza trabalhadora, precisão, habilidade para o trabalho de pesquisa, habilidade científica

Negativo: distanciamento, solidão, teimosia, falta de cuidado, mudanças de humor, excesso de sensibilidade, estreiteza mental, criticismo, tendência à solidão, preocupação, desconfiança

Dia 18

Determinação, assertividade e ambição são alguns dos atributos associados ao dia de aniversário número 18. Dinâmico e ativo, você muitas vezes deseja o poder e precisa de desafios constantes. Muitas vezes uma pessoa capaz, trabalhadora e responsável, você alcança posições de autoridade e tem inclinação para carreiras ligadas à justiça, à organização social e ao governo. Mas o seu grande senso para os negócios e sua capacidade de organização podem levá-lo ao mundo do comércio. Com o aniversário no dia 18, você pode ser uma pessoa com tendência a discussões, uma pessoa crítica ou difícil de contentar. Há também uma inclinação ao excesso de trabalho. Por isso talvez você precise aprender a relaxar ou a diminuir o ritmo de vez em quando.

Como uma personalidade número 18, você tem poder de curar, aconselhar ou resolver problemas dos outros. Contudo, talvez precise aprender a distinguir entre o bom e mau uso do poder, aprendendo a viver com os outros.

Positivo: evolução, assertividade, intuição, coragem, resolução, capacidade de cura, eficiência, habilidade para aconselhar

Negativo: descontrole das emoções, preguiça, falta de ordem, egoísmo, insensibilidade, incapacidade de concluir trabalhos ou projetos, engano

Dia 19

Criativo, radiante, ambicioso e dinâmico, embora humanitário e sensível, com o dia de aniversário número 19, você é uma pessoa decidida e cheia de recursos. Você tem profundidade de visão, mas o lado sonhador da sua natureza é compassivo, idealista e sensível. A necessidade de se tornar alguém pode ser a força que o leva a ser uma pessoa dramática e a querer ocupar o centro das atenções. Muitas vezes, há um grande desejo de criar uma identidade individual. Contudo, para tanto, você precisa primeiro superar a influência exercida pela pressão dos outros.

Somente por meio de diversas experiências, você poderá desenvolver a sua autoconfiança e capacidade de liderança. Para os outros, você pode aparentar ser uma pessoa confiante, resistente e cheia de recursos, mas as suas tensões internas podem causar instabilidade emocional. Embora seja orgulhoso e sinta necessidade de achar que as outras pessoas apreciam os seus esforços, você precisa também aprender que o mundo não gira ao seu redor. Isso muitas vezes indica que a sua tendência a ser egoísta e arrogante deve ser superada. É provável que você precise aprender algo acerca de coragem, planejamento e estrutura, bem como a superar o medo de ficar sozinho. Criativo e carismático, você sente que o mundo está aí para ser explorado e terá mais possibilidade de ser bem-sucedido se trabalhar sozinho ou em grandes corporações.

Positivo: dinamismo, centramento, criatividade, liderança, sorte, progressão, otimismo, fortes convicções, competitividade, independência, espírito gregário

Negativo: autocentramento, depressão, preocupação, medo de rejeição, instabilidade, materialismo, egoísmo, impaciência

Dia 20

Com o dia de aniversário número 20, você é uma pessoa intuitiva, sensível, adaptável e compreensiva, e muitas vezes se vê fazendo parte de um grupo maior. Em geral, você gosta de atividades cooperativas nas quais possa interagir, compartilhar experiências ou aprender com os outros. Influenciado pelo seu ambiente, você pode ser artístico ou musical. Normalmente charmoso e gracioso, você tem habilidades diplomáticas e sociais e pode freqüentar com facilidade diversos círculos sociais. Todavia, talvez precise desenvolver a autoconfiança ou superar a tendência a ser facilmente magoado pelas atitudes e críticas alheias. Em relacionamentos e sociedades em geral, você deve evitar a inclinação a se martirizar, a ser desconfiado ou a ser excessivamente dependente dos outros. Você é um mestre quando se trata de criar uma atmosfera agradável e harmônica e pode ser chamado a atuar como mediador em assuntos familiares ou apaziguador no trabalho, onde freqüentemente assiste aos outros.

Positivo: boas parcerias, gentileza, tato, receptividade, intuição, consideração, harmonia, agradável, amigável, boa vontade extrema

Negativo: desconfiança, subserviência, timidez, excesso de sensibilidade, egoísmo, tendência a ser facilmente magoado, ilusão

Dia 21

Vigor dinâmico e personalidade expansiva estão sempre presentes nas pessoas nascidas no dia 21. Com inclinação social, você tem muitos interesses e contatos e costuma ter sorte. Geralmente, você mostra aos outros a sua personalidade gregária e amigável. Altamente original e intuitivo, você possui um espírito independente.

Se você nasceu no dia 21, pode ser amante das diversões, magnético, criativo e dotado de charme social. Mas pode ser que você seja tímido e reservado, com necessidade de desenvolver a assertividade, especialmente nas relações mais próximas.Você tem muitas oportunidades e alcança o sucesso com as outras pessoas. Embora possa ter inclinação para relacionamentos cooperativos ou para o casamento, sempre quer ser reconhecido pelos próprios talentos e habilidades. As personalidades de número 21, contudo, devem evitar ser muito egoístas ou procurar a própria identidade nos sonhos de outras pessoas.Você pode também despender muito tempo com os seus relacionamentos e, assim, acabar se tornando uma pessoa dependente.

Positivo: inspiração, criatividade, amor a uniões, relacionamentos duradouros

Negativo: dependência, nervosismo, emotivo ao extremo, falta de visão, desapontamento, medo de mudança

Dia 22

Com o dia de aniversário 22, você é uma pessoa orgulhosa, prática, disciplinada e altamente intuitiva. Este é um número mestre, que pode vibrar tanto como número 22 quanto como número 4. Muitas vezes honesto, trabalhador, com capacidade natural de liderança, você tem uma personalidade carismática e uma capacidade de compreender profundamente as pessoas e suas motivações. Embora seja reservado, você sempre mostra uma preocupação cuidadosa e protetora com o bem-estar das pessoas. No entanto, você nunca perde de vista a sua posição pragmática ou realista. Freqüentemente culto e mundano, você tem muitos amigos e admiradores. Seus atributos mais evidentes são as suas habilidades práticas e executivas. A sua personalidade direta, mas tranqüila, ajuda-o a conquistar cargos gerenciais. Os que são mais competitivos alcançam o sucesso e prosperidade com a ajuda e o encorajamento de outros. Muitas pessoas nascidas neste dia têm fortes vínculos com irmãos e irmãs e muitas vezes os apóiam e protegem.

Positivo: universalidade, intuição, pragmatismo, habilidade manual e construtora, organização, realismo, resolução de problemas, realização

Negativo: vontade de enriquecimento rápido, nervosismo, complexo de inferioridade, autoritarismo, materialismo, falta de visão, preguiça, egoísmo, autopromoção

Dia 23

Intuição, sensibilidade emocional e criatividade são alguns dos atributos do dia de aniversário 23. Você é versátil, apaixonado, tem rapidez de raciocínio, atitude profissional e mente cheia de idéias criativas. Com a influência do número 23, você pode aprender novos assuntos facilmente, mas prefere a prática à teoria.Você precisa, contudo, superar a tendência a criticar os outros e desenvolver uma atitude menos egoísta. Amante das viagens, aventuras e desejoso de conhecer novas pessoas, sua inquietude leva-o a ter diversas experiências, às quais você se adapta para tirar o melhor proveito da situação. Em geral amigável e amante das diversões, dotado de coragem e vigor, você precisa levar uma vida ativa para realizar o seu verdadeiro potencial. Embora goste de ajudar os outros, se tiver propensão à indecisão e a mudar de idéia, pode aparentar ser uma pessoa irresponsável. Algumas pessoas de número 23 podem ter diversos relacionamentos curtos antes de encontrar a felicidade e o parceiro ideal.

Positivo: lealdade, responsabilidade, viagens, comunicação, intuição, criatividade, versatilidade, confiabilidade, fama

Negativo: egoísmo, insegurança, teimosia, natureza inflexível, criticismo, ciúme, retraimento, agitação

Dia 24

Percepção, responsabilidade e empreendimento são algumas das qualidades encontradas nas pessoas nascidas no dia 24. Embora você possa não gostar da rotina, é, na maioria das vezes, uma pessoa trabalhadora, dotada de senso prático e de boa capacidade de julgamento. A sensibilidade emocional do número 24 indica que você precisa de estabilidade, lei e ordem. Você também é sensível à forma e à estrutura e pode facilmente criar um sistema complexo, mas eficiente. Muitas vezes honesto, confiável e preocupado com a própria segurança, você precisa do amor e do apoio de um parceiro e deseja construir uma sólida base para si e para sua família. Confiável e justo, mas reservado, você se inclina a acreditar que as ações falam mais alto do que as palavras. A sua maneira pragmática de encarar a vida também lhe confere aptidão para os negócios e habilidade para ser materialmente bem-sucedido na vida. Com o dia de aniversário 24, você talvez precise superar períodos de instabilidade e a tendência a ser teimoso ou a ter idéias fixas. Aprendendo a confiar na sua intuição e a desenvolver habilidades sociais, você pode adquirir autodisciplina. Você deve, no entanto, evitar se comportar de forma destrutiva, pois isso pode ser interpretado pelos outros como rudeza e materialismo. O maior desafio para o dia de aniversário número 24 é aprender a conviver com as pessoas e superar a tendência à desconfiança, bem como construir uma base segura.

Positivo: energia, idealismo, habilidades práticas, determinação, honestidade, franqueza, imparcialidade, generosidade, amor à casa, atividade

Negativo: rudeza, materialismo, avareza, aversão à rotina, preguiça, infidelidade, dominação, teimosia, vingança

Dia 25

Intuitivo e ponderado, embora rápido e vigoroso, você precisa se expressar mediante experiências diferentes, como, por exemplo, idéias, pessoas ou lugares novos e empolgantes. O desejo de perfeição associado ao dia de aniversário 25 muitas vezes leva ao trabalho árduo e à produtividade. Porém, quando as coisas não acontecem conforme o planejado, você precisa ser menos impaciente ou crítico.

A sensibilidade emocional e o talento artístico e criativo são apenas alguns dos seus atributos ocultos. Talvez você precise evitar se subestimar, pois isso pode levar à frustração ou a um comportamento destrutivo. A sua grande necessidade de ter relacionamentos pessoais próximos duradouros, amor e afeição pode ser minada pela vibração agitada do número 25. Você, em geral, é uma pessoa instintiva e alerta, que pode ampliar o seu conhecimento por meio da aplicação prática, mais do que pela teoria. Sua capacidade de julgamento e a atenção que dispensa aos detalhes garantem o seu sucesso. Talvez seja importante desenvolver uma atitude menos cética e superar a tendência a tomar decisões impulsivas. Você pode sentir-se emocionalmente tenso ou mal-humorado devido ao medo que tem de mudanças. Como número 25, você possui uma grande energia mental; quando se concentra, ela o ajuda a considerar todos os fatos e a chegar a uma conclusão mais rapidamente do que qualquer outra pessoa. O sucesso e a felicidade serão seus quando aprender a confiar na própria intuição e quando desenvolver a perseverança e a paciência.

- **Positivo**: intuição, busca da perfeição, percepção, criatividade, habilidade em lidar com as pessoas
- **Negativo**: impulsividade, impaciência, irresponsabilidade, emotividade excessiva, ciúme, hermetismo, criticismo, mau humor, nervosismo

Dia 26

O dia de aniversário 26, freqüentemente, sugere que você aspira a grandes realizações e possui uma natureza ambiciosa. Muitas vezes, você tem uma maneira pragmática de encarar a vida, habilidade executiva e aptidão para os negócios. A força e o poder sugeridos pelo número 26 mostram que você tem uma personalidade cautelosa, princípios e boa capacidade de julgamento. Se você nasceu no dia 26 é, normalmente, uma pessoa responsável, com senso estético inato. O amor à vida doméstica e o forte instinto paternal podem também sugerir que você tem uma grande necessidade de construir uma sólida base ou uma estabilidade genuína. Mas, devido à teimosia ou à falta de autoconfiança, você pode, às vezes, desistir muito facilmente. Não obstante, com autocontrole e planejamento cuidadoso, você pode alcançar o sucesso.

A sua inclinação para causas idealistas e humanitárias pode levá-lo a se envolver em atividades educacionais ou comunitárias. Muitas vezes, você é um manancial de força para outras pessoas, apóia os amigos e familiares que o procuram em momentos de dificuldade. Você deve, no entanto, evitar as tendências materialistas e o desejo de controlar as situações e as pessoas.

- **Positivo**: criatividade, praticidade, cuidado, responsabilidade, orgulho da família, entusiasmo, coragem
- **Negativo**: teimosia, rebeldia, falta de entusiasmo, falta de persistência, instabilidade, dominação

Dia 27

O dia de aniversário 27 indica que você pode ter uma maior profundidade de pensamento se desenvolver a paciência e o autocontrole. Intuitivo, mas analítico, você é muitas vezes vigoroso, determinado e observador e presta muitas atenção aos detalhes. Muitas vezes idealista e sensível, dotado de uma mente fértil e criativa, você pode impressionar os outros com os seus pensamentos e idéias originais. Embora às vezes possa aparentar ser uma pessoa reservada, racional ou distante, na verdade, você pode estar escondendo uma tensão interna, que pode se manifestar como uma tendência à impulsividade, à indecisão, à confusão ou à desconfiança em face de mudanças iminentes. Se desenvolver a sua capacidade de se comunicar, você pode superar a relutância em expressar seus sentimentos mais profundos. Muitas vezes, a inspiração é a chave para o sucesso. Quando desenvolve uma perspectiva mais universal, você consegue controlar rompantes ou evitar se preocupar com o que os outros possam pensar ou dizer. A educação e a cultura são essenciais para as pessoas nascidas no dia 27 e, com as devidas qualificações, você pode ser bem-sucedido se escrever, pesquisar ou trabalhar em grandes organizações. Naturalmente versátil e imaginativo, dotado de grande intuição ou habilidade psíquica, você pode ser uma pessoa ambiciosa e cheia de idéias. No entanto, a inquietação pode levá-lo a se comportar de forma instável e impulsiva. Talvez você precise aprender a converter as suas idéias em resultados concretos. Embora seja muitas vezes afetivo e tenha consideração pelos outros, você pode, ocasionalmente, dar a impressão de ser uma pessoa excessivamente sensível e distante. Se desenvolver uma perspectiva mais neutra, você será capaz de ouvir e de aceitar as críticas ou idéias alheias.

Positivo: versatilidade, imaginação, criatividade, decisão, coragem, boa compreensão, capacidade mental, espiritualidade, inventividade, força mental

Negativo: mau humor, facilidade de se ofender, tendência a discutir com os outros, inquietação, nervosismo, desconfiança, sentimentalismo excessivo, tensão

Dia 28

Independente, idealista e anticonvencional, embora pragmático e determinado, você é, muitas vezes, a sua própria lei. O conflito interno entre o desejo de ser independente e o de querer pertencer a um grupo também é patente. Como o indivíduo número 1, você é ambicioso, direto e empreendedor. Sempre pronto para a ação e para se lançar em novos empreendimentos, você assume corajosamente os desafios da vida e, com o seu entusiasmo, pode facilmente inspirar os outros — se não a juntar-se a você, pelo menos a apoiá-lo no seu empreendimento mais recente. Entre as suas diversas qualidades incluem-se fortes convicções, abundância de recursos, bom juízo e habilidade para acumular conhecimento e usá-lo na solução dos problemas. Com o dia de aniversário 28, você normalmente tem capacidade de liderança e confia no seu senso comum, lógica e clareza de pensamento. Embora se preocupe com o sucesso e seja ambicioso, a sua família e a vida doméstica são muito importantes para você. Encontrar a estabilidade e cuidar dos entes queridos pode às vezes ser um desafio para você. Muitas vezes, você assume responsabilidades, mas pode também se tornar uma pessoa excessivamente entusiasmada, impaciente ou intolerante. Você deve também evitar o autoritarismo, o dogmatismo ou a rebeldia.

Positivo: compaixão, progressão, audácia, habilidade artística, criatividade, idealismo, ambição, capacidade para o trabalho árduo, vida familiar estável, força de vontade

Negativo: sonhador, sem compaixão, pouco sensato, autoritarismo, mau juízo, agressividade, falta de cooperativismo, falta de confiança, dependência de outras pessoas, orgulho

Dia 29

Visionários idealistas, dotados de uma natureza vigorosa, os indivíduos número 29 possuem uma personalidade poderosa e um extraordinário potencial. Você é muitas vezes altamente intuitivo, sensível e emotivo. Sua natureza compassiva e compreensiva inspira um sentimento humanitário e pode encorajar os outros a realizar as suas esperanças e sonhos. De fato, a inspiração é a chave para o seu sucesso... sem ela você pode experimentar uma falta de sentido na vida. Embora seja um verdadeiro sonhador, com freqüência, os aspectos extremos da sua natureza indicam que você tem de se resguardar contra a instabilidade emocional. Você pode oscilar entre ser muito amigável e caloroso e ser frio e indiferente com os outros; ou pode oscilar entre o otimismo e o pessimismo. Embora quem nasce no dia 29 seja uma pessoa competitiva e ambiciosa, você tem necessidade de ser popular e se interessa pelo que os outros pensam a seu respeito. No entanto, você precisa aprender a ser menos crítico, desconfiado, tímido ou distante e a ter mais consideração com os que estão ao seu redor. Se confiar nos seus sentimentos mais íntimos e se abrir o seu coração para os outros, você pode superar a tendência a se preocupar ou a usar a sua mente como escudo protetor. Use os seus pensamentos criativos para realizar alguma coisa de especial e única, que possa inspirar ou servir aos outros.

Positivo: inspiração, equilíbrio, paz interior, generosidade, sucesso, criatividade, intuição, misticismo, sonhos poderosos, interesse pelo mundo, fé

Negativo: falta de concentração, insegurança, nervosismo, temperamental, pessoa difícil, extremismo, isolamento, sensibilidade excessiva

Dia 30

Artístico e criativo, amigável e sociável são apenas alguns dos adjetivos usados para caracterizar as pessoas que fazem aniversário no dia 30. Você gosta de levar uma vida confortável e de se socializar e pode ser excepcionalmente carismático, leal e amigável. Emotivo e ambicioso, dotado de potencial criativo, você apreende as idéias e as expande no seu próprio estilo dramático. Com temperamento estável e espírito gregário, dotado de bom gosto e talento estético, você pode ser bem-sucedido em todos os tipos de trabalho relativos à arte, ao *design* e à música. O orgulho e a ambição, combinados com boas oportunidades, muitas vezes permitem que você chegue ao topo da sua profissão. Se você nasceu no dia 30, possui sentimentos fortes: estar apaixonado ou sentir-se contente é um requisito vital. Na sua busca de felicidade, evite ser preguiçoso, excessivamente indulgente, impaciente ou invejoso, pois isso pode provocar uma instabilidade emocional. Entre as pessoas que nasceram no dia 30, muitas têm reconhecimento ou fama, especialmente os músicos, atores e comediantes, mas talvez precisem fazer ainda alguns sacrifícios pelas pessoas que amam.

Positivo: amor à diversão, lealdade, amizade, capacidade de síntese, talento com as palavras, criatividade, sorte

Negativo: preguiça, obstinação, comportamento errático, impaciência, indulgência excessiva, indiferença, indecisão, inveja

Dia 31

Forte força de vontade, determinação e ênfase na auto-expressão são indicados pelo dia de aniversário 31. Você, muitas vezes, combina a sua intuição com a capacidade prática de tomar as decisões certas. Geralmente, você é incansável e determinado e tem necessidade de progredir materialmente; contudo, talvez você precise aprender a aceitar as limitações da vida e, por isso, precise construir uma sólida base. Se você nasceu no dia 31, é uma pessoa com idéias originais, dotada de senso estético e habilidade para ser bem-sucedida nos negócios, se não se precipitar e se seguir um plano de ação prático. Boa sorte e oportunidades também são sugeridas pelo número 31, além da capacidade de transformar passatempos em empreendimentos lucrativos. Contudo, talvez você precise aprender a não se desencorajar facilmente e a ter mais consideração pelos outros. Para você, é crucial ter tempo para o amor e para as diversões, dado que tende a ser uma pessoa muito trabalhadora. No entanto, precisa evitar a tendência a ser excessivamente indulgente ou egoísta, ou ser excessivamente otimista. Os indivíduos mais fracos associados ao dia de aniversário 31 são inseguros e desistem muito facilmente dos seus sonhos ou se deixam levar pelo mundo da fantasia.

Positivo: sorte, criatividade, originalidade, capacidade para construir e ser construtivo, persistência, praticidade, capacidade de comunicação, responsabilidade

Negativo: insegurança, impaciência, desconfiança, tendência a se desencorajar facilmente, falta de ambição, egoísmo, teimosia, materialismo

Os 31 dias de TOURO

21 de abril a 21 de maio

21 de Abril

A influência do dia do seu aniversário sugere que você é uma pessoa inteligente, independente e competente, com um estilo direto. Capaz de ser criterioso e cuidadoso, inventivo e aberto a novas idéias, você gosta de exibir uma aparência ousada e assertiva. Tendo nascido na cúspide de Áries e Touro, você recebe os benefícios dos dois signos. Isso revela que você é original e ousado, mas sensual e com talentos artísticos. Infelizmente, essa influência dupla pode também torná-lo igualmente teimoso e inclinado ao excesso de indulgência.

Como é uma pessoa muito inteligente, a educação é um componente vital para a utilização do seu extraordinário potencial. Ainda que seja uma pessoa pragmática, é necessário que os seus interesses estimulem a sua curiosidade intelectual e expandam o seu conhecimento. Você espera que as suas realizações tenham honestidade emocional e sólidas fundações; assim, é importante que o seu trabalho tenha uma base segura. Em geral, essa base é a sua casa, mas pode também se relacionar aos negócios ou a outra área da sua vida. Uma vez que esteja seguro, você se sente capaz de expressar a sua autoridade natural e percebe que pode comandar uma situação por intermédio de sua sabedoria. As mulheres nascidas neste dia muitas vezes pensam de uma maneira masculina, mas ambos os sexos devem evitar a tendência a ser excessivamente dominadores.

♉

SOL: TOURO/CÚSPIDE DE ÁRIES
DECANATO: TOURO/SAGITÁRIO
GRAU: 0°- 1°30' TOURO
MODO: FIXO
ELEMENTO: TERRA

♉

Até os 29 anos de idade, a sua preocupação maior diz respeito à estabilidade e segurança financeira. Depois dos 30 anos de idade, quando o seu Sol progredido entra no signo de Gêmeos, há uma ênfase na área da comunicação e de novos interesses. Essa tendência prossegue até 60 e poucos anos, quando o seu Sol progredido entra no signo de Câncer. Depois dessa fase, você pode sentir uma forte necessidade de segurança emocional e a sua vida doméstica e familiar começa a desempenhar um papel mais importante na sua vida.

O Seu Eu Secreto

A combinação de poder interior e capacidade de lidar habilmente com as pessoas em um nível pessoal sugere que você não se sente feliz em uma posição de subserviência. Você pode exercer o seu poder desafiando as outras pessoas, seja negativa, por meio de jogos e poder, ou positivamente, por meio de uma rivalidade amistosa. Você gosta de trocar idéias com as outras pessoas e parece ter um instinto para trabalhar ou compartilhar esforços coletivos. A sua aparência externa pode muitas vezes ser uma fachada que esconde a sua força interior, bem como a sua sensibilidade e seu idealismo.

Às vezes, você pode se sobrecarregar no afã de cumprir as suas responsabilidades; muitas vezes, você trabalha duro e não descansa enquanto não atinge os seus objetivos. Você percebe a importância da paciência e da perseverança para a realização das suas metas de longo prazo. Apesar do seu trabalho e dedicação, você precisa superar a tendência a ser controlador e excessivamente materialista. No entanto, mesmo quando não está particularmente interessado em um trabalho, você possui uma determinação admirável.

Trabalho & Vocação

À medida que as pessoas percebem a sua habilidade de assumir o comando e trabalhar duro, você naturalmente alcança uma posição de autoridade na sua carreira. Os seus poderes mentais mostram o que é essencial para que você utilize o seu excepcional talento. O seu arguto intelecto e sua imaginação podem fazer com que seja necessário se expressar em palavras, seja falando, escrevendo, cantando ou atuando. Por isso, você pode ser atraído para seguir carreiras como professor, juiz, reformador ou na área de entretenimento. Caso siga a carreira de negócios, pode ter um interesse especial na área de investimentos, bolsas de valores, vendas, publicação, propaganda, vendas imobiliárias e produtos agrícolas.

Numerologia

O impulso dinâmico e a personalidade expansiva são qualidades freqüentes nas pessoas nascidas no dia 21. Amigável e gregário, você tem muitos contatos sociais e um amplo círculo de amigos. Com o dia de aniversário 21, você gosta de se divertir, é magnético e criativo. Alternativamente, pode ser uma pessoa tímida e reservada, com necessidade de desenvolver a assertividade, especialmente em relacionamentos próximos. Apesar de ter inclinação para associações cooperativas ou casamento, você sempre quer ser reconhecido pelos seus talentos e habilidades. A subinfluência do mês número 4 indica que você é prático e responsável, embora ponderado e imaginativo, com habilidades analíticas. Mesmo quando deseja a companhia de outras pessoas, muitas vezes você precisa de um ambiente privado e calmo, no qual possa se dedicar à reflexão. Talvez seja também necessário superar a tendência ao ceticismo, por intermédio do desenvolvimento da confiança e da sinceridade. Confie na sua intuição, pois ela o ajudará a ser mais assertivo e autodisciplinado. Supere o medo do fracasso divertindo-se e experimentando coisas novas. Evite tomar decisões precipitadas e aprenda a aceitar críticas.

Positivo: inspiração, criatividade, uniões amorosas, relacionamentos duradouros

Negativo: dependência, nervosismo, perda de controle emocional, falta de visão, desapontamento, medo de mudanças

♉

ESTRELAS FIXAS

Mirach, também chamada de cinturão de Andrômeda; Mira, também chamada de Stella Mira

ESTRELA PRIMÁRIA

Nome da estrela:
Mirach, também chamada de cinturão de Andrômeda
Posição:
29°17' de Áries - 0°24'de Touro, entre os anos de 1930 e 2000
Magnitude:
2
Força:
★★★★★★★★
Órb:
2°10'
Constelação:
Beta Andrômeda
Dias:
18, 19, 20, 21, 22 e 23 de abril
Qualidades da estrela:
Netuno e Vênus
Descrição:
estrela amarelo-avermelhada localizada ao lado do cinturão de Andrômeda

♉

Amor & Relacionamentos

Uma forte necessidade de estabilidade emocional sugere que, ao mesmo tempo em que você deseja ter uma vida ativa e mentalmente desafiadora, busca também ter uma vida doméstica calma. Com o seu poder de persuasão, você, em geral, dá o máximo de si para manter os seus relacionamentos estáveis. Todavia, talvez precise aprender que ser muito crítico ou arrogante pode criar um clima de tensão e perturbação. Você gosta de pessoas mentalmente estimulantes e precisa compartilhar um interesse comum com o seu parceiro. Você possui uma natureza protetora que defende as outras pessoas.

INFLUÊNCIA DA ESTRELA PRIMÁRIA

Mirach confere sensibilidade, uma natureza sonhadora e idealista e um senso de beleza refinado. Você tem, na maior parte das vezes, uma perspectiva gregária e alegre, charme pessoal, desejo de felicidade e amor ao grupo. A influência positiva trazida por esta estrela lhe dá poder de imaginação, inspiração e idéias baseadas na criação artística. Muitas vezes, você possui tendências mediúnicas e gosta de sonhar acordado. Embora seja aventureiro, pode também ser uma pessoa devotada e visionária. Você tem uma influência estimulante sobre as outras pessoas e pode fazer amigos facilmente. Muitas vezes, pode receber ajuda de outras pessoas.
Ligada ao grau do seu Sol, esta estrela denota talento para composição e interpretação musical. A sua meta deve ser a criação do real a partir do ideal. Esta estrela também implica que a excentricidade pode estar associada à falta de autoconfiança.

- **Positivo**: altruísmo, mente brilhante, inclinação para o misticismo, idealismo, bom gosto, talentos artísticos, ampla gama de interesses
- **Negativo**: maus hábitos secretos, preocupação romântica, preocupação, idealismo excessivo, ilusão

Consulte o Apêndice para obter informações adicionais a respeito das estrelas fixas.

ALGUÉM ESPECIAL

Para o amor e um relacionamento estável, você pode procurar alguém que tenha nascido nas seguintes datas:

Amor & amizade: jan: 8, 11, 13, 15, 17, 25; fev: 9, 11, 13, 15, 23, 24; mar: 7, 9, 11, 13, 21; abr: 5, 7, 9, 11, 19; mai: 3, 5, 7, 9, 17, 31; jun: 1, 3, 5, 7, 15, 29; jul: 1, 3, 5, 27, 29, 31; ago: 1, 3, 11, 25, 27, 29; set: 1, 9, 23, 25, 27; out: 7, 21, 23, 25; nov: 5, 19, 21, 23; dez: 3, 17, 19, 21, 30

Relacionamento benéfico: jan: 1, 5, 20; fev: 3, 18; mar: 1, 16; abr: 14; mai: 12; jun: 10; jul: 8; ago: 6; set: 4; out: 2

Atrações fatais: out: 23, 24, 25

Relacionamento desafiante: jan: 6, 22, 24; fev: 4, 20, 22; mar: 2, 18, 20; abr: 16, 18; mai: 14, 16; jun: 12, 14; jul: 10, 12; ago: 8, 10, 31; set: 6, 8, 29; out: 4, 6, 27; nov: 2, 4, 25, 30; dez: 2, 23, 28

Alma gêmea: jan: 6, 12; fev: 4, 10; mar: 2, 8; abr: 6; mai: 4; jun: 2

22 de Abril

Este dia de aniversário revela que você é uma pessoa inteligente e sociável, confiante e charmosa, com muitos talentos naturais. A habilidade de liderança deriva da segurança no que você sabe e da capacidade de compreender diferentes tipos de pessoas. Você tem uma mente rápida e gosta de espirituosidade, debates e respostas prontas e pode ser um excelente crítico. Você, em geral, possui a coragem para falar o que pensa independentemente das repercussões e gosta de ser direto e honesto.

Com a influência dupla do decanato de Touro, você é uma pessoa altamente sensual que precisa dar e receber afeição. Aprecia cores, artes e beleza, tem muita criatividade e gosta de ambientes luxuosos. Entretanto, você deve tomar cuidado para não se deixar levar pela luxúria e indulgência em qualquer das suas diferentes formas. Mas você costuma avaliar muito bem as questões financeiras e qualquer coisa relacionada à segurança material.

♉

SOL: TOURO
DECANATO: TOURO/VÊNUS
GRAU: 1°-2° TOURO
MODO: FIXO
ELEMENTO: TERRA

♉

Você normalmente nutre grandes planos e tem uma habilidade para perceber o todo, o que o torna um bom organizador ou pessoa de *liaison* entre grupos diferentes. Você pode ser generoso e compreensivo com as pessoas que ama. Contudo, previna-se contra a tendência à obstinação. Você se coloca padrões elevados e costuma acreditar que as ações falam mais alto do que as palavras. Com autodisciplina, pode alcançar resultados formidáveis.

Até os 28 anos de idade, a sua preocupação maior são os valores, pessoais ou materiais. Depois dos 29 anos de idade, quando o seu Sol progredido entra no signo de Gêmeos, é provável que haja uma ênfase na educação e no aprendizado de novas habilidades. O mundo da comunicação em geral pode desempenhar um papel mais importante na sua vida. Essa tendência prossegue até quase os 60 anos, quando o seu Sol progredido entra no signo de Câncer. Nessa altura, há uma mudança de interesses em direção aos seus sentimentos e à crescente importância da segurança emocional, dos assuntos domésticos e familiares.

O Seu Eu Secreto

Com uma interessante mistura de materialismo e sensibilidade emocional, você busca a satisfação da realização pessoal. Superando a tendência a deixar que as considerações mundanas reinem sobre a sua vida, você poderá perceber que, em última instância, o dinheiro ou o *status* não trazem a felicidade. Isso muitas vezes envolve descartar a segurança do que já foi tentado e provado verdadeiro e confiar totalmente na sua fé interior e na sua intuição. A parte mais difícil pode ser a tomada de decisões certas e permitir-se confiar totalmente no processo criativo. Depois que se decidir e não tiver mais dúvidas, você pode prosseguir com confiança e determinação e muitas vezes alcançar resultados notáveis. A auto-expressão é a sua mais valiosa habilidade, seja para liberar as suas ansiedades ou para evitar que você se torne excessivamente sensível. Isso também o estimulará a ver a vida com mais alegria e o encorajará a ser feliz e criativo.

Trabalho & Vocação

O lado prático da sua natureza pode levá-lo a trabalhar no mundo financeiro, no qual poderá ser um excelente banqueiro, economista ou corretor da Bolsa de Valores. Alternativamente, você pode ser um excelente consultor monetário, contador ou negociador e vendedor. Você prefere ocupar uma posição de liderança e, como tem incríveis habilidades de organização, pode ter sucesso garantido como político, gerente ou administrador. Você também tem atração pela ciência, ou o seu jeito rápido com as palavras pode levá-lo a trabalhar nas áreas de educação, reforma social ou advocacia. Os indivíduos mais criativos nascidos neste dia podem se interessar ainda por carreiras como *design*, teatro, música, cinema ou jardinagem e paisagismo.

♉

ESTRELAS FIXAS

Mirach, também chamada de cinturão de Andrômeda; Mira, também chamada de Stella Mira

ESTRELA PRIMÁRIA

Nome da estrela:
Mirach, também chamada de cinturão de Andrômeda

Posição:
29°17' de Áries - 0°24'de Touro, entre os anos de 1930 e 2000

Magnitude:
2

Força:
★★★★★★★

Órb:
2°10'

Constelação:
Beta Andrômeda

Dias:
18, 19, 20, 21, 22 e 23 de abril

Qualidades da estrela:
Netuno e Vênus

Descrição:
estrela amarelo-avermelhada localizada ao lado do cinturão de Andrômeda

♉

Numerologia

Com o dia de aniversário 22, você é uma pessoa prática, disciplinada e altamente intuitiva. Este é um número mestre e pode vibrar tanto como o número 22 quanto como o número 4. Muitas vezes, você é uma pessoa honesta e trabalhadora, com uma capacidade natural de liderança, com uma personalidade carismática e uma compreensão profunda das pessoas. Mesmo sendo uma pessoa reservada, você muitas vezes se preocupa com o bem-estar alheio. Porém, você nunca abandona a sua posição pragmática ou realista. A subinfluência do mês número 4 indica que você deve evitar correr riscos desnecessários. Sendo paciente e organizado, você pode se tornar uma pessoa eficiente e construtiva. Ao lidar com questões mundanas, aprenda a usar a sua intuição e a sua percepção. O interesse na espiritualidade pode ajudá-lo a entender as leis e a ordem do Universo e a superar tendências materiais. Com determinação e trabalho duro podem ser muitas as suas conquistas.

- **Positivo**: universalidade, liderança, intuição, pragmatismo, praticidade, habilidade manual, construtividade, capacidade de organização, realismo, habilidade para resolver problemas, realização
- **Negativo**: susceptibilidade a esquemas de enriquecimento rápido, nervosismo, complexo de inferioridade, autoritarismo, materialismo, falta de visão, preguiça, egotismo, avidez

Amor & Relacionamentos

Mentalmente aventureiro e entusiástico, você gosta de variedade e da companhia de pessoas ambiciosas e altamente motivadas. Atraente e sociável, você em geral tem muitas oportunidades para o amor e o romance. Contudo, o tédio pode invadir os seus relacionamentos se eles não forem suficientemente animados. Muitas vezes, você se sente atraído por pessoas criativas com quem pode compartilhar a sua perspicácia e senso de humor. Entretanto, nos seus relacionamentos pessoais, previna-se contra a tendência a fazer muitos sacrifícios ou a bancar o mártir.

INFLUÊNCIA DA ESTRELA PRIMÁRIA

Mirach confere sensibilidade, uma natureza sonhadora e idealista e um senso de beleza refinado. Você tem, na maior parte das vezes, uma perspectiva gregária e alegre, charme pessoal, desejo de felicidade e amor ao grupo. A influência positiva trazida por esta estrela lhe dá poder de imaginação, inspiração e idéias baseadas na criação artística. Muitas vezes, você possui tendências mediúnicas e gosta de sonhar acordado. Embora seja aventureiro, pode também ser uma pessoa devotada e visionária. Você tem uma influência estimulante sobre as outras pessoas e pode fazer amigos facilmente. Muitas vezes, pode receber ajuda de outras pessoas.
Ligada ao grau do seu Sol, esta estrela denota talento para composição e interpretação musical. A sua meta deve ser a criação do real a partir do ideal. Esta estrela também implica que a excentricidade pode estar associada à falta de autoconfiança.

- **Positivo:** altruísmo, mente brilhante, inclinação para o misticismo, idealismo, bom gosto, talentos artísticos, ampla gama de interesses
- **Negativo:** maus hábitos secretos, preocupação romântica, preocupação, idealismo excessivo, ilusão

Consulte o Apêndice para obter informações adicionais acerca das estrelas fixas.

ALGUÉM ESPECIAL

Para obter segurança, estímulo mental e amor, comece procurando entre as pessoas nascidas nas seguintes datas:

Amor & amizade: jan: 4, 12, 16, 25; fev: 10, 14, 23, 24; mar: 8, 12, 22, 31; abr: 6, 10, 20, 29; mai: 4, 8, 18, 27; jun: 2, 6, 16, 25, 30; jul: 4, 14, 23, 28; ago: 2, 12, 21, 26, 30; set: 10, 11, 19, 24, 28; out: 8, 17, 22, 26; nov: 6, 15, 20, 24, 30; dez: 4, 13, 18, 22, 28

Relacionamento benéfico: jan: 2, 13, 22, 24; fev: 11, 17, 20, 22; mar: 9, 15, 18, 20, 28; abr:7, 13, 16, 18, 26; mai: 5, 11, 16, 18, 26; jun: 3, 9, 12, 14, 22; jul: 1, 7, 10, 12, 20; ago: 5, 8, 10, 18; set: 3, 6, 8, 16; out: 1, 4, 6, 14; nov: 2, 4, 12; dez: 2, 10

Atrações fatais: jan: 25; fev: 23; mar: 21; abr: 19; mai: 17; jun: 15; jul: 13; ago: 11; set: 9; out: 7, 25, 26, 27; nov: 5; dez: 3

Relacionamento desafiante: jan: 7, 23; fev: 5, 21; mar: 3, 19, 29; abr: 1, 17, 27; mai: 15, 25; jun: 13, 23; jul: 11, 21, 31; ago: 9, 19, 29; set: 7, 17, 27, 30; nov: 3, 13, 26; dez: 1, 11, 21, 24

Alma gêmea: jan: 17; fev: 15; mar: 13; abr: 11; mai: 9; jun: 7; jul: 5; ago: 3; set: 1; nov: 30; dez: 28

23 de Abril

Vivacidade entusiástica e personalidade carismática são características das pessoas nascidas neste dia. Muito inteligente, com talento natural para a comunicação de idéias, você é sociável e divertido. Querendo sempre ser honesto com os próprios sentimentos, você tem uma individualidade que o destaca e possui a habilidade de fazer com que as coisas aconteçam em grande estilo.

Com a influência do seu decanato de Touro, você gosta da beleza, da natureza e das artes, e possui uma enorme necessidade de auto-expressão. Como é provável que seja dotado nesse departamento, será excelente se puder combinar os seus talentos com a sua originalidade. Isso implica que você não gosta de ser pressionado e que pode responder tornando-se teimoso e obstinado. Entretanto, você pode ser levado, especialmente pelo amor. No seu plano geral de vida, a segurança material é uma questão importante e você precisa de algo sólido e estável. Você normalmente tem jeito para as questões financeiras e habilidade para adquirir dinheiro para si mesmo e para os outros.

♉

SOL: TOURO
DECANATO: TOURO/VÊNUS
GRAU: 2°-3° TOURO
MODO: FIXO
ELEMENTO: TERRA

♉

Sendo muito amigável, você pode se relacionar com pessoas de diversos *backgrounds* e gosta de se manter em atividade. Porém, tome cuidado com a tendência ao nervosismo e ao estresse causado por emoções reprimidas ou excesso de trabalho. Você, em geral, é uma pessoa muito persuasiva, com habilidade para organizar e conduzir as pessoas suave e tranqüilamente. Contudo, previna-se contra a inquietação e a impaciência, que podem fazer com que tenha ataques súbitos de dogmatismo. Felizmente, o seu espírito empreendedor não permite que você fique deprimido por muito tempo e, com a sua habilidade de ajudar a si e aos outros, você procura novos meios de expandir os seus horizontes.

Até os 27 anos de idade, você tem uma perspectiva bastante prática e segura da vida. No entanto, depois dos 28 anos de idade, quando o seu Sol progredido entra no signo de Gêmeos, você passa a ser mais receptivo a novas idéias e pode até mesmo começar a estudar. Essa influência mais cerebral prossegue até quase os 60 anos de idade, quando o seu Sol progredido entra no signo de Câncer. A partir dessa época, há uma mudança em direção às questões de ordem emocional, especialmente as relacionadas à vida doméstica e familiar.

O Seu Eu Secreto

A sua ética profissional e o seu desejo de realização na vida são contrabalançados por uma alegria e um desejo de amor e afeição. Você tem a habilidade magnética de cativar as pessoas quando o seu lado amoroso se manifesta e se sente inspirado para se expressar. Essa habilidade muitas vezes sugere que você pode ser uma pessoa espirituosa, animada e cheia de entusiasmo. Ainda que seja carismático e tenha um coração jovial, você precisa aprender a equilibrar a sua necessidade de diversão com o seu senso de responsabilidade. Se estiver seguro e acreditar em determinadas questões, é provável que dedique o seu tempo livre a uma causa, apoiando-a com o seu idealismo e sua engenhosidade.

Um pequeno obstáculo no seu enorme impulso para ser bem-sucedido é o seu materialismo, que pode tentá-lo a tomar o caminho mais seguro em vez de realmente se impor desafios.

Qualquer medo que tenha quanto a questões financeiras é infundado, pois você tem uma enorme capacidade de fazer dinheiro. Essa capacidade é ainda maior graças à sua habilidade de desenvolver as suas idéias ao mesmo tempo em que mantém as pessoas interessadas.

Trabalho & Vocação

Qualquer que seja a carreira escolhida, você trabalha duro para alcançar os seus objetivos e possui um senso natural para os negócios. O seu charme, sua persuasão e sua capacidade de comunicação muitas vezes apontam para o sucesso no mundo das vendas, promoção e negociação. Você pode se sair muito bem em áreas como vendas imobiliárias, relações públicas, advocacia ou política. O seu desejo de aperfeiçoamento constante da sua capacidade mental pode levá-lo à área acadêmica; alternativamente, você encontra mais inspiração em ocupações criativas, como fotografia, escrita, artes, música ou teatro. Você está sempre disposto a lutar com tenacidade por uma causa na qual acredite, o que pode levá-lo a trabalhar em áreas que envolvam reformas. Você é também um excelente gerente, administrador ou executor.

Numerologia

Intuição, sensibilidade emocional e criatividade são alguns dos atributos conferidos pelo dia de aniversário número 23. Normalmente uma pessoa versátil, apaixonada e com pensamento rápido, que tem uma atitude profissional e uma mente cheia de idéias criativas. Com a influência do número 23, você pode aprender novos assuntos com facilidade, mas prefere a prática à teoria. Amante das viagens e aventuras, você gosta de conhecer novas pessoas. A sua inquietação o impele a ter diversos tipos de experiências e a aproveitar ao máximo cada situação. É em geral amigável, gosta de se divertir, tem coragem e impulso, e precisa de uma vida ativa para realizar o seu verdadeiro potencial. A subinfluência do mês número 4 indica que você gosta de ordem e planejamento. Com o uso da sua intuição e habilidades práticas, você sempre tem boas idéias ou planos. A necessidade de se concentrar nos seus objetivos sugere que você não deve perder os seus própositos de vista. Isso também o ajuda a superar o sentimento de solidão ou isolamento. Inteligente e criativo, você precisa se expressar livremente. A compaixão e a amabilidade para com os outros trazem recompensas inesperadas.

♉

ESTRELAS FIXAS

Mirach, também chamada de cinturão de Andrômeda; Mira, também chamada de Stella Mira; El Scheratain, também chamada de Sharantan

ESTRELA PRIMÁRIA

Nome da estrela:
Mirach, também chamada de cinturão de Andrômeda
Posição:
29°17' de Áries - 0°24'de Touro, entre os anos de 1930 e 2000
Magnitude:
2
Força:
★★★★★★★
Órb:
2°10'
Constelação:
Beta Andrômeda
Dias:
18, 19, 20, 21, 22 e 23 de abril
Qualidades da estrela:
Netuno e Vênus
Descrição:
estrela amarelo-avermelhada localizada ao lado do cinturão de Andrômeda

♉

Positivo: lealdade, responsabilidade, viagens, comunicação, intuição, criatividade, versatilidade, confiabilidade, fama

Negativo: egoísmo, insegurança, teimosia, natureza inflexível, obtusidade, retraimento, preconceito

Amor & Relacionamentos

Como é um amante ardoroso, você aproveita o máximo de cada momento. Todavia, a sua tendência ao idealismo sugere a necessidade de uma conexão espiritual, pois a sua concepção a respeito do amor é bastante elevada. Você pode, entretanto, tornar-se uma pessoa solitária se as suas expectativas não forem alcançadas. Há também a possibilidade de relacionamentos fora do comum ou casos secretos. As responsabilidades em relação a outras pessoas ou o peso derivado de preocupações com membros familiares podem influenciar os seus relacionamentos. Porém, você pode ser um parceiro ou amigo leal e atrair as pessoas com a sua personalidade carismática.

INFLUÊNCIA DA ESTRELA PRIMÁRIA

Mirach confere sensibilidade, uma natureza sonhadora e idealista e um senso de beleza refinado. Você tem, na maior parte das vezes, uma perspectiva gregária e alegre, charme pessoal, desejo de felicidade e amor ao grupo. A influência positiva trazida por esta estrela lhe dá poder de imaginação, inspiração e idéias baseadas na criação artística. Muitas vezes, você possui tendências mediúnicas e gosta de sonhar acordado. Embora seja aventureiro, pode também ser uma pessoa devotada e visionária. Você tem uma influência estimulante sobre as outras pessoas e pode fazer amigos facilmente. Muitas vezes, pode receber ajuda de outras pessoas.

Ligada ao grau do seu Sol, esta estrela denota talento para composição e interpretação musical. A sua meta deve ser a criação do real a partir do ideal. Esta estrela também implica que a excentricidade pode estar associada à falta de autoconfiança.

- **Positivo:** altruísmo, mente brilhante, inclinação para o misticismo, idealismo, bom gosto, talentos artísticos, ampla gama de interesses
- **Negativo:** maus hábitos secretos, preocupação romântica, preocupação, idealismo excessivo, ilusão

Consulte o Apêndice para obter informações adicionais acerca das estrelas fixas.

ALGUÉM ESPECIAL

Você pode encontrar o amor e a estabilidade com alguém nascido em uma das seguintes datas:

Amor & amizade: jan: 2, 7, 10, 17, 27; fev: 5, 8, 15, 25; mar: 3, 6, 13, 23; abr: 1, 4, 11, 21; mai: 2, 9, 19; jun: 7, 17; jul: 5, 15, 29, 31; ago: 3, 13, 27, 29, 31; set: 1, 11, 25, 27, 29; out: 9, 23, 25, 27; nov: 7, 21, 23, 25; dez: 5, 19, 21, 23

Relacionamento benéfico: jan: 3, 5, 20, 25, 27; fev: 1, 3, 18, 23, 25; mar: 1, 16, 21, 23; abr: 14, 19, 21; mai: 12, 17, 19; jun: 10, 15, 17; jul: 8, 13, 15; ago: 6, 11, 13; set: 4, 9, 11; out: 2, 7, 9; nov: 5, 7; dez: 3, 5

Atrações fatais: jan: 13; fev: 11; mar: 9; abr: 7; mai: 5; jun: 3; jul: 1; out: 26, 27, 28; nov: 5; dez: 3

Relacionamento desafiante: jan: 16, 24; fev: 14, 22; mar: 12, 20; abr: 10, 18; mai: 8, 16, 31; jun: 6, 14, 29; jul: 4, 12, 27; ago: 2, 10, 25; set: 8, 23; out: 6, 21; nov: 4, 19; dez: 2, 17

Alma gêmea: jan: 16; fev: 14; mar: 12; abr: 10; mai: 8; jun: 6; jul: 4, 31; ago: 2, 29; set: 27; out: 25; nov: 23; dez: 21

24 de abril

O seu dia de nascimento sugere que você é uma pessoa viva, inteligente e determinada, com um espírito independente e com poder de realização. Você fica entusiasmado e se dedica ao trabalho quando realmente se interessa por um projeto ou causa, e possui o potencial para conquistas extraordinárias.

A influência do seu Sol no decanato de Touro indica que você é muito sensual e um amante da natureza, da beleza e das artes. Quando necessário, você pode usar o seu charme e ser uma pessoa divertida e sociável. Entretanto, se as coisas não correrem do jeito que deseja, você pode se tornar extremamente teimoso.

Você em geral pensa em grande escala e, com as suas habilidades executivas, pode contribuir para atividades em grupo, sendo um líder natural. Ainda que às vezes possa ser arrogante ou dogmático, em outras ocasiões pode ter uma estranha falta de confiança em si mesmo. Felizmente, a habilidade para tomar decisões com rapidez e a intuição podem ajudá-lo a superar esses desafios. A sua atraente personalidade e necessidade de ser popular também sugerem que você gosta de ficar em evidência. Como pode ser uma pessoa altamente persuasiva, precisa apenas desenvolver a autodisciplina para aproveitar ao máximo o seu incrível potencial.

♉

SOL: TOURO
DECANATO: TOURO/VÊNUS
GRAU: 3°-4° TOURO
MODO: FIXO
ELEMENTO: TERRA

♉

Até os 26 anos de idade, você devota muita atenção à sua necessidade de afeição e segurança material, mas por volta dos 27 anos de idade, quando o seu Sol progredido entra no signo de Gêmeos, você diversificará os seus interesses. A partir dessa época, os estudos e a comunicação tornam-se fatores importantes na sua vida. Há uma outra mudança depois dos 57 anos de idade, quando o seu Sol progredido entra no signo de Câncer, e você se torna uma pessoa mais sensível e dá mais importância a ter uma vida doméstica estável.

O Seu Eu Secreto

Uma compreensão inata de que o conhecimento é poder o estimula a estar constantemente aprendendo. Como também possui uma praticidade básica e bom poder de julgamento, você está preparado para realizar o trabalho necessário para conquistar os seus grandes ideais. Por meio da perseverança e da avaliação realista das suas metas, você pode usar o seu formidável potencial. Com sua excelente habilidade social e capacidade de organização, você sabe catalisar a ajuda das pessoas para alcançar o sucesso.

Embora seja sociável e goste de ser espontâneo e livre, o seu trabalho ocupa um papel relevante na sua vida. É importante também que você ouça a voz da sua intuição, especialmente para superar um possível desapontamento com as pessoas. No seu desejo de ser expansivo, tome cuidado para não ser levado e se tornar demasiadamente ávido ou materialista. Porém, não precisa se preocupar com dinheiro, pois você possui uma certa proteção financeira que sempre irá ajudá-lo a obter as coisas boas da vida.

Trabalho & Vocação

O seu intelecto superior, seu senso dramático e sua habilidade para lidar com as pessoas permitem que você alcance o seu potencial em diversas áreas da vida. Se trabalhar na área de negócios, você será empreendedor e pode ter uma atitude protetora com os que trabalham em posições inferiores à sua. Você tem talento para resolver problemas e possui uma capacidade formidável de organização e gerenciamento. Escrever é uma habilidade natural para você, e muitas vezes isso pode ser usado criativa ou profissionalmente. Com atração pela vida pública, você pode se envolver com o mundo da política, do teatro e do entretenimento. O amor à variedade e uma necessidade de ser independente podem levá-lo a trabalhar em locais onde não precisa ocupar uma posição subalterna. Apesar de práticas, algumas pessoas nascidas neste dia podem sentir atração pela Filosofia e pelo Misticismo.

♉

ESTRELA FIXA

Nome da estrela:
El Scheratain, também chamada de Sharatan

Posição:
2°58' - 3°58'de Touro, entre os anos de 1930 e 2000

Magnitude:
2.5-3

Força:
★★★★★★★

Órb:
2°

Constelação:
Beta Arietis

Dias:
22, 23, 24 e 25 de abril

Qualidades da estrela:
Marte/Saturno

Descrição:
estrela branco-aperolada localizada na ponta norte de Ram

♉

Numerologia

A sensibilidade emocional do dia de aniversário número 24 sugere que você busca o equilíbrio e a harmonia. Você é também receptivo à forma e à estrutura e pode criar com facilidade um sistema complexo, mas eficiente. Leal e justo, você é uma pessoa reservada, e acredita que as ações falam mais alto do que as palavras. O maior desafio para os nascidos no dia 24 é aprender a se associar com tipos diferentes de pessoas, a superar a tendência à desconfiança e a construir uma casa segura. A subinfluência do mês número 4 indica que você pode ser uma pessoa determinada, com muita força de vontade e uma natureza inquisitiva. Talvez precise superar a inclinação à impaciência, exigência ou controle. Muitas vezes, você aprende que os atalhos são rotas mais compridas. Sendo responsável pelas suas ações e prestando atenção aos detalhes você irá, no final das contas, economizar o seu tempo. Você deseja o reconhecimento, mas precisa trabalhar duro para obter respeito e admiração. Adquira confiança superando a tendência a ficar na defensiva.

Positivo: energia, idealismo, praticidade, forte determinação, honestidade, franqueza, justiça, generosidade, amor à vida doméstica, atividade

Negativo: crueldade, tendências manipuladoras, materialismo, instabilidade, desprezo pela rotina, preguiça, falta de lealdade, dominação e teimosia

Amor & Relacionamentos

Uma forte influência de um homem mais velho, provavelmente o seu pai, pode ter um forte impacto na sua perspectiva de vida. O desejo de independência e uma vida ocupada indicam que há uma incerteza quanto aos relacionamentos. Você precisa encontrar um parceiro que tenha um senso natural de autoridade que você respeite e admire. Inspirado pelo poder e pela sabedoria, você muitas vezes se sente atraído por pessoas sérias e trabalhadoras. Se reprimir a sua tendência a ser autocrata ou ao excesso de seriedade, você pode encontrar o amor e a felicidade nos seus relacionamentos.

INFLUÊNCIA DA ESTRELA PRIMÁRIA

El Sheratain confere paciência, poder de superar pela resistência e energia. Por meio da determinação, esta estrela sugere que você pode desenvolver habilidade de liderança e conquistar a honra e a riqueza. A influência desta estrela também indica que acontecimentos irritantes precisam ser enfrentados com paciência. As pessoas influenciadas por esta estrela precisam evitar a frustração ou indecisão, pois isso pode exaurir a sua energia.

Ligada ao grau do seu Sol, esta estrela denota preferência pelo trabalho que requeira paciência e resistência física. Você pode alcançar a distinção na sua área profissional. Contudo, El Sheratain também tem uma influência negativa, sugerindo uma tendência à dominação ou controle das situações, o que pode acarretar problemas.

- **Positivo**: persistência, energia incansável
- **Negativo**: força destrutiva, teimosia, falta de energia, falta de vitalidade

ALGUÉM ESPECIAL

Você pode encontrar um parceiro leal e confiável entre as pessoas nascidas em uma das seguintes datas:

Amor & amizade: jan: 1, 4, 9, 14, 28, 31; fev: 12, 26, 29; mar: 10, 24, 27; abr: 8, 22, 25; mai: 6, 20, 23; jun: 4, 18, 21; jul: 2, 16, 19, 30; ago: 14, 17, 28, 30; set: 12, 15, 26, 28, 30; out: 10, 13, 24, 26, 28; nov: 8, 11, 22, 24, 26; dez: 6, 9, 20, 22, 24

Relacionamento benéfico: jan: 26; fev: 24; mar: 22; abr: 20; mai: 18; jun: 16; jul: 14; ago: 12; set: 10; out: 8; nov: 6; dez: 4

Atrações fatais: out: 26, 27, 28, 29

Relacionamento desafiante: jan: 3, 25; fev: 1, 23; mar: 21; abr: 19; mai: 17; jun: 15; jul: 13; ago: 11; set: 9; out: 7; nov: 5; dez: 3

Alma gêmea: jan: 3, 10; fev: 1, 8; mar: 6; abr: 4; mai: 2; set: 14

25 de Abril

O dia do seu aniversário sugere que o seu brilho intelectual faz de você alguém que tem algo a dizer. Prático, mas idealista, você tem um senso comum sólido e o desejo de ser aberto e honesto. Com a mente aberta, você é, na maior parte das vezes, uma pessoa liberal que gosta de debater e adquirir conhecimento. Contudo, precisa superar a tendência a pensar de forma negativa e evitar ser crítico e dogmático.

A influência do seu Sol no decanato de Touro sugere que você é uma pessoa confiável e sólida, com uma grande necessidade de amor e afeição. Há também a possibilidade de você ser uma pessoa econômica, ainda que possa ser muito generosa com os entes queridos. Freqüentemente aprecia a beleza, a arte e a música e possui talentos artísticos e uma voz excepcional. Com autodisciplina, esses talentos podem ser desenvolvidos e transformar-se em uma poderosa forma de auto-expressão.

♉

SOL: TOURO
DECANATO: TOURO/VÊNUS
GRAU: 4°-5° TOURO
MODO: FIXO
ELEMENTO: TERRA

♉

Para superar a tendência à obstinação, talvez seja necessário colocar-se desafios constantes em novas áreas em vez de permanecer nas situações já conhecidas. Embora, de uma maneira geral, você seja uma pessoa otimista, quando está deprimido pode ficar impaciente, frustrado ou com baixa auto-estima. No entanto, você tem capacidade de organização e idéias maravilhosas e talvez seja necessário colocar algumas delas em prática para preencher o seu excepcional potencial.

Depois dos 26 anos de idade, quando o seu Sol progredido entra no signo de Gêmeos, há uma necessidade crescente de comunicação e troca de idéias. Essa pode ser a hora de ampliar a sua capacidade metal, por meio do estudo de novos assuntos. Depois dos 56 anos de idade, quando o seu Sol progredido entra no signo de Câncer, é provável que você passe por uma grande mudança e passe a dar mais importância a ficar mais próximo das pessoas que ama. É possível que haja mudanças na estrutura da sua família.

O Seu Eu Secreto

Os relacionamentos e a vida doméstica desempenham um papel especialmente importante na sua vida, pois você busca um ambiente harmonioso no qual possa se sentir seguro. Com a sua capacidade criativa, você gosta de ter uma casa confortável e acolhedora, com um toque de luxúria. Outra maneira de se expressar pode ser por meio de idéias que enfatizem a importância da associação com pessoas mentalmente estimulantes. Os estudos podem também trazer-lhe inspiração na sua rotina diária.

Com um bom coração, você muitas vezes atrai pessoas que precisam de seus conselhos e apoio. Como possui muita sensibilidade e capacidade para lidar com pessoas, você pode muitas vezes encontrar-se no papel de mentor. Tendo grandes objetivos na vida, você evita o perigo de tornar-se muito dependente dos outros. Para você, a dependência pode levar à frustração e ao desapontamento, se as pessoas não corresponderem às suas expectativas. Você é uma pessoa cooperativa e que gosta de jogar limpo e ser responsável, e espera que os outros façam o mesmo.

Trabalho & Vocação

A sua natureza criativa e amor ao conhecimento indicam que você muitas vezes é bem-sucedido na área educacional e artística. O seu humanitarismo e compaixão podem levá-lo a ser um reformador, assistente social ou conselheiro. Você pode ter talento para ser orador e dividir o seu conhecimento com as outras pessoas. O interesse pelo mundo dos negócios pode ser explorado por meio de diversas formas, como profissões na área bancária, bolsa de valores ou vendas imobiliárias. Alternativamente, os seus talentos criativos sugerem que você tem jeito para o trabalho manual, e o trabalho de *design* pode ser o seu forte. O teatro e a música, especialmente o canto, são áreas que podem atraí-lo. A sua habilidade para levantar fundos para causas significa que o trabalho social pode ser uma excelente estrutura para a sua capacidade de organização e gerenciamento.

Numerologia

Intuitivo e ponderado, mas ágil e enérgico, você precisa se expressar por experiências diferentes. O desejo de perfeição conferido pelo dia de aniversário número 25 muitas vezes o impele a trabalhar duro e a ser uma pessoa produtiva. Geralmente, você é instintivo e alerta e pode obter mais conhecimento por meio da aplicação prática do que pela simples teoria. Um bom senso de julgamento e habilidade com os detalhes garantem a sua realização. Talvez precise desenvolver uma atitude menos cética, superando a tendência ao erratismo ou a decisões impulsivas. Com o dia de aniversário número 25, você possui uma forte energia mental; quando se concentra, ela o ajuda a perceber os fatos e a chegar a uma conclusão mais rapidamente do que qualquer outra pessoa. A subinfluência do mês número 4 indica que você precisa aprender a ser paciente e prático para canalizar o seu poder criativo. Aprenda a manter-se concentrado, deixando os seus sentimentos o guiarem, e confie na sua intuição. Supere a tendência ao excesso de ansiedade e falta de praticidade. Aprenda a pensar antes de agir. Usando o tato e a diplomacia, você consegue se adaptar.

Positivo: intuição, perfeccionismo, perceptividade, criatividade, habilidade social

Negativo: impulsividade, impaciência, irresponsabilidade, excessiva emoção, ciúme, desconfiança, mau humor, nervosismo

♉

ESTRELAS FIXAS

Hamal, também chamada de Al Hamal ou a Ovelha; El Scheratain, também chamada de Sharatan

ESTRELA PRIMÁRIA

Nome da estrela:
Hamal, também chamada de Al Hamal ou a Ovelha

Posição:
6°43'-7°38' de Touro, entre os anos de 1930 e 2000

Magnitude:
2

Força:
★★★★★★★★

Órb:
2°10'

Constelação:
Beta Arietis

Dias:
25, 26, 27, 28, 29 e 30 de abril

Qualidades da estrela:
influência combinada de Marte e Saturno

Descrição:
estrela amarelo-laranja localizada na testa de Ram

♉

Amor & Relacionamentos

Para uma pessoa sensível e emotiva como você, os relacionamentos são muito significativos. As mulheres nascidas neste dia são, em geral, leais e devotadas, mas devem evitar se tornar excessivamente dependente dos seus parceiros. Sociável e amigável, você gosta de se divertir e, com a sua espirituosidade e senso de humor, é uma boa companhia. Alguns relacionamentos atuam como catalisadores e transformadores e o ajudam a alterar as suas crenças e a aprofundar a sua compreensão. Aprenda a expressar os seus sentimentos e a não ser muito reservado ou desconfiado. Você precisa de uma filosofia de vida positiva ou de alguém que o entenda, pois prospera por meio do encorajamento e do amor.

★ INFLUÊNCIA DA ESTRELA PRIMÁRIA

Hamal confere inquietação e impulso para distinguir-se, juntamente com uma influência para a rebeldia. Esta estrela sugere que a competitividade e o impulso para o sucesso podem às vezes desafiá-lo a usar métodos pouco ortodoxos para alcançar os seus objetivos. Ligada ao grau do seu Sol, esta estrela confere o poder de superar os obstáculos com concentração e persistência, mas adverte contra o comportamento sem consideração com os outros ou o uso da força para obter o que deseja. Somente por meio da paciência você pode desenvolver as suas habilidades, talentos e capacidades. Hamal também sugere o perigo de colocar o dinheiro como a maior prioridade.

- **Positivo**: paciência, disciplina, trabalho duro, energia concentrada, liderança
- **Negativo**: uso da força, falta de escrúpulos, más companhias

Consulte o Apêndice para obter mais informações acerca das estrelas fixas.

ALGUÉM ESPECIAL

Para ter felicidade duradoura, segurança e viver em um ambiente estável, comece procurando entre as pessoas nascidas em uma das seguintes datas:

Amor & amizade: jan: 1, 5, 10, 15, 26, 29, 30; fev: 13, 24, 27, 28; mar: 11, 22, 25, 26; abr: 9, 20, 23, 24; mai: 7, 18, 21, 22; jun: 5, 16, 19, 20; jul: 3, 14, 17, 18, 31; ago: 1, 12, 15, 16, 29, 31; set: 10, 13, 14, 27, 29; out: 8, 11, 12, 25, 27; nov: 6, 9, 10, 23, 25; dez: 4, 7, 8, 21, 23, 29

Relacionamento benéfico: jan: 1, 2, 10, 27; fev: 8, 25; mar: 6, 23; abr: 4, 21; mai: 2, 19, 30; jun: 17, 28; jul: 15, 26; ago: 13, 24; set: 11, 22; out: 9, 20; nov: 7, 18; dez: 5, 16

Atrações fatais: out: 28, 29, 30

Relacionamento desafiante: jan: 17, 26; fev: 15, 24; mar: 13, 22; abr: 11, 20; mai: 9, 18; jun: 7, 16; jul: 5, 14; ago: 3, 12, 30; set: 1, 10, 28; out: 8, 26, 29; nov: 6, 25, 27; dez: 4, 22, 25

Alma gêmea: jan: 21; fev: 19; mar: 17; abr: 15; mai: 13; jun: 11; jul: 9, 29; ago: 7, 27; set: 5, 25; out: 3, 23; nov: 1, 21; dez: 19

26 de Abril

O dia do seu aniversário revela que você é uma pessoa inteligente e sensível, um visionário prático que tem o potencial para um enorme sucesso. Embora seja atraído por todas as formas de poder mental, não gosta de desarmonia e isso implica que você é uma pessoa sensível ao ambiente. Você tem impulso e imaginação que muito lhe valem quando está inspirado e lutando para realizar os seus sonhos.

Com o seu Sol no primeiro decanato de Touro, você tem um lado muito criativo e aprecia profundamente cores, formas e sons. Isso também acentua o seu amor pela natureza, pela beleza e pela luxúria e uma forte necessidade de auto-expressão. Como é provável que você seja uma pessoa afetuosa, sente-se atraído por pessoas igualmente afetuosas. A subinfluência do regente do seu decanato, Vênus, indica que você tem jeito para transações financeiras e precisa apenas ter autodisciplina para manifestar os seus planos em larga escala e sorte natural. Infelizmente, isso também sugere uma tendência ao excesso de indulgência.

♉

SOL: TOURO
DECANATO: TOURO/VÊNUS
GRAU: 5°-6° TOURO
MODO: FIXO
ELEMENTO: TERRA

♉

Mesmo que seja uma pessoa pragmática, com bom senso para formas, você também possui talentos psíquicos naturais. Os seus intensos instintos permitem que você perceba as motivações das pessoas e sugerem que a sua percepção altamente desenvolvida pode levá-lo a uma compreensão universal e a um crescente senso de compaixão.

Depois dos 25 anos de idade, quando o seu Sol progredido entra no signo de Gêmeos, há uma necessidade crescente de expressar as suas idéias e de interagir com outras pessoas do seu ambiente. Essa influência pode encorajá-lo a estudar ou a buscar uma diversificação mental de diversas formas e prossegue até cerca dos 55 anos de idade, quando o seu Sol progredido entra no signo de Câncer. Esse período marca uma mudança na sua vida, pois haverá uma ênfase na crescente importância de ter um ambiente doméstico seguro e de expressar os seus sentimentos, especialmente no círculo familiar. Uma forte necessidade de cuidar de outros e ser cuidado também é indicada.

O Seu Eu Secreto

Compreendendo o valor do conhecimento e querendo usá-lo para construir o seu futuro, você gosta de manter-se produtivo. Isso permite que você se sinta uma pessoa positiva, consciente da segurança e fiel ao seu forte senso de valores. Cuidado para não se deixar levar por tendências escapistas que podem ameaçar a sua incrível mente e a realização dos seus potenciais. Com a sua sensibilidade e imaginação poderosa e viva, não é difícil tomar o caminho mais fácil ou dizer o que as pessoas querem ouvir. No outro extremo, quando se decide a fazer alguma coisa, o seu poder e a sua determinação podem ser formidáveis.

Como possui uma capacidade de organização superior e é muito sociável, você muitas vezes é bem-sucedido em atividades em grupo. Você gosta de ter um papel de liderança, especialmente no que diz respeito ao aprendizado. Quando se interessa por um assunto, pode aprender muito rápido e ter atração por assuntos metafísicos.

Trabalho & Vocação

Uma aptidão para a praticidade, combinada com a capacidade de organização, sugere que você pode ser bem-sucedido na área industrial, de *merchandising* ou bancária. Se optar pela área de negócios, prefere se envolver em operações em larga escala. A sua criatividade natural pode levá-lo a escrever, pintar ou para a área musical. O talento para lidar com pessoas indica que você pode ser bem-sucedido em trabalhos públicos, especialmente por meio da educação e do bem-estar social. O seu excelente senso de estrutura ou forma, combinado com a sua visão, pode levá-lo a carreiras como arquitetura, fotografia, ou cinema. Alternativamente, a sua percepção psicológica especial e uma capacidade natural para a cura podem levá-lo a atuar na área médica ou de medicina alternativa.

ESTRELA PRIMÁRIA

Nome da estrela:
Hamal, também chamada de Al Hamal ou a Ovelha

Posição:
6°43'-7°38' de Touro, entre os anos de 1930 e 2000

Magnitude:
2

Força:
★★★★★★★

Órb:
2°10'

Constelação:
Beta Arietis

Dias:
25, 26, 27, 28, 29 e 30 de abril

Qualidades da estrela:
influência combinada de Marte e Saturno

Descrição:
estrela amarelo-laranja localizada na testa de Ram

Numerologia

A força ou o poder sugeridos pelo dia de aniversário 26 mostram que você tem uma personalidade cautelosa com fortes valores e sólido julgamento. O amor pelo ambiente doméstico e instinto paternal podem também sugerir a necessidade de construir uma sólida fundação ou encontrar uma estabilidade real. Você muitas vezes é uma usina de força para outras pessoas e está sempre disposto a apoiar as pessoas e familiares que o procuram quando precisam. Todavia, você deve evitar tendências materialistas e o desejo de controlar as pessoas ou situações. A subinfluência do mês número 4 indica que você precisa se expressar mais livremente. Você precisa desenvolver os seus talentos inatos e ter experiências diferentes. Evite o excesso de criticismo, preguiça ou cinismo. Quando está confuso, pode ficar mal-humorado, obstinado ou facilmente entediado. Evite o pessimismo, por meio de uma atitude positiva mas realista, e procure às vezes deixar de lado as responsabilidades e se divertir.

Positivo: criatividade, praticidade, cuidado, responsabilidade, orgulho da família, entusiasmo, coragem

Negativo: teimosia, rebeldia, relacionamentos instáveis, falta de entusiasmo, falta de persistência, instabilidade

Amor & Relacionamentos

É importante, nos seus relacionamentos mais importantes, ter alguém que pense como você, com quem possa compartilhar os mesmos valores e nível de entendimento. Os seus melhores e duradouros relacionamentos sociais e emocionais são com pessoas intelectualmente estimulantes, possivelmente interessados em política, filosofia, espiritualidade ou educação. O trabalho também pode ter um papel importante nos seus relacionamentos pessoais, mas evite a tendência a se envolver em jogos de poder. O seu entendimento de mudanças emocionais sutis permite que você desfrute de relacionamentos fascinantes com o sexo oposto.

INFLUÊNCIA DA ESTRELA PRIMÁRIA

Hamal confere inquietação e impulso para distinguir-se, juntamente com uma influência para a rebeldia. Esta estrela sugere que a competitividade e o impulso para o sucesso podem às vezes desafiá-lo a usar métodos pouco ortodoxos para alcançar os seus objetivos. Ligada ao grau do seu Sol, esta estrela confere o poder de superar os obstáculos com concentração e persistência, mas adverte contra o comportamento sem consideração com os outros ou o uso da força para obter o que deseja. Somente por meio da paciência você pode desenvolver as suas habilidades, talentos e capacidades. Hamal também sugere o perigo de colocar o dinheiro como a maior prioridade.

- **Positivo**: paciência, disciplina, trabalho duro, energia concentrada, liderança
- **Negativo**: uso da força, falta de escrúpulos, más companhias

ALGUÉM ESPECIAL

Você pode encontrar o parceiro inspirador que procura entre as pessoas nascidas em uma das seguintes datas:

Amor & amizade: jan: 10, 13, 20, 30, 31; fev: 8, 11, 18, 28; mar: 6, 9, 16, 26; abr: 4, 7, 14, 24; mai: 2, 5, 12, 22; jun: 3, 10, 20; jul: 1, 8, 18; ago: 6, 16, 30; set: 4, 14, 28, 30; out: 2, 12, 26, 28, 30; nov: 10, 24, 26, 28; dez: 8, 22, 24, 26, 29

Relacionamento benéfico: jan: 12, 16, 17, 28; fev: 10, 14, 15, 26; mar: 8, 12, 13, 24; abr: 6, 10, 11, 22; mai: 4, 8, 9, 20, 29; jun: 2, 6, 7, 18, 27; jul: 4, 5, 16, 25; ago: 2, 3, 14, 23; set: 1, 12, 21; out: 10, 19; nov: 8, 17; dez: 6, 15

Atrações fatais: mar: 31; abr: 29; mai: 27; jun: 25; jul: 23; ago: 21; set: 19; out: 17, 29, 30, 31

Relacionamento desafiante: jan: 6, 18, 22, 27; fev: 4, 16, 20, 25; mar: 2, 14, 18, 23; abr: 12, 16, 21; mai: 10, 14, 19; jun: 8, 12, 17; jul: 6, 10, 15; ago: 4, 8, 13; set: 2, 6, 11; out: 4, 9; nov: 2, 7; dez: 5

Alma gêmea: mar: 28; abr: 26; mai: 24; jun: 22; jul: 20; ago: 18; set: 16; out: 14; nov: 12; dez: 10

27 de abril

O dia do seu aniversário sugere que você é um taurino inteligente e perspicaz, com determinação e idéias originais. Independente e rápido para avaliar as situações, a sua personalidade é uma combinação interessante de dúvida e ingenuidade. Como uma de suas qualidades é a jovialidade, pode inspirar as outras pessoas com as suas idéias animadas e aventureiras. Você também possui tenacidade e persistência e leva os seus projetos até o fim.

A dupla influência do seu Sol no decanato de Touro implica que você é um *bon vivant* e aprecia todas as pequenas luxúrias. Se for pressionado, pode se tornar obstinado. Contudo, isso pode ser contrabalançado pelo lado amoroso e afetuoso da sua natureza. Uma sensualidade natural pode também fazer com que aprecie a beleza, a cor e as formas, o que pode levá-lo a alguma forma de expressão artística. Há também uma inclinação de aproveitar o que a vida tem de melhor, com uma tendência à auto-indulgência.

♉

SOL: TOURO
DECANATO: TOURO/VÊNUS
GRAU: 6°-7° TOURO
MODO: FIXO
ELEMENTO: TERRA

♉

É por intermédio do desenvolvimento mental que o seu maior potencial pode emergir, bem como esforçando-se para superar a inclinação ao negativismo. É por meio da preocupação e da ansiedade que você pode se tornar uma pessoa fria e frustrada, e por isso é importante ter uma meta definida e manter-se positivo. Quando está inspirado, você é perspicaz e astuto, com capacidade de se comportar de modo espontâneo e aproveitar as oportunidades que surgem.

Depois dos 24 anos de idade, quando o seu Sol progredido entra no signo de Gêmeos, há uma necessidade crescente de expressar e trocar as suas idéias com as outras pessoas. Esse pode ser o momento em que você expande os seus horizontes e adquire novas habilidades ou se envolve com novos estudos. Aos 54 anos de idade, quando o seu Sol progredido entra no signo de Câncer, há outra grande mudança na sua vida, que acentua a crescente necessidade emocional de estabelecer uma sólida fundação para o seu trabalho. Isso coloca uma ênfase maior na segurança doméstica e nos laços familiares.

O Seu Eu Secreto

Não importa as situações difíceis por que passa, no fundo você sabe que possui o poder de triunfar sobre a adversidade. Você tem o senso inato do valor das coisas e o impulso interior para a realização material, e isso o ajuda a seguir adiante. As mulheres podem exercer uma influência benéfica especial na conquista dos seus objetivos. Você tem senso para negócios e para ser bem-sucedido financeiramente, mas é importante que acredite no seu trabalho. A educação é um elemento essencial para que você aproveite ao máximo os seus talentos.

Como pode ser mentalmente teimoso, precisa aprender a debater as suas idéias com as pessoas sem se deixar levar pelo dogmatismo. Você gosta de discussões espirituosas, amistosas e tem prazer em fazer perguntas com provocações sutis. Embora seja uma pessoa sociável, precisa às vezes ficar sozinho para recompor as suas energias e refletir. Isso desenvolve a sua intuição natural, que pode ajudá-lo a superar a tendência ao ceticismo.

Trabalho & Vocação

Com a sua vitalidade mental e amor ao debate, você pode alcançar o topo em carreiras ligadas à educação ou advocacia, ou em uma ocupação relacionada à pesquisa. Você muitas vezes possui boas habilidades técnicas e pode trabalhar com computadores ou diversos tipos de engenharia. Se dividir o seu conhecimento com as outras pessoas, pode gostar de trabalhos que envolvam mudanças ou reformas sociais. A sua mente aguda permite a você se beneficiar de cursos de educação superior e, com a sua capacidade de organização, alcançar cargos elevados no governo. Alternativamente, há também a possibilidade de um interesse pela psicologia, e a sua mente analítica pode levá-lo a trabalhar em alguma área médica.

Numerologia

Intuitivo, mas inquisitivo, o dia de aniversário número 27 indica a você aprofundar bastante pensamento por meio do desenvolvimento da paciência e do autocontrole. Você é, na maioria das vezes, uma pessoa vigorosa e determinada e presta muita atenção nos detalhes. Em geral uma pessoa idealista e sensível, com uma mente criativa e fértil, você pode impressionar os outros com o seu pensamento e suas idéias originais. O desenvolvimento da sua habilidade de comunicação o ajuda a superar a relutância a expressar os seus sentimentos mais profundos. A educação é benéfica para os nascidos no dia 27, e com as qualificações apropriadas você pode alcançar o sucesso por meio da escrita, da pesquisa e do trabalho em grandes organizações. A subinfluência do mês número 4 indica que você precisa ter uma direção ou controle na vida. Entusiástico, você se beneficia da autodisciplina e de uma vida organizada. Naturalmente versátil e imaginativo, com instintos fortes e habilidades físicas, você é uma pessoa ambiciosa e cheia de idéias. Contudo, a inquietude pode torná-lo impulsivo e você talvez precise aprender a concretizar as suas idéias.

Positivo: versatilidade, imaginação, criatividade, resolução, bravura, boa compreensão, capacidade mental, espiritualidade, inventividade, força mental

Negativo: irritabilidade, tendência a se ofender facilmente, propensão a discussões, inquietação, nervosismo, desconfiança, tensão

♉

ESTRELAS FIXAS

Hamal, também chamada de Al Hamal ou Ovelha; Schedir, também chamada de Sader

ESTRELA PRIMÁRIA

Nome da estrela:
Hamal, também chamada de Al Hamal ou a Ovelha
Posição:
6°43'-7°38' de Touro, entre os anos de 1930 e 2000
Magnitude:
2
Força:
★★★★★★★★
Órb:
2°10'
Constelação:
Beta Arietis
Dias:
25, 26, 27, 28, 29 e 30 de abril
Qualidades da estrela:
influência combinada de Marte e Saturno
Descrição:
estrela amarelo-laranja localizada na testa de Ram

♉

Amor & Relacionamentos

Intuitivo e sensível, mas empreendedor e ativo, você tem interesse por pessoas desembaraçadas e cheias de recursos. Perspicaz e independente, você gosta de saber o que motiva as outras pessoas, mas somente quando supera a sua tendência à desconfiança abre o seu coração e expressa os seus sentimentos. As mulheres leais podem desempenhar um importante papel para o seu sucesso. Muitas vezes elas o ajudam a alcançar um cargo profissional superior ou a ser apresentado a pessoas nos círculos sociais certos.

INFLUÊNCIA DA ESTRELA PRIMÁRIA

Hamal confere inquietação e impulso para distinguir-se, juntamente com uma influência para a rebeldia. Esta estrela sugere que a competitividade e o impulso para o sucesso podem às vezes desafiá-lo a usar métodos pouco ortodoxos para alcançar os seus objetivos. Ligada ao grau do seu Sol, esta estrela confere o poder de superar os obstáculos com concentração e persistência, mas adverte contra o comportamento sem consideração com os outros ou o uso da força para obter o que deseja. Somente por meio da paciência você pode desenvolver as suas habilidades, talentos e capacidades. Hamal também sugere o perigo de colocar o dinheiro como a maior prioridade.

- **Positivo**: paciência, disciplina, trabalho duro, energia concentrada, liderança
- **Negativo**: uso da força, falta de escrúpulos, más companhias

Consulte o Apêndice para obter mais informações a respeito das estrelas fixas.

ALGUÉM ESPECIAL

Para manter-se interessado em um relacionamento duradouro, procure pessoas nascidas em uma das seguintes datas:

Amor & amizade: jan: 11, 21, 28, 31; fev: 19, 26, 29; mar: 17, 24, 27; abr: 15, 22, 25; mai: 13, 20, 23; jun: 11, 18, 21; jul: 9, 16, 19; ago: 7, 14, 17, 31; set: 5, 12, 15, 29; out: 3, 10, 13, 27, 29, 31; nov: 1, 8, 11, 25, 27, 29; dez: 6, 9, 23, 25, 27

Relacionamento benéfico: jan: 9, 12, 18, 24, 29; fev: 7, 10, 16, 22, 27; mar: 5, 8, 14, 20, 25; abr: 3, 6, 12, 18, 23; mai: 1, 10, 16, 21, 31; jun: 2, 8, 14, 19, 29; jul: 6, 12, 17, 27; ago: 4, 10, 15, 25; set: 2, 8, 13, 23; out: 6, 11, 21; nov: 4, 9, 19; dez: 2, 7, 17

Atrações fatais: jan: 3; fev: 1; out: 30, 31; nov: 1, 2

Relacionamento desafiante: jan: 7, 8, 19, 28; fev: 5, 6, 17, 26; mar: 3, 4, 15, 24; abr: 1, 2, 13, 22; mai: 11, 20; jun: 9, 18; jul: 7, 16; ago: 5, 14; set: 3, 12; out: 1, 10; nov: 8; dez: 6

Alma gêmea: jan: 3, 19; fev: 1, 17; mar: 15; abr: 13; mai: 11; jun: 9; jul: 7; ago: 5; set: 3; out: 1

28 de Abril

Uma mistura interessante de poder mental, charme e perspicácia para os negócios distingue as pessoas que nascem neste dia. Com resistência e habilidade para prosperar pelos próprios esforços, você tem tenacidade para alcançar a sua própria visão. Infelizmente, o grande desejo de ter uma boa vida e uma tendência a se tornar muito absorto em seus interesses podem desviá-lo do caminho que o leva a realizar os seus sonhos.

A influência adicional do seu Sol no decanato de Touro sugere que você aprecia enormemente a beleza, as cores e as formas e tem necessidade de se expressar criativamente. Isso pode incluir também o dom natural para a fala e o canto. Com muito poder de atração, você precisa da afeição das outras pessoas e sabe retribuir o amor que recebe. Entretanto, procure evitar a frustração e canalizar a sua sensualidade natural para qualquer tipo de auto-indulgência.

♉

SOL: TOURO
DECANATO: TOURO/VÊNUS
GRAU: 7°-8° TOURO
MODO: FIXO
ELEMENTO: TERRA

♉

Para evitar o conflito entre o seu idealismo sensível e o materialismo mundano, é necessário primeiro, antes de se comprometer, perceber as situações. Isso permite que você use o seu excelente senso intuitivo nas suas questões práticas para estabelecer uma fundação concreta sobre a qual possa construir as suas aspirações.

Depois dos 23 anos de idade, quando o seu Sol progredido entra no signo de Gêmeos, o ritmo da sua vida se acelera e há uma ênfase maior em todas as formas de comunicação. Essa tendência prossegue até cerca de 53 anos de idade, quando o seu Sol progredido entra no signo de Câncer. Esta fase marca uma grande virada na sua vida, e se define pela crescente importância dos laços emocionais, segurança, vida doméstica e familiar.

O Seu Eu Secreto

O senso dramático, combinado com a sua determinação e habilidade para trabalhos cooperativos, aponta a sua capacidade de liderança. Você tem uma capacidade inata de comercializar os seus talentos e fazer contatos, mas precisa superar o medo infundado de falta de reservas financeiras.

Você mantém uma forte proteção em volta da sua área de trabalho enquanto está disposto a despender o tempo e o esforço necessários. Contudo, é essencial encontrar um meio-termo entre esta área da vida e os seus relacionamentos. Você possui a habilidade de ceder e chegar a um acordo com as outras pessoas, mas deve tomar cuidado para que isso seja feito de maneira equilibrada; demais para um lado e você pode se tornar uma pessoa dominadora, demais para o outro lado e você pode perder a sua posição. Mas você sempre tem a força para controlar qualquer situação.

Trabalho & Vocação

O seu prazer em conquistas mentais pode levá-lo ao magistério e a escrever. A habilidade de compreender a natureza humana indica que profissões como conselheiro, terapeuta ou consultor podem também trazer suas recompensas. O seu dom natural para cores e formas pode inspirá-lo a trabalhar como *designer* ou a se lançar em carreiras ligadas ao teatro, à música ou às artes. Alternativamente, o seu poder de persuasão e idéias brilhantes podem motivá-lo a carreiras no mundo editorial, da publicidade ou da mídia.

♉

ESTRELAS FIXAS

Hamal, também chamada de Al Hamal ou Ovelha; Schedir, também chamada de Sader

ESTRELA PRIMÁRIA

Nome da estrela:
Hamal, também chamada de Al Hamal ou a Ovelha

Posição:
6°43'-7°38' de Touro, entre os anos de 1930 e 2000

Magnitude:
2

Força:
★★★★★★★★

Órb:
2°10'

Constelação:
Beta Arietis

Dias:
25, 26, 27, 28, 29 e 30 de abril

Qualidades da estrela:
influência combinada de Marte e Saturno

Descrição:
estrela amarelo-laranja localizada na testa de Ram

♉

Numerologia

Assim como as pessoas de número 1, com o dia de aniversário número 28, você é ambicioso, direto e empreendedor. Sempre pronto para a ação e novos empreendimentos, você enfrenta corajosamente os desafios apresentados pela vida. Com o seu entusiasmo, você tem facilidade de inspirar as pessoas a se juntar a você ou a apoiar os seus projetos. Embora seja orientado para o sucesso e determinado, a vida doméstica e familiar é muito importante para você. A subinfluência do mês número 4 indica que você é entusiasmado e versátil. Ainda que precise de estabilidade e segurança, gosta de viagens ou de trabalhos longe de seu ambiente imediato. A necessidade de equilibrar os deveres e o amor à liberdade sugere que a autodisciplina pode ajudá-lo a se tornar uma pessoa determinada e assertiva. Evite desperdiçar as suas energias em todas as direções. É importante aprender que por meio do trabalho metódico você pode conquistar os seus objetivos. A sua habilidade para criar novas estruturas por meio da síntese de idéias antigas também o ajuda a usar os seus poderes intuitivos.

Positivo: compaixão, atitudes progressistas, ousadia, habilidade artística, criatividade, idealismo, ambição, trabalho árduo, estabilidade da vida doméstica, força de vontade

Negativo: devaneios, falta de motivação, falta de compaixão, expectativas irreais, autoritarismo, falta de julgamento, agressão, falta de confiança, dependência excessiva de outras pessoas, orgulho excessivo

Amor & Relacionamentos

Emocionalmente dinâmico e dramático, você precisa manifestar o seu amor e seu poder criativo. Embora seja uma pessoa sensível e romântica, talvez precise aprender a ser autodisciplinado e evitar a sua inclinação à possessividade, à inveja e ao ciúme. Sente-se atraído por pessoas criativas e amigáveis e prefere personalidades dramáticas que fazem a sua vida mais animada. Alternativamente, como tem sede de conhecimento, pode sentir atração por pessoas com quem possa compartilhar os seus interesses.

INFLUÊNCIA DA ESTRELA PRIMÁRIA

Hamal confere inquietação e impulso para distinguir-se, juntamente com uma influência para a rebeldia. Esta estrela sugere que a competitividade e o impulso para o sucesso podem às vezes desafiá-lo a usar métodos pouco ortodoxos para alcançar os seus objetivos. Ligada ao grau do seu Sol, esta estrela confere o poder de superar os obstáculos com concentração e persistência, mas adverte contra o comportamento sem consideração com os outros ou o uso da força para obter o que deseja. Somente por meio da paciência você pode desenvolver as suas habilidades, talentos e capacidades. Hamal também sugere o perigo de colocar o dinheiro como a maior prioridade.

- **Positivo**: paciência, disciplina, trabalho duro, energia concentrada, liderança
- **Negativo**: uso da força, falta de escrúpulos, más companhias

Consulte o Apêndice para obter mais informações a respeito das estrelas fixas.

ALGUÉM ESPECIAL

Você pode encontrar um parceiro que entenderá a sua sensibilidade e necessidade de amor entre as pessoas nascidas em uma das seguintes datas:

Amor & amizade: jan: 8, 12, 18, 22; fev: 10, 16, 20; mar: 8, 14, 18, 28; abr: 12, 16, 26; mai: 10, 14, 24; jun: 8, 12, 22; jul: 6, 10, 20, 29; ago: 4, 8, 18, 27, 30; set: 2, 6, 16, 25, 28; out: 4, 14, 23, 26, 30; nov: 2, 12, 21, 24, 28; dez: 10, 19, 22, 26, 28

Relacionamento benéfico: jan: 6, 10, 25, 30; fev: 4, 8, 23, 28; mar: 2, 6, 21, 26; abr: 4, 19, 24; mai: 2, 17, 22; jun: 15, 20, 30; jul: 13, 18, 28; ago: 11, 16, 26; set: 9, 14, 24; out: 7, 12, 22; nov: 5, 10, 20; dez: 3, 8, 18

Atrações fatais: mai: 29; jun: 27; jul: 25; ago: 23; set: 21; out: 19, 31; nov: 1, 17; dez: 15

Relacionamento desafiante: jan: 13, 29, 31; fev: 11, 27, 29; mar: 9, 25, 27; abr: 7, 23, 25; mai: 5, 21, 23; jun: 3, 19, 21; jul: 1, 17, 19; ago: 15, 17; set: 13, 15; out: 11, 13; nov: 9, 11; dez: 7, 9

Alma gêmea: jan: 6, 25; fev: 4, 23; mar: 2, 21; abr: 19; mai: 17; jun: 15; jul: 13; ago: 11; set: 9; nov: 7; dez: 5

29 de Abril

O seu intelecto perspicaz e sua rapidez mental garantem que a sua mente nunca pára de trabalhar. Como é uma pessoa muito instintiva e capaz de ter pensamentos profundos, você forma rapidamente as suas opiniões a respeito das pessoas, que geralmente se provam corretas. Talvez seja necessário encontrar um interesse e nele se especializar para que possa focalizar todas as suas energias mentais em algo que valha a pena.

A subinfluência do decanato de Touro mostra o amor pela beleza e pelas artes, bem como a capacidade de auto-expressão criativa. O senso natural para negócios que esta influência sugere pode combinar com o seu interesse pelas pessoas e ajudá-lo a fazer muitos contatos na vida. Você, muitas vezes, tem interesse pelo exterior e em conhecer novas pessoas e é provável que tenha oportunidades de trabalhar fora do país. Alternativamente, para evitar o tédio, você precisa sempre de experiências variadas.

♉

SOL: TOURO
DECANATO: TOURO/VÊNUS
GRAU: 8°-9° TOURO
MODO: FIXO
ELEMENTO: TERRA

♉

Para evitar o pessimismo ou o cinismo, você precisa ter uma meta positiva que esteja ao seu alcance. Isso estimula o seu espírito empreendedor e o seu otimismo. Na maior parte das vezes uma pessoa rápida e curiosa, você é uma boa companhia, muito divertida, com um fino senso de humor.

Depois dos 22 anos de idade, quando o seu Sol progredido entra no signo de Gêmeos, o ritmo da sua vida se intensifica e há uma ênfase maior nas diversas formas de comunicação. Essa tendência prossegue até cerca de 52 anos de idade, quando o seu Sol progredido entra no signo de Câncer. Essa fase marca uma grande virada na sua vida, que acentua uma importância crescente da intimidade e da segurança emocional.

O Seu Eu Secreto

Embora a sua inquietação interior o leve a buscar variedades na vida, você também tem dentro de si uma necessidade de ordem, confiabilidade e segurança. Com a sua engenhosidade e abordagem pragmática, você pode organizar habilmente os seus planos de vida e resolver problemas. Depois que se decide por alguma coisa, é uma pessoa extremamente resoluta e obstinada.

Apesar de ter uma aparência muito prática, você também guarda dentro de si o desejo de ter alguma coisa profunda e significativa. Isso pode fazer com que seja reservado nos seus relacionamentos ou pode levá-lo a se interessar por assuntos mais profundos. Você também possui sensibilidade emocional e pode ser instintivo ou psíquico, e, assim, ter uma boa compreensão das pessoas. Embora possa ser uma pessoa amorosa e protetora, evite as oscilações de humor. Quando está com uma disposição positiva, você consegue canalizar os seus pensamentos e habilidades práticas para alcançar os seus objetivos.

Trabalho & Vocação

A sua necessidade de estímulo mental e a sua inteligência rápida indicam que você tem a capacidade de assimilar informações muito rapidamente. Isso lhe dá diversas opções profissionais, mas é importante evitar entediar-se. Mesmo sendo a variedade a chave para o seu sucesso, procure conter o excesso de ocupações para não desperdiçar as suas energias. As carreiras na esfera pública podem lhe interessar, pois o seu sentido de propósito muitas vezes deriva de atividades socialmente orientadas. Pode ser que os que têm talento artístico sejam bem-sucedidos como escritores, jornalistas, na publicidade ou na moda. A capacidade de liderança pode trazer o sucesso no mundo dos negócios ou na arena política. O trabalho no teatro ou a música são uma forma excelente de expressar a sua imaginação e impulso.

Numerologia

Com o dia de aniversário 29, você é muitas vezes uma pessoa altamente intuitiva, sensível e emotiva. A sua natureza compassiva e compreensiva inspira o humanitarismo e pode encorajar as outras pessoas a realizar as suas esperanças e aspirações. Ainda que um verdadeiro sonhador, muitas vezes os lados extremos da sua natureza indicam que você deve se prevenir contra as oscilações de humor. Com o dia de aniversário 29, você precisa ser popular e se importa com o que os outros pensam a seu respeito. A subinfluência do mês número 4 indica que você precisa de estabilidade e segurança. Embora possa ser uma pessoa idealista e generosa, sairá ganhando se tiver mais consciência das necessidades alheias. Quando se sente inquieto e agitado, pode se tornar uma pessoa sem tato e destruidora. A necessidade de encontrar um equilíbrio entre os seus elevados ideais, amor à liberdade e realismo, é na maior parte das vezes resolvida com autodisciplina e trabalho árduo. Aceitar as limitações e manter os pés no chão o ajudam a atingir algumas de suas metas.

Positivo: inspiração, equilíbrio, paz interior, generosidade, sucesso, criatividade, intuição, misticismo, sonhos poderosos, mundanidade, fé

Negativo: falta de concentração, insegurança, nervosismo, mau humor, dificuldade, extremismo, falta de consideração, isolamento, excesso de sensibilidade

♉

ESTRELAS FIXAS

Hamal, também chamada de Al Hamal ou Ovelha; Schedir, também chamada de Sader

ESTRELA PRIMÁRIA

Nome da estrela:
Hamal, também chamada de Al Hamal ou a Ovelha

Posição:
6°43'-7°38' de Touro, entre os anos de 1930 e 2000

Magnitude:
2

Força:
★★★★★★★★

Órb:
2°10'

Constelação:
Beta Arietis

Dias:
25, 26, 27, 28, 29 e 30 de abril

Qualidades da estrela:
influência combinada de Marte e Saturno

Descrição:
estrela amarelo-laranja localizada na testa de Ram

♉

Amor & Relacionamentos

Apesar de ser na maior parte das vezes uma pessoa franca e alerta, você é reservado no que diz respeito aos seus relacionamentos pessoais. Talvez seja preciso superar a tendência a se tornar excessivamente desconfiado das pessoas que ama e aprender que cada relacionamento pode ser uma experiência iluminadora. Contudo, você é um bom amigo e confidente e como é uma pessoa alegre tem uma vida social agitada.

INFLUÊNCIA DA ESTRELA PRIMÁRIA

Hamal confere inquietação e impulso para distinguir-se, juntamente com uma influência para a rebeldia. Esta estrela sugere que a competitividade e o impulso para o sucesso podem às vezes desafiá-lo a usar métodos pouco ortodoxos para alcançar os seus objetivos. Ligada ao grau do seu Sol, esta estrela confere o poder de superar os obstáculos com concentração e persistência, mas adverte contra o comportamento sem consideração com os outros ou o uso da força para obter o que deseja. Somente por meio da paciência você pode desenvolver as suas habilidades, talentos e capacidades. Hamal também sugere o perigo de colocar o dinheiro como a maior prioridade.

- **Positivo**: paciência, disciplina, trabalho duro, energia concentrada, liderança
- **Negativo**: uso da força, falta de escrúpulos, más companhias

Consulte o Apêndice para obter mais informações a respeito das estrelas fixas.

ALGUÉM ESPECIAL

Para encontrar a felicidade duradoura e segurança comece procurando entre as pessoas nascidas em uma das seguintes datas:

Amor & amizade: jan: 4, 13, 19, 23; fev: 11, 17, 21; mar: 9, 15, 19, 28, 29, 30; abr: 7, 13, 17, 26, 27; mai: 5, 11, 15, 24, 25, 26; jun: 3, 9, 13, 22, 23, 24; jul: 1, 7, 11, 20, 21, 22; ago: 5, 9, 18, 19, 20; set: 3, 7, 16, 17, 18; out: 1, 5, 14, 15, 16, 29, 31; nov: 3, 12, 13, 14, 27, 29; dez: 1, 10, 11, 12, 25, 27, 29

Relacionamento benéfico: jan: 7, 15, 20, 31; fev: 5, 13, 18, 29; mar: 3, 11, 16, 27; abr: 1, 9, 14, 25; mai: 7, 12, 23; jun: 5, 10, 21; jul: 3, 8, 19; ago: 1, 6, 17, 30; set: 4, 15, 28; out: 2, 13, 26; nov: 11, 24; dez: 9, 22

Atrações fatais: nov: 1, 2, 3

Relacionamento desafiante: jan: 6, 14, 30; fev: 4, 12, 28; mar: 2, 10, 26 abr: 8, 24; mai: 6, 22; jun: 4, 20; jul: 2, 18; ago: 16; set: 14; out: 12; nov: 10; dez: 8

Alma gêmea: abr: 30; mai: 28; jun: 26; jul: 24; ago: 22; set: 20; out: 18, 30; nov: 16, 28; dez: 14, 26

30 de Abril

O agudo senso prático indicado pelo dia de seu aniversário mostra que você é uma pessoa sincera, direta e trabalhadora. Com a sua maneira pragmática, habilidades de organização e lealdade, você muitas vezes precisa se envolver em algum tipo de projeto criativo. Porém, devido à sua rebeldia, pode ter dificuldade em criar a harmonia que tanto deseja.

A influência adicional do decanato de Touro indica que você é uma pessoa sensual e que tem necessidade de amor e afeição. Você tem gosto pela beleza e pela luxúria, mas deve tomar cuidado com o excesso de auto-indulgência. Essa influência também dá amor à arte, à música e ao teatro, além do amor à natureza. Como possui uma capacidade criativa inata, talvez precise desenvolver alguma forma de auto-expressão.

Uma habilidade nata para fazer negócios e contatos garante que você pode perceber as oportunidades que surgem e tem espírito empreendedor. Como é uma pessoa naturalmente persuasiva e espirituosa, você naturalmente atrai pessoas inteligentes ou bem-sucedidas. Com estilo e honestidade em tudo o que faz, você precisa sentir que está sempre expandindo o seu conhecimento. Quando está entusiasmado e concentrado, tem a habilidade de transformar as suas idéias em realidade concreta.

♉

SOL: TOURO
DECANATO: TOURO/VÊNUS
GRAU: 9°-10° TOURO
MODO: FIXO
ELEMENTO: TERRA

♉

Por volta dos 21 anos de idade, quando o seu Sol progredido entra no signo de Gêmeos, você passa a ter novos interesses e a diversificar a sua esfera de ação. Nessa época, os estudos e a comunicação passam a ser mais importantes para você. Há uma outra mudança depois dos 51 anos de idade, quando o seu Sol progredido entra no signo de Câncer, e você dá mais importância às ligações emocionais e à segurança da vida doméstica.

O Seu Eu Secreto

Com sensibilidade interior, você procura um lugar seguro e calmo, longe da correria do mundo exterior. Por isso, a sua casa tem um papel importante nas suas responsabilidades e permite que você tenha uma sólida fundação. Apesar do desejo de paz e calma, você sempre busca um estímulo mental. O conhecimento como fonte de poder pode levá-lo a explorar novos caminhos e idéias, seja para obter recompensa financeira ou para satisfazer o lado idealista da sua natureza.

Você raramente se deixa levar pelas emoções, mesmo que tenha fortes sentimentos pelas pessoas. Contudo, quando assume alguma responsabilidade, está disposto a fazer todos os sacrifícios necessários. Mas o lado divertido da sua natureza surge inesperadamente e você pode surpreender as pessoas com a sua espontaneidade.

Trabalho & Vocação

Você tem muitas idéias novas com as quais pode ganhar dinheiro, além de capacidade de organização e planejamento. É possível ser bem-sucedido em carreiras ligadas a educação, vendas, comércio, promoções e publicidade. No caso de se envolver no mundo dos negócios, precisa de espaço para agir com independência e pode ser muito feliz trabalhando por conta própria. Mesmo assim, as suas habilidades de planejamento e implementação de diversos esquemas financeiramente vantajosos fazem com que você seja um membro valioso para qualquer equipe. É provável que tenha um interesse especial por Filosofia, Psicologia ou religião. Pode ser atraído por profissões que requeiram o uso da sua mente aguda, como as que envolvem vendas, informações e educação. Alternativamente, pode também ter interesse pelo mundo das artes e do entretenimento.

♉

ESTRELA FIXA

Nome da estrela:
Hamal, também chamada de Al Hamal ou a Ovelha

Posição:
6°43'-7°38' de Touro, entre os anos de 1930 e 2000

Magnitude:
2

Força:
★★★★★★★★

Órb:
2°10'

Constelação:
Beta Arietis

Dias:
25, 26, 27, 28, 29 e 30 de abril

Qualidades da estrela:
influência combinada de Marte e Saturno

Descrição:
estrela amarelo-laranja localizada na testa de Ram

♉

Numerologia

Criativo, sociável e amigável são algumas das maneiras como as pessoas descrevem os nascidos no dia 30. Com jeito para estilos e formas, você pode ser bem-sucedido em todos os tipos de trabalho que envolvam artes, *design* e música. Como tem necessidade de se expressar e tem talento natural com as palavras, você pode escrever, falar e cantar. Você possui fortes sentimentos e estar apaixonado ou se sentir seguro quanto ao seu conhecimento é de vital importância. Na sua busca da felicidade, evite a preguiça e o excesso de auto-indulgência. A subinfluência do mês número 4 indica que, como você possui idéias maravilhosas, precisa de um local seguro e estável onde possa ficar em paz e dar vazão à sua criatividade. Você pode muitas vezes se absorver em seus pensamentos ou se sentir inspirado por algo que tenha visto ou lido, o que permite que perceba coisas que estão além das aparências. Mantenha-se concentrado e evite desperdiçar as suas energias dedicando-se a muitas atividades, o que pode fazer com que fique desatento e distraído.

Positivo: amor à diversão, lealdade, amizade, capacidade de síntese, talento com as palavras, criatividade, sorte

Negativo: preguiça, obstinação, comportamento errático, impaciência, insegurança, indiferença, tendência a desperdiçar energia

Amor & Relacionamentos

Embora, em uma determinada altura da sua vida, possa sentir-se atraído por relacionamentos fora do comum, o seu poder de discriminação indica que você raramente se deixa levar pela emoção. Muitas vezes, você pode encarar os relacionamentos como experiências valiosas de aprendizado que lhe ensinam muito a respeito do amor. A sua necessidade de desafios mentais sugere que é provável que você expresse mais as suas opiniões do que os seus sentimentos, mas quando encontra alguém que estimule a sua mente pode ser um parceiro leal e prestativo.

INFLUÊNCIA DA ESTRELA PRIMÁRIA

Hamal confere inquietação e impulso para distinguir-se, juntamente com uma influência para a rebeldia. Esta estrela sugere que a competitividade e o impulso para o sucesso podem às vezes desafiá-lo a usar métodos pouco ortodoxos para alcançar os seus objetivos. Ligada ao grau do seu Sol, esta estrela confere o poder de superar os obstáculos com concentração e persistência, mas adverte contra o comportamento sem consideração com os outros ou o uso da força para obter o que deseja. Somente por meio da paciência você pode desenvolver as suas habilidades, talentos e capacidades. Hamal também sugere o perigo de colocar o dinheiro como a maior prioridade.

- **Positivo**: paciência, disciplina, trabalho duro, energia concentrada, liderança
- **Negativo**: uso da força, falta de escrúpulos, más companhias

Consulte o Apêndice para obter mais informações a respeito das estrelas fixas.

ALGUÉM ESPECIAL

Para encontrar segurança e amor, comece procurando entre as pessoas nascidas em uma das seguintes datas:

Amor & amizade: jan: 3, 4, 14, 20, 24, 25; fev: 2, 12, 18, 22; mar: 10, 16, 20, 29, 20; abr: 8, 14, 18, 27, 28; mai: 6, 12, 16, 25, 26, 31; jun: 4, 10, 14, 23, 24, 29; jul: 2, 8, 12, 21, 22, 27; ago: 6, 10, 19, 20, 25; set: 4, 8, 9, 17, 18, 23; out: 2, 6, 15, 16, 21, 30; nov: 4, 13, 14, 19, 28, 30; dez: 2, 11, 12, 17, 26, 28, 30

Relacionamento benéfico: jan: 4, 8, 21; fev: 2, 6, 19; mar: 4, 17, 28; abr: 2, 15, 16; mai: 13, 24; jun: 11, 22; jul: 9, 20; ago: 7, 18, 31; set: 5, 16, 29; out: 3, 14, 27; nov: 1, 12, 25; dez: 10, 23

Atrações fatais: jan: 3; fev: 1; mai: 31; jun: 29; jul: 27; ago: 25; set: 23; out: 21; nov: 2, 3, 4, 19; dez: 17

Relacionamento desafiante: jan: 7, 10, 15, 31; fev: 5, 8, 13, 29; mar: 3, 6, 11, 27; abr: 1, 4, 9, 25; mai: 2, 7, 23; jun: 5, 21; jul: 3, 19; ago: 1, 17; set: 15; out: 13; nov: 11; dez: 9

Alma gêmea: mar: 31; abr: 29; mai: 27; jun: 25; jul: 23; ago: 21; set: 19; out: 17, 29; nov: 15, 27; dez: 13, 25

1º de Maio

O dia do seu aniversário revela que você é uma pessoa astuta, prática e criativa e que precisa das outras pessoas. Você prospera na variedade e na mudança e isso lhe dá a agitação que precisa. Com charme magnético e muito sociável, você precisa da aprovação alheia e é, em geral, uma pessoa popular. Você sente uma forte atração pela beleza e pela arte, o que pode ser uma valiosa expressão da sua sensibilidade emocional. Com inclinação para a arte, a música ou o teatro, você pode usar as palavras como forma criativa de auto-expressão.

A influência adicional do seu decanato de Virgem sugere que você possui agilidade mental, capacidade de discriminação e de comunicação. Juntamente com as suas habilidades criativas, isso pode se manifestar como talento para escrever. Mostra também habilidade para trabalhar duro e um desejo de servir, além de inclinação para o trabalho minucioso e para a pesquisa. Essa influência também enfatiza uma habilidade para ganhar dinheiro e acumular recursos materiais, o que pode ajudá-lo a atingir os seus ideais.

♉

SOL: TOURO
DECANATO: VIRGEM/MERCÚRIO
GRAU: 9°30'-11° TOURO
MODO: FIXO
ELEMENTO: TERRA

♉

Com a vantagem adicional de ser ao mesmo tempo prático e analítico, emotivo e sensível, você tem uma personalidade rica e, assim, fica em posição mais vantajosa do que a maioria das pessoas para alcançar os seus objetivos em grande escala. Você precisa tomar cuidado para não ser desencorajado ou se desviar dos seus objetivos mais elevados por meio da auto-indulgência e da avidez pelas coisas boas da vida.

Quando jovem, você é uma pessoa sensível, versátil e sociável. Depois dos 20 anos de idade, quando o seu Sol progredido entra no signo de Gêmeos, há um desejo crescente de expressar as suas idéias e interagir com o seu ambiente mais imediato. Isso pode encorajá-lo a estudar ou buscar uma diversificação mental. Na meia-idade, depois de diversas mudanças, você pode ter lucros por meio de parcerias e relacionamentos cooperativos. Por volta dos 50 anos de idade, há uma outra mudança quando o seu Sol progredido entra no signo de Câncer. Isso acentua a importância de estabilidade emocional e da segurança de um lar.

O Seu Eu Secreto

Você possui emoções poderosas e habilidade para dar e receber amor. Logo, é importante encontrar uma forma de expressar os seus sentimentos em vez de buscar realização em interesses financeiros. Se ficar desanimado pode ser pego nos dramas emocionais de outras pessoas, pois a sua sensibilidade precisa encontrar uma via de escape. A ordem e método são, em geral, benéficos para você, embora um plano de vida definido seja um pré-requisito para fazer um bom uso do seu tremendo potencial.

Com um forte senso de valores, você pode construir algo que seja útil no futuro. Por meio da diligência você poderá converter a sua excelente visão em uma realidade prática, e descobrirá que as oportunidades de trabalho surgirão sempre que precisa. A perseverança, portanto, é a poderosa chave para o seu sucesso e, mantendo-se firme, poderá controlar o lado impaciente da sua natureza que pede gratificação instantânea.

Trabalho & Vocação

Aqueles que são criativos e têm talento musical podem ser atraídos para escrever e cantar. É provável que você tenha sido abençoado com uma boa voz ou um bom ouvido. Viagens ou trabalhos que envolvam mudanças e variedade também podem lhe interessar. Intuitivo e sensível, você muitas vezes tem interesse por Metafísica, Filosofia ou Espiritualidade. Voltado para a sua carreira, você pode ser um bom vendedor com habilidade para promover idéias, pessoas ou produtos. Outras profissões adequadas para você incluem a área bancária, vendas imobiliárias, centros de jardinagem, produtos agrícolas ou culinária criativa. Você ainda pode sentir interesse pelo mundo do entretenimento e tem potencial para ser bem-sucedido em qualquer área criativa.

Numerologia

O forte desejo de ser o primeiro e autônomo é sugerido por este dia de aniversário. Como um indivíduo número 1, você tem a inclinação para ser inovador, individualista e corajoso, com muita energia. O espírito pioneiro indicado aqui o encoraja a tomar as próprias decisões ou a agir sozinho. Cheio de entusiasmo e idéias originais, você muitas vezes mostra às outras pessoas o caminho a seguir. Com o dia de aniversário número 1, você talvez precise aprender que o mundo não gira ao seu redor. A subinfluência do mês número 5 indica que você precisa manter um ritmo e um propósito firmes. A autodisciplina permite que você tenha controle sobre a sua vida. Como é uma pessoa versátil e um estrategista prático, ocupado em transformar os seus pensamentos em ação, é vantajoso manter uma rotina ou ter uma especialidade. Você se beneficia sendo atento às necessidades alheias e, ao assumir responsabilidades, pode libertar-se das preocupações. Os seus fortes instintos podem guiá-lo e inspirá-lo; quando está encorajado, pode ter a visão de novas possibilidades e de um futuro brilhante. Seja paciente e trabalhe dentro das suas possibilidades.

♉

ESTRELAS FIXAS

Embora o grau do seu Sol não esteja associado a nenhuma estrela fixa, alguns de seus outros planetas certamente estão. Por meio do seu mapa astrológico, você pode encontrar a posição exata dos planetas na sua data de nascimento e poderá saber quais das estrelas fixas relacionadas neste livro são relevantes para você.

♉

Positivo: liderança, criatividade, atitudes progressistas, vigor, otimismo, convicções fortes, competitividade, independência, sociabilidade

Negativo: arrogância, ciúme, egotismo, antagonismo, falta de controle, egoísmo, fraqueza, instabilidade, impaciência

Amor & Relacionamentos

Romântico e idealista nos seus relacionamentos, é provável que você precise de algum tempo para encontrar o seu verdadeiro parceiro. Você pode às vezes ter amizades platônicas, pois é difícil encontrar alguém que corresponda às suas expectativas. O melhor é que o seu parceiro seja inteligente e entusiástico, com um forte lado humanitário. Quando se apaixona, você ama profundamente e é leal mesmo em períodos difíceis. Se desenvolver a flexibilidade e o desapego, pode evitar a frustração emocional e fazer com que os seus relacionamentos sejam mais calmos, mais felizes e mais gratificantes.

ALGUÉM ESPECIAL

Você pode ter sorte no amor com uma pessoa nascida em uma das seguintes datas:

♥ **Amor & amizade**: jan: 1, 7, 8, 21, 23, 31; fev: 5, 19, 21, 29; mar: 3, 4, 17, 19, 27; abr: 1, 15, 17, 25; mai: 13, 15, 23; jun: 11, 13, 21; jul: 9, 11, 19; ago: 7, 9, 17; set: 5, 7, 15; out: 3, 5, 13; nov: 1, 3, 11; dez: 1, 9

☯ **Relacionamento benéfico**: jan: 5, 16, 18; fev: 3, 14, 16; mar: 1, 12, 14, 29; abr: 10, 12, 27; mai: 8, 10, 25, 29; jun: 6, 8, 23, 27; jul: 4, 6, 21, 25; ago: 2, 4, 19, 23; set: 2, 17, 21; out: 15, 19; nov: 13, 17; dez: 11, 15, 29

Atrações fatais: jan: 6, 30; fev: 4, 28; mar: 2, 26; abr: 24; mai: 22; jun: 20; jul: 18; ago: 16; set: 14; out: 12; nov: 2, 3, 4, 10; dez: 8

Relacionamento desafiante: jan: 4; fev: 2; mai: 29, 31; jun: 27, 29, 30; jul: 25, 27, 28; ago: 23, 25, 26, 30; set: 21, 23, 24, 28; out: 19, 21, 22, 26; nov: 17, 19, 20, 24; dez: 15, 17, 18, 22

Alma gêmea: jan: 23; fev: 21; mar: 19; abr: 17; mai: 15; jun: 13; jul: 11, 31; ago: 9, 29; set: 7, 27; out: 5, 25, 29; nov: 3, 23; dez: 1, 21

2 de Maio

O seu dia de aniversário mostra que você é uma pessoa prática, determinada e criativa, que aprecia a beleza e as coisas boas da vida. Tanto honesto e direto quanto possuidor de habilidades diplomáticas naturais, você passa uma imagem amigável de sucesso para o mundo.

Com a adicional influência do Sol no decanato de Virgem, você tem também uma facilidade para obter recursos materiais. É provável que você seja uma pessoa bem receptiva e intuitiva, embora seja analítico e prático, com agilidade mental. Há também uma predileção em falar e se comunicar com precisão, habilidade crítica e de discriminação.

O seu charme magnético e seu fervor garantem que você tem sorte com atividades relacionadas a outras pessoas. Como você também procura ter um relacionamento harmonioso com os outros, é sensível ao ambiente que o cerca e gosta de se cercar de coisas de bom gosto e luxuosas. Portanto, a sua casa se torna uma parte importante da sua vida, e você se esforça para que ela seja atrativa e confortável. Os seus talentos criativos naturais podem levá-lo a atividades como a música, a arte, a escrita ou o teatro, nas quais você provavelmente se sobressairá. O seu amor pela natureza pode também levá-lo a atividades como jardinagem ou atividades ao ar livre.

♉

SOL: ÁRIES
DECANATO: SAGITÁRIO/JÚPITER
GRAU: 24°30'-25°30' ÁRIES
MODO: CARDEAL
ELEMENTO: FOGO

♉

Após os 19 anos de idade, quando o seu Sol progredido entra no signo de Gêmeos, há uma necessidade crescente de se comunicar e trocar idéias. Essa pode ser uma época em que você se expande mentalmente e se interessa mais em aprender. Aos 49 anos de idade ocorre uma mudança, quando o seu Sol progredido entra no signo de Câncer. Isso acentua a importância crescente de se sentir mais próximo das outras pessoas, revendo, inclusive, o seu lugar na família.

O Seu Eu Secreto

Inteligente e com grande poder mental, você respeita a experiência e pessoas cultas. Parte do seu sucesso provém do fato de que você aplica as suas habilidades e sabe transformar a teoria em prática. Além disso, você é uma pessoa trabalhadora, orientada para o sucesso, ambiciosa e com um poder natural de liderança. Atento aos detalhes, você é inventivo e sabe como ninguém solucionar problemas. Uma curiosidade natural sugere que você está sempre procurando respostas; combinado com o seu intelecto imaginativo, isso sugere que você pode ter interesse por misticismo ou espiritualidade.

Como é uma pessoa leal, grande parte da sua segurança é construída com amor e amizade; bons relacionamentos são importantes para a sua realização. Embora seja em geral uma pessoa direta e honesta, tome cuidado para não se deixar levar pela teimosia ou evitar lidar com a verdade devido à auto-indulgência.

Trabalho & Vocação

Prático e empreendedor, você costuma se sair bem como empresário, produtor, *promoter* ou empreiteiro. Normalmente, está disposto a trabalhar duro para dar conta do seu forte desejo de segurança e de coisas luxuosas. Você tem atração pelas artes, mas precisa de recompensa financeira e pode ser bem-sucedido nas áreas de publicidade e mídia, escrevendo ou atuando. Com a sua abordagem despreocupada e suas habilidades executivas, sai-se bem como gerente ou patrão compreensivo. Com a sua maneira positiva de lidar com as coisas e agilidade, tem jeito para trabalhos manuais e gosta de se envolver em projetos novos. Sorte e oportunidade surgem por meio do trabalho, e a sua determinação o ajuda a ser bem-sucedido em qualquer área escolhida.

♉

ESTRELA FIXA

Nome da estrela:
Alamak, também chamada de Almach

Posição:
13°15'-14°20'de Touro, entre os anos de 1930 e 2000

Magnitude:
2

Força:
★★★★★★★★

Órb:
2°10'

Constelação:
Gamma Andrômeda
Dias: 2, 3, 4, 5, 6 e 7 de maio

Qualidades da estrela:
Vênus

Descrição:
estrela binária laranja, esmeralda e azul localizada no pé esquerdo de Andrômeda

♉

Numerologia

Sensibilidade e desejo intenso de fazer parte de um grupo são sugeridos pelo dia de aniversário número 2. Você é adaptável e compreensivo e gosta de atividades cooperativas. O amor pela harmonia e o desejo de interagir com as outras pessoas podem inspirá-lo a agir como mediador em questões familiares ou como um pacificador. Como é uma pessoa que gosta de agradar aos outros, você corre o risco de se tornar excessivamente dependente. A subinfluência do mês número 5 indica que você precisa expressar os seus sentimentos e se comunicar com os outros. Se for positivo e resoluto, consegue se concentrar e desenvolver a autoconfiança. Talvez precise encontrar o equilíbrio entre ser reservado, distante ou desconfiado e esperar, ingenuamente, demais dos outros, pois pode se decepcionar. Criativo mas racional, você precisa ter uma compreensão mais profunda para atingir uma filosofia de vida mais imparcial.

Positivo: boas parcerias, gentileza, tato, receptividade, intuição, consideração, harmonia, natureza agradável, embaixador da boa vontade

Negativo: desconfiança, subserviência, timidez, egoísmo, tendência a se magoar facilmente, ilusão

Amor & Relacionamentos

Muitas vezes ambicioso, você gosta de se associar ao sucesso e ao prestígio. A segurança financeira e o dinheiro são fatores importantes nos seus relacionamentos, por isso se atrai por pessoas realizadas ou que tenham potencial. Como possui bom gosto e aprecia a qualidade, você valoriza pessoas que também o façam. Embora seja, em geral, uma pessoa magnânima e generosa com os entes queridos, pode, em alguns momentos, surpreender e se comportar como extremamente econômico. Evite julgar tudo tomando como base valores materiais e aprenda que a flexibilidade e a compreensão ganharão a admiração e a afeição de que precisa.

INFLUÊNCIA DA ESTRELA PRIMÁRIA

Alamak confere talento musical e artístico, boa voz e popularidade social. Esta estrela dá também boa sorte e sucesso, e você pode conquistar prêmios ou ter ganhos inesperados. Se for uma pessoa trabalhadora e paciente, pode obter sucesso, amor, romance e felicidade doméstica.

Ligada ao grau do seu Sol, esta estrela dá honras por meio da escrita e de outros trabalhos artísticos, sucesso com o público e conquistas em questões públicas, especialmente nas questões conectadas com a lei e a advocacia. Alamak também indica que você pode, muitas vezes, ter fama e prestígio.

- **Positivo**: talento criativo, natureza amorosa, habilidade para atrair sucesso material
- **Negativo**: egoísmo, indulgência, extravagância

ALGUÉM ESPECIAL

Você pode se realizar emocionalmente e encontrar alguém especial entre as pessoas nascidas em uma das seguintes datas:

Amor & amizade: jan: 8, 12, 17, 20, 22, 24; fev: 6, 15, 18, 20, 22; mar: 4, 8, 13, 16, 18, 20; abr: 2, 11, 14, 16, 18; mai: 9, 12, 14, 16; jun: 7, 10, 12, 14; jul: 5, 8, 10, 12, 30; ago: 3, 6, 8, 10; set: 1, 4, 6, 8, 26; out: 2, 4, 6, 24; nov: 2, 4, 22; dez: 2, 20

Relacionamento benéfico: jan: 6, 23; fev: 4, 21; mar: 2, 19, 30; abr: 17, 28; mai: 15, 26, 30; jun: 13, 24, 28; jul: 11, 22, 26; ago: 9, 20, 24; set: 7, 18, 22; out: 5, 16, 20; nov: 3, 14, 18; dez: 1, 12, 16, 30

Atrações fatais: jan: 7; fev: 5; mar: 3; abr: 1; nov: 3, 4, 5

Relacionamento desafiante: jan: 5, 26, 29; fev: 3, 24, 27; mar: 1, 22, 25; abr: 20, 23; mai: 18, 21; jun: 16, 19, 30; jul: 14, 17, 28; ago: 12, 15, 26, 31; set: 10, 13, 24, 29; out: 8, 11, 22, 27; nov: 6, 9, 20, 25; dez: 4, 7, 18, 23

Alma gêmea: jan: 30; fev: 28; mar: 26; abr: 24; mai: 22; jun: 20; jul: 18; ago: 16; set: 14; out: 12, 31; nov: 10, 29; dez: 8, 27

3 de Maio

O seu dia de aniversário mostra que você é uma pessoa que possui um intelecto e um potencial criativo admiráveis. Precisa apenas tomar cuidado para que a preocupação ou a indecisão não o desviem da realização dos seus objetivos. Amigável e sociável, você tem um charme que atrai as pessoas e que garante o seu sucesso em atividades sociais.

A influência do seu Sol no decanato de Virgem de Touro indica que você tem uma natureza prática e que sabe como obter recursos materiais. Com a sua mente ágil que pega rapidamente as informações e idéias, você também tem capacidade para análise, trabalhos minuciosos e comunicação. O seu apreço pela beleza e pelas artes, combinado com a sua sensualidade material, pode se manifestar por meio de alguma forma artística, música ou teatro. O desenvolvimento dos seus talentos inatos pode também ter um efeito terapêutico quando está se sentindo muito sensível ou frustrado.

♉

SOL: TOURO
DECANATO: VIRGEM/MERCÚRIO
GRAU: 11°30'-13° TOURO
MODO: FIXO
ELEMENTO: TERRA

♉

Você tem potencial para inspirar as outras pessoas e sentir prazer no esforço que dedica a um projeto. Quando está com disposição positiva, você é uma pessoa trabalhadora e a sua fé no resultado do seu trabalho garantirá a sua vitória. Sendo desapegado e aprendendo a trabalhar com criticismo construtivo, você pode superar sem dificuldade qualquer tendência à teimosia e insatisfação. Embora seja pragmático, você também possui um potencial místico natural que, se for desenvolvido, pode ajudá-lo imensamente a compreender a si mesmo e ao seu ambiente.

Quando é jovem, você é uma pessoa sociável, imaginativa e versátil, que gosta da vida ao ar livre. Depois dos 18 anos de idade, quando o seu Sol progredido entra no signo de Gêmeos por um período de trinta anos, há uma necessidade crescente de se comunicar e trocar idéias. Essa pode ser uma fase em que você amplia as suas atividades mentais e que pode se interessar pelos estudos. Aos 48 anos de idade, quando o seu Sol progredido entra no signo de Câncer, a sua vida passa por uma grande mudança tornando proeminente a necessidade emocional de uma sólida fundação. Com isso, há uma ênfase maior na vida doméstica e na importância dos laços familiares.

O Seu Eu Secreto

Com um ótimo senso para negócios e disposição para trabalhar, você pode acumular posses materiais. Contudo, a sua evolução espiritual vem do aprendizado do desapego. Você anseia por harmonia em um nível interior e está disposto a fazer sacrifícios para obtê-la. Por essa razão, um ambiente doméstico seguro é uma parte importante do seu plano de vida.

Você sempre tem uma energia interior, que pode se manifestar por meio da criatividade e da alegria ou sentindo pena de si mesmo. Há momentos em que você pode ficar desapontado devido às suas expectativas em relação aos outros e deve tomar cuidado para não cair em excessos como forma de compensação. Ao aceitar a responsabilidade pelos seus maiores desafios você será recompensado pela vida.

Trabalho & Vocação

A auto-expressão e o estímulo mental formam a base da sua carreira. As mulheres podem ter um papel importante na sua carreira. O seu senso natural para os negócios pode levá-lo a seguir carreiras nas áreas bancária, imobiliária e do comércio. A sua inclinação para o trabalho duro, combinada com a sua mente aguda, pode também levá-lo ao trabalho de pesquisa científica ou de advocacia. Alternativamente, você pode também ter interesse em alguma carreira artística, como escrita, decoração de interiores, *design* ou venda de objetos de antigüidade. Como é uma pessoa idealista, quando está inspirado pode trabalhar incansavelmente por uma causa. Mas a sua afinidade com a natureza pode levá-lo a escolher carreiras na área da agricultura e da horticultura. Você também pode se sair bem em carreiras que lidem com o público.

Numerologia

Uma pessoa que gosta de se divertir e bom companheiro, você gosta de atividades sociais. Você tem um forte desejo de se expressar e quando está com uma disposição positiva irradia alegria de viver. No entanto, como tem uma inclinação para se entediar com facilidade, você pode se tornar indeciso ou ficar uma pessoa desagradável. Mas, em geral, você é uma pessoa artística e charmosa, com bom senso de humor. O seu talento para usar as palavras pode se manifestar por meio da escrita, da fala e do canto. Como precisa desenvolver a auto-estima, previna-se contra a tendência à preocupação e outras inseguranças emocionais. A subinfluência do mês número 5 indica que você precisa aprender a utilizar a abundância do seu poder criativo. Como é uma pessoa versátil e inquieta, pode ter estabilidade com o desenvolvimento de uma perspectiva pragmática. Por intermédio do esforço e do trabalho duro você pode mostrar a sua determinação para ser bem-sucedido. Pode desenvolver o autocontrole resistindo aos desafios e atrasos.

Positivo: humor, felicidade, amizade, produtividade, criatividade, talento artístico, força de vontade, amor à amizade, talento com as palavras

Negativo: excesso de imaginação, exagero, tendência a se entediar com facilidade, tendência a ser pouco afetivo, orgulho, extravagância, auto-indulgência, preguiça, hipocrisia

ESTRELAS FIXAS

Alamak, também chamada de Almach; Menkar

ESTRELA PRIMÁRIA

Nome da estrela:
Alamak, também chamada de Almach

Posição:
13°15'-14°20'de Touro, entre os anos de 1930 e 2000

Magnitude:
2

Força:
★★★★★★★★

Órb:
2°10'

Constelação:
Gamma Andrômeda
Dias: 2, 3, 4, 5, 6 e 7 de maio

Qualidades da estrela:
Vênus

Descrição:
estrela binária laranja, esmeralda e azul localizada no pé esquerdo de Andrômeda

Amor & Relacionamentos

Apesar de ser uma pessoa sociável, você pode passar por períodos em que deseja se recolher e ficar sozinho. Talvez precise dessa época para refletir e recompor os seus pensamentos em um ambiente calmo ou próximo à natureza. Com atração por pessoas inteligentes, você prefere alguém com quem possa compartilhar atividades intelectuais ou se divertir. Como o charme é uma das suas principais qualidades, você não terá problemas para atrair parceiros e amigos, mas a sua verdadeira vitória vem da superação de desafios nos seus relacionamentos duradouros.

INFLUÊNCIA DA ESTRELA PRIMÁRIA

Alamak confere talento musical e artístico, boa voz e popularidade social. Esta estrela dá também boa sorte e sucesso, e você pode conquistar prêmios ou ter ganhos inesperados. Se for uma pessoa trabalhadora e paciente, pode obter sucesso, amor, romance e felicidade doméstica.

Ligada ao grau do seu Sol, esta estrela dá honras por meio da escrita e de outros trabalhos artísticos, sucesso com o público e conquistas em questões públicas, especialmente nas questões conectadas com a lei e a advocacia. Alamak também indica que você pode, muitas vezes, ter fama e prestígio.

Positivo: talento criativo, natureza amorosa, habilidade para atrair sucesso material

Negativo: egoísmo, indulgência, extravagância

Consulte o Apêndice para obter mais informações acerca das estrelas fixas.

ALGUÉM ESPECIAL

Você pode ter um relacionamento estável com alguém que nasceu em uma das seguintes datas:

Amor & amizade: jan: 9, 11, 13, 23, 25, 27; fev: 7, 21, 23, 25 ; mar: 5, 19, 21, 23, 29; abr: 3, 17, 19, 21, 27, 30; mai: 1, 15, 17, 19, 25, 28; jun: 13, 15, 17, 23, 26; jul: 11, 13, 15, 21, 24; ago: 9, 11, 13, 19, 22; set: 7, 9, 11, 17, 20; out: 5, 7, 9, 15, 18; nov: 3, 5, 7, 13, 16; dez: 1, 3, 5, 11, 14

Relacionamento benéfico: jan: 2, 4, 7; fev: 2, 5; mar: 3; abr: 1; mai: 31; jun: 29; jul: 27, 31; ago: 25, 29; set: 23, 27; out: 21, 25; nov: 19, 23; dez: 17, 21

Atrações fatais: jan: 8, 14; fev: 6, 12; mar: 4, 10; abr: 2, 8; mai: 6; jun: 4; jul: 2; nov: 4, 5, 6

Relacionamento desafiante: jan: 6, 19, 29; fev: 4, 17, 27; mar: 2, 15, 25; abr: 13, 23; mai: 11, 21; jun: 9, 19; jul: 7, 17; ago: 5, 15; set: 3, 13, 30; out: 1, 11, 28; nov: 9, 26; dez: 7, 24, 29

Alma gêmea: jan: 16, 21; fev: 14, 19; mar: 12, 17; abr: 10, 15; mai: 8, 13; jun: 6, 11; jul: 4, 9; ago: 2, 7; set: 5; out: 3; nov: 1

4 de Maio

Uma interessante combinação de praticidade, charme e sensibilidade emocional distingue as pessoas nascidas neste dia. Saber compartilhar tanto nas relações profissionais como pessoais é a chave do seu sucesso. Ambicioso e trabalhador, você é uma pessoa responsável e consciencioso.

A influência adicional do seu Sol no decanato de Virgem em Touro sugere que você aspira alcançar elevados padrões no seu trabalho e gosta de servir aos outros. Isso também indica que você possui qualidades práticas e realistas e que busca a ordem e a organização para sentir-se realmente seguro.

Embora seja uma pessoa muito independente, que não gosta de ser reprimida, você se sai muito bem no trato pessoal, o que se deve em parte à sua compreensão natural da natureza humana e aos seus bons poderes de percepção. Ainda que inicialmente você possa ter interesses em questões materiais, a sua necessidade de ter uma compreensão mais profunda da vida pode levá-lo posteriormente a se interessar por assuntos metafísicos e de natureza espiritual. Porém, há momentos em que você exibe uma teimosia quase egocêntrica ou fica propenso a duvidar de si mesmo. Tome cuidado para não se deixar levar por tendências escapistas e auto-indulgentes para compensar esses sentimentos. Felizmente, você tem a habilidade de se livrar de qualquer estado de espírito negativo usando a sua poderosa imaginação para criar na sua mente a visão de um ideal perfeito.

♉

SOL: TOURO
DECANATO: VIRGEM/MERCÚRIO
GRAU: 12°30'-14° TOURO
MODO: FIXO
ELEMENTO: TERRA

♉

Depois dos 17 anos de idade, quando o seu Sol progredido entra no signo de Gêmeos, o ritmo da sua vida se intensifica e a comunicação em geral, escrita ou falada, é enfatizada. Essa tendência prossegue até os 47 anos de idade, quando o seu Sol progredido entra no signo de Câncer. Essa fase marca uma grande mudança que acentua a importância crescente da intimidade emocional, segurança e laços familiares.

O Seu Eu Secreto

A sua capacidade de liderança se mostra naturalmente quando você percebe que um trabalho está sendo mal executado ou feito de modo ineficiente. Ocasionalmente, isso se manifesta por meio de um comportamento autoritário, mas em geral você possui habilidade para trabalhar cooperativamente com outras pessoas. Os seus poderes mentais e habilidade para captar informações muitas vezes sugerem que você é uma pessoa culta e que sabe o que quer. Desenvolvendo o seu senso intuitivo natural, que ajuda a transformar suas excelentes idéias em resultados concretos, você pode se beneficiar muito.

As pessoas saberão reconhecer o seu forte senso de responsabilidade e isso o ajudará a ser bem-sucedido. Contudo, você deve se prevenir contra ataques ocasionais de mau humor, ansiedade ou tensão, pois isso pode afetar o equilíbrio dos seus relacionamentos com as pessoas. Você precisa viver em um ambiente de harmonia. Por isso, é provável que a sua casa ocupe um lugar importante na sua vida e sirva como um local de segurança.

Trabalho & Vocação

Você possui um talento natural para as áreas de compras e vendas, trabalhos bancários e comerciais, além de ser um excelente agente ou negociador. Alternativamente, você pode se interessar por atividades que tragam benefícios para as outras pessoas, como trabalhos sociais, de aconselhamento ou com deficientes. Se entrar para o serviço público, pode se sair bem em carreiras políticas, serviços governamentais, diplomacia ou relações públicas. Os talentos criativos podem se manifestar especialmente na área da música, da fotografia e do teatro. Algumas pessoas que nascem neste dia podem seguir atividades esportivas. Qualquer que seja a área escolhida, você tem capacidade para trabalhar duro e isso traz as suas recompensas.

♉

ESTRELAS FIXAS

Alamak, também chamada de Almach; Menkar

ESTRELA PRIMÁRIA

Nome da estrela:
Alamak, também chamada de Almach

Posição:
13°15'-14°20'de Touro, entre os anos de 1930 e 2000

Magnitude:
2

Força:
★★★★★★★★

Órb:
2°10'

Constelação:
Gamma Andrômeda
Dias: 2, 3, 4, 5, 6 e 7 de maio

Qualidades da estrela:
Vênus

Descrição:
estrela binária laranja, esmeralda e azul localizada no pé esquerdo de Andrômeda

♉

Numerologia

A sólida estrutura e a capacidade de organização sugeridas pelo dia de aniversário número 4 indicam que muitas vezes você precisa de estabilidade e gosta de estabelecer ordem. Com esta data de aniversário, você é uma pessoa sensível às formas e à composição. Uma pessoa que dá especial atenção à segurança, você gosta de construir uma sólida fundação para si e para sua família. A maneira pragmática com que encara a vida confere um bom senso de negócios e uma habilidade para alcançar o sucesso material. Confiável mas reservado, você é em geral uma pessoa honesta, franca e justa. Entretanto, talvez precise aprender a manifestar os seus sentimentos. Um dos desafios do indivíduo número 4 é superar períodos de instabilidade. A subinfluência do mês número 5 indica que você é uma pessoa com entusiasmo e emocionalmente sensível. Você precisa estar motivado por idéias ou projetos. Intuitivo, precisa aprender a confiar nos seus instintos e usá-los de forma prática. Embora deseje ser livre, você reconhece a necessidade de autodisciplina e estabilidade.

Positivo: organização, autodisciplina, firmeza, trabalho duro, habilidade manual, pragmatismo, confiança, exatidão

Negativo: comportamento destrutivo, falta de comunicação, repressão, preguiça, falta de afetividade, procrastinação, avareza, autoritarismo, afeições ocultas, ressentimento

Amor & Relacionamentos

O casamento, um relacionamento estável e um ambiente doméstico seguro são especialmente importantes para você. O amor ao conhecimento e a necessidade de comunicação sugerem que você gosta de explorar novas idéias e usar a sua mente de maneira criativa. Se ficar entediado, procure tomar cuidado para não deixar que as coisas caiam na rotina ou se tornem monótonas. Quando compartilha os seus objetivos criativos com o seu parceiro, ambos são estimulados a experimentar coisas novas e a se divertir. Uma das fontes de prazer da sua vida é sair com os amigos ou recebê-los em sua casa.

INFLUÊNCIA DA ESTRELA PRIMÁRIA

Alamak confere talento musical e artístico, boa voz e popularidade social. Esta estrela dá também boa sorte e sucesso, e você pode conquistar prêmios ou ter ganhos inesperados. Se for uma pessoa trabalhadora e paciente, pode obter sucesso, amor, romance e felicidade doméstica.

Ligada ao grau do seu Sol, esta estrela dá honras por meio da escrita e de outros trabalhos artísticos, sucesso com o público e conquistas em questões públicas, especialmente nas questões conectadas com a lei e a advocacia. Alamak também indica que você pode, muitas vezes, ter fama e prestígio.

- **Positivo**: talento criativo, natureza amorosa, habilidade para atrair sucesso material
- **Negativo**: egoísmo, indulgência, extravagância

Consulte o Apêndice para obter mais informações a respeito das estrelas fixas.

ALGUÉM ESPECIAL

Você pode ter relacionamentos estimulantes e encontrar o seu parceiro ideal entre as pessoas nascidas em uma das seguintes datas:

Amor & amizade: jan: 10, 11, 14, 26, 28; fev: 8, 24, 26 ; mar: 6, 22, 24, 30; abr: 4, 20, 22, 28; mai: 2, 18, 20, 26, 29; jun: 16, 18, 24, 27; jul: 14, 16, 22, 25; ago: 12, 14, 20, 23, 30; set: 10, 12, 18, 21, 28; out: 8, 10, 16, 19, 26; nov: 6, 8, 14, 17, 24; dez: 4, 6, 15, 22

Relacionamento benéfico: jan: 8; fev: 6; mar: 4, 28; abr: 2, 26; mai: 31; jun: 24; jul: 20, 28, 29; ago: 18, 26, 27, 30; set: 16, 24, 25, 28; out: 14, 22, 23, 26, 29; nov: 12, 20, 21, 24, 27; dez: 10, 18, 19, 22, 25

Atrações fatais: jan: 15; fev: 13; mar: 11; abr: 9; mai: 7; jun: 4; jul: 3; ago: 1; nov: 5, 6, 7

Relacionamento desafiante: jan: 7, 9, 30; fev: 5, 7, 28; mar: 3, 5, 26; abr: 1, 3, 24; mai: 1, 22; jun: 20; jul: 18; ago: 16; set: 14; out: 12, 29; nov: 10, 27; dez: 8, 25, 30

Alma gêmea: jan: 8, 27; fev: 6, 25; mar: 4, 23; abr: 2, 21; mai: 19; jun: 17; jul: 15; ago: 13; set: 11; out: 9; nov: 7; dez: 5

5 de Maio

Força de vontade e determinação são sugeridos pelo dia do seu aniversário. A necessidade de diversão e ação também são indicadas, mas implica que você precisa superar a sua inquietude interior. Como tem uma mente aguda, pode compreender rapidamente as situações e sente-se bem quando se esforça por um projeto ou causa em que acredita profundamente.

A influência adicional do seu Sol no decanato de Virgem de Touro aumenta a capacidade crítica do seu senso de praticidade e enfatiza a importância de fazer bem um trabalho. Ela também sugere uma capacidade analítica, desejo de método ou alguma forma de habilidade técnica. Comportar-se de maneira teimosa e obstinada pode bloquear o uso das enormes possibilidades inerentes a esta data de nascimento.

♉

SOL: TOURO
DECANATO: VIRGEM/MERCÚRIO
GRAU: 13°30'-15° TOURO
MODO: FIXO
ELEMENTO: TERRA

♉

Além da necessidade de segurança material, você tem também o desejo de compreender as coisas em um nível mais profundo, seja em relação a uma pessoa ou em relação à própria vida. Isso pode levá-lo a buscar por sob a superfície e a não aceitar nada somente pela aparência. Desenvolvendo esse lado mais intuitivo da sua natureza, você pode superar qualquer tendência a se deixar levar pelos seus interesses, oscilações de humor ou depressão, e ter ao seu alcance o enorme potencial disponível a quem nasceu neste dia.

Com iniciativa, charme e necessidade de manter-se ocupado, você possui os ingredientes necessários para assumir posições de liderança. Com a habilidade de pensar visualmente e praticamente, o seu ideal é viver com uma estrutura segura, mas que tenha espaço para experiências novas e estimulantes.

Por volta dos 16 anos de idade, quando o seu Sol progredido entra no signo de Gêmeos, você irá diversificar os seus interesses. Nessa época, o estudo e todas as formas de comunicação podem se tornar importantes para você. Há uma outra grande mudança aos 46 anos de idade, quando o seu Sol progredido entra no signo de Câncer. Essa mudança aumenta a sua sensibilidade, a consciência dos laços familiares e a importância de ter uma base doméstica segura. A partir dos 76 anos de idade, quando o seu Sol entra no signo de Leão, você se fortalece e adquire mais confiança.

O Seu Eu Secreto

A sua personalidade exterior prática esconde uma natureza altamente idealista o que o pode levar a se envolver em relacionamentos que não preenchem as suas expectativas elevadas. Talvez seja importante usar o seu senso de humor fora do comum para não se deixar levar pelo excesso de seriedade. Isso permite que você mantenha o equilíbrio e responda às primeiras impressões, sempre perspicazes, que tem das outras pessoas. Confiando na sua reação instintiva e até mesmo desafiando as pessoas de maneira amigável, pode ampliar o próprio poder e evitar que você tenha decepções emocionais, recolha-se e fique frio. Essa confiança no seu senso de poder lhe dá uma tremenda autoconfiança e espontaneidade.

Você tem dentro de si forças poderosas que lhe dão a habilidade de lidar com qualquer situação. Isso permite que você apresente às pessoas novas idéias, de uma maneira cuidadosa e lógica, e que isso as impressione pela sua singular percepção.

Trabalho & Vocação

É provável que os seus empregados ou superiores reconheçam e apreciem a sua habilidade de compreensão de conceitos e situações originais. A capacidade de se adaptar e de manter a calma em meio a uma crise sugere que você pode superar situações desafiantes. Essas qualidades, combinadas com a disposição para o trabalho duro, muitas vezes ajudam-no a desenvolver a capacidade de liderança. Na verdade, como gosta de manter o controle das situações e não obedecer a outras pessoas, você se sai melhor trabalhando por conta própria ou em um cargo de gerência ou direção. Você tem uma enorme capacidade de resolver problemas e, quando necessário, ser duro e autoritário. Isso se aplica especialmente quando se trata de fazer reformas e mudanças. Se sentir interesse pelo teatro ou cinema, pode ser um bom ator, produtor ou diretor. Com um bom sentido de forma e estilo, você pode se interessar em seguir carreiras na área de produção de imagens ou *design*. Outra forma de usar os seus talentos pode se relacionar ao serviço governamental ou político, em que você pode usar a sua autoridade natural.

♉

ESTRELAS FIXAS

Alamak, também chamada de Almach; Menkar

ESTRELA PRIMÁRIA

Nome da estrela:
Alamak, também chamada de Almach

Posição:
13°15'-14°20'de Touro, entre os anos de 1930 e 2000

Magnitude:
2

Força:
★★★★★★★★

Órb:
2°10'

Constelação:
Gamma Andrômeda
Dias: 2, 3, 4, 5, 6 e 7 de maio

Qualidades da estrela:
Vênus

Descrição:
estrela binária laranja, esmeralda e azul localizada no pé esquerdo de Andrômeda

♉

Numerologia

Instintos poderosos, natureza aventureira e desejo de liberdade são indicados pelo dia de aniversário número 5. As viagens e diversas oportunidades de mudanças, algumas inesperadas, podem levar a uma verdadeira transformação de pontos de vista e crenças. Freqüentemente, o dia de aniversário número 5 significa que você leva uma vida ativa e precisa aprender a ser paciente e prestar atenção aos detalhes; você pode ser bem-sucedido se evitar ações prematuras ou especulativas. O talento natural para o indivíduo número 5 é saber seguir o fluxo da vida e manter-se desapegado. A subinfluência do mês número 5 indica que você é uma pessoa ambiciosa e determinada, mas que, às vezes, pode se deixar levar pelo excesso de confiança. No seu desejo de chegar rápido, pode não ver as paisagens mais bonitas. Astuto e com força de vontade, você não gosta de nenhuma forma de restrição. A insatisfação consigo mesmo ou com os outros e circunstâncias limitadoras podem impeli-lo a fazer mudanças e a dar um novo início às coisas. Para alcançar o sucesso, a autodisciplina deve ser uma das suas prioridades.

Positivo: versatilidade, adaptabilidade, atitudes progressistas, fortes instintos, magnetismo, sorte, ousadia, amor à liberdade, rapidez e espirituosidade, curiosidade, misticismo, sociabilidade

Negativo: falta de confiabilidade, mutabilidade, procrastinação, inconsistência, luxúria, confiança excessiva

Amor & Relacionamentos

Embora você precise de amor e afeição e possa ser uma pessoa carinhosa, a sua necessidade de independência e espontaneidade natural sugerem que você também gosta de liberdade. Devido às circunstâncias, você pode ter um conflito entre o amor e o trabalho ou entre os deveres e os desejos pessoais. Você precisa de intimidade profunda, mas às vezes pode se sentir inibido para manifestar as suas poderosas emoções. Contudo, você pode ser uma pessoa devotada e exercer uma influência estável sobre o seu parceiro. É preciso apenas que você evite se absorver demais pelos próprios interesses, o que pode isolá-lo das outras pessoas. Muitas vezes, você sente mais afinidade com pessoas que compartilham os seus elevados ideais e aspirações.

INFLUÊNCIA DA ESTRELA PRIMÁRIA

Alamak confere talento musical e artístico, boa voz e popularidade social. Esta estrela dá também boa sorte e sucesso, e você pode conquistar prêmios ou ter ganhos inesperados. Se for uma pessoa trabalhadora e paciente, pode obter sucesso, amor, romance e felicidade doméstica.
Ligada ao grau do seu Sol, esta estrela dá honras por meio da escrita e de outros trabalhos artísticos, sucesso com o público e conquistas em questões públicas, especialmente nas questões conectadas com a lei e a advocacia. Alamak também indica que você pode, muitas vezes, ter fama e prestígio.

- **Positivo**: talento criativo, natureza amorosa, habilidade para atrair sucesso material
- **Negativo**: egoísmo, indulgência, extravagância

Consulte o Apêndice para obter mais informações a respeito das estrelas fixas.

ALGUÉM ESPECIAL

Se você estiver procurando um relacionamento, pode encontrar um parceiro fiel entre as pessoas nascidas em uma das seguintes datas:

Amor & amizade: jan: 11, 15, 20, 25, 27, 29; fev: 9, 18, 23, 25, 27 ; mar: 7, 16, 21, 23, 25; abr: 5, 14, 19, 21, 23; mai: 3, 12, 17, 19, 21; jun: 1, 10, 15, 17, 19; jul: 8, 13, 15, 17; ago: 1, 6, 11, 13, 15; set: 4, 9, 11, 13; out: 2, 7, 9, 11; nov: 5, 7, 9; dez: 3, 5, 7

Relacionamento benéfico: jan: 9, 26; fev: 7, 24; mar: 5, 22; abr: 3, 20; mai: 1, 18, 29; jun: 16, 27; jul: 14, 25, 29, 30; ago: 12, 23, 27, 28, 31; set: 10, 21, 25, 26, 29; out: 8, 19, 23, 24, 27; nov: 6, 17, 21, 22, 25; dez: 4, 15, 19, 20, 23

Atrações fatais: jan: 16; fev: 14; mar: 12; abr: 10; mai: 8; jun: 6; jul: 4; ago: 2; nov: 6, 7, 8

Relacionamento desafiante: jan: 8, 29, 31; fev: 6, 17, 29; mar: 4, 15, 17, 28; abr: 2, 23, 25, 26; mai: 21, 23, 24; jun: 19, 21, 22; jul: 17, 19, 20; ago: 15, 17, 18; set: 13, 15, 16; out: 11, 13, 14, 30; nov: 9, 11, 12, 28; dez: 7, 9, 10, 26

Alma gêmea: mai: 30; jun: 28; jul: 26; ago: 24; set: 22, 30; out: 20, 28; nov: 18, 26; dez: 16, 24

6 de Maio

Este dia de aniversário sugere que você é uma pessoa mais complexa do que aparenta. Como é um ator natural, você projeta a sua fachada multitalentosa e autoconfiante. Mas, sob o seu comportamento, você é uma pessoa preocupada e indecisa. Com capacidade natural de liderança e jeito para lidar com as pessoas, você deve ocupar uma posição em que possa aproveitar ao máximo as suas maravilhosas habilidades. Todavia, existe o perigo de você subaproveitá-las e não fazer uso total da sua capacidade.

Com a influência adicional do seu Sol no segundo decanato de Touro, é provável que você possua uma excelente capacidade crítica e analítica, que pode ajudá-lo a alcançar os seus objetivos. Você também tem talento para escrever e perspicácia natural para os negócios. Com facilidade para aprender rapidamente, você valoriza o conhecimento e a liberdade e está aberto para idéias progressistas e inventivas.

♉

SOL: TOURO
DECANATO: VIRGEM/MERCÚRIO
GRAU: 14°30'-16° TOURO
MODO: FIXO
ELEMENTO: TERRA

♉

A casa e a segurança são questões importantes nas suas prioridades, e é provável que você encare com seriedade as suas responsabilidades. Apenas tome cuidado para que isso não interfira na vida das outras pessoas e tire delas a oportunidade de aprender. Felizmente, você pode usar o seu charme e a maneira encantadora com que lida com as pessoas. É possível que você tenha muitos conhecidos, mas escolhe a dedo os amigos que o interessam e oferecem estímulo mental. Contudo, como você aprecia as coisas boas da vida e sabe como se divertir, cuidado com a tendência ao excesso de auto-indulgência.

Depois dos 15 anos de idade, quando o seu Sol progredido entra no signo de Gêmeos, o seu ritmo de vida aumenta e há uma ênfase maior na comunicação. Nos trinta anos seguintes, há uma necessidade de ampliar a sua capacidade mental e se relacionar por meio da troca de idéias. Aos 45 anos de idade, quando o seu Sol progredido entra no signo de Câncer, você passa por outra grande mudança, passando a dar maior importância à proximidade emocional, à família e à segurança. A partir dos 75 anos de idade, quando o seu Sol entra no signo de Leão, aumentam o seu poder e autoconfiança.

O Seu Eu Secreto

A sua mentalidade criativa permite que você combine espirituosidade com compreensão, muitas vezes espelhando as características das pessoas de modo sutil mas desafiador. O interesse pela natureza humana muitas vezes o leva além de simples envolvimento em negócios e atividades meramente sociais para a vontade humanitária de fazer algo significativo. Isso pode envolver lutas por causas, liberdade ou o seu sonho, mas impedirá que se torne inquieto e lhe dará mais satisfação. No entanto, a sua falta de fé nas próprias habilidades ou indecisão quanto às suas escolhas podem bloquear este caminho. Essa dúvida pode resultar na sua opção por assumir um papel secundário de utilizar todo o seu poder disponível. Como você responde bem ao encorajamento, pode ser motivado lendo biografias de pessoas que admira e respeita; lembre-se de que cada passo em direção à realização dos seus sonhos também serve de inspiração para outras pessoas. No de rejeitar o criticismo, inspire as outras pessoas.

Trabalho & Vocação

As suas habilidades psicológicas naturais são de enorme ajuda na vida profissional. Se trabalhar no mundo dos negócios, essas habilidades permitem que você trabalhe bem com as outras pessoas e saiba intuitivamente os resultados de projetos financeiros. Isso também o ajuda a avaliar as situações e indica que você tem os pré-requisitos necessários para alcançar uma posição superior na área profissional que escolher. Alternativamente, você pode usar esses talentos no mundo terapêutico e, assim, exercer também o seu lado humanitário. O seu intelecto agudo e senso teatral pode levá-lo a uma carreira no palco e, como deve ser abençoado com uma voz excepcional, pode ser cantor ou político. Você também pode então fazer um bom uso dos seus talentos em uma carreira no mundo da música ou no magistério. Muito independente e avesso a obedecer ordens, pode ser levado a trabalhar por conta própria.

♉

ESTRELAS FIXAS

Alamak, também chamada de Almach; Menkar

ESTRELA PRIMÁRIA

Nome da estrela:
Alamak, também chamada de Almach

Posição:
13°15'-14°20'de Touro, entre os anos de 1930 e 2000

Magnitude:
2

Força:
★★★★★★★★

Órb:
2°10'

Constelação:
Gamma Andrômeda
Dias: 2, 3, 4, 5, 6 e 7 de maio

Qualidades da estrela:
Vênus

Descrição:
estrela binária laranja, esmeralda e azul localizada no pé esquerdo de Andrômeda

♉

Numerologia

Compaixão, idealismo e uma natureza amorosa são algumas das qualidades sugeridas pelo dia de aniversário número 6. Freqüentemente com aptidões domésticas, você é uma pessoa caseira e um pai dedicado. O desejo de harmonia universal, combinado com as suas intensas emoções, muitas vezes o encoraja a trabalhar duro pelo que acredita. Os mais sensíveis têm necessidade de encontrar uma forma de expressão criativa e são muitas vezes atraídos pelo mundo do entretenimento ou da arte e *design*. Os desafios para algumas pessoas nascidas no dia 6 podem incluir o desenvolvimento da autoconfiança e da compaixão em relação a amigos e vizinhos e uma maior responsabilidade. A subinfluência do mês número 5 indica que você é uma pessoa entusiástica e inquieta, mas responsável e orgulhosa. Dotado de tato e diplomacia, você pode encantar as pessoas com a sua natureza despreocupada. Você pode alternar entre a autoconfiança e auto-assertividade e a incerteza. Inspirado por causas humanitárias, você se beneficia em trabalhos cooperativos e em colaboração com outras pessoas.

Positivo: mundanismo, universalidade, amizade, compaixão, confiabilidade, compreensão, simpatia, idealismo, inclinações domésticas, humanitarismo, estabilidade, talento artístico, equilíbrio

Negativo: descontentamento, ansiedade, timidez, falta de razoabilidade, teimosia, tendência à franqueza, perfeccionismo, comportamento autoritário, falta de responsabilidade, egoísmo, cinismo

Amor & Relacionamentos

Com atração por pessoas interessadas em se auto-aperfeiçoar, você muitas vezes combina as suas atividades sociais com o aprendizado e tem interesse em trocar informações e conhecimento. Você gosta de harmonia, um aspecto que pode ser um componente essencial nos seus relacionamentos, e sente-se atraído por pessoas mentalmente estimulantes ou bem-educadas. Embora seja uma pessoa de personalidade forte, evite tornar-se muito autoritário com os entes queridos.

INFLUÊNCIA DA ESTRELA PRIMÁRIA

Alamak confere talento musical e artístico, boa voz e popularidade social. Esta estrela dá também boa sorte e sucesso, e você pode conquistar prêmios ou ter ganhos inesperados. Se for uma pessoa trabalhadora e paciente, pode obter sucesso, amor, romance e felicidade doméstica.
Ligada ao grau do seu Sol, esta estrela dá honras por meio da escrita e de outros trabalhos artísticos, sucesso com o público e conquistas em questões públicas, especialmente nas questões conectadas com a lei e a advocacia. Alamak também indica que você pode, muitas vezes, ter fama e prestígio.

- **Positivo**: talento criativo, natureza amorosa, habilidade para atrair sucesso material
- **Negativo**: egoísmo, indulgência, extravagância

Consulte o Apêndice para obter mais informações a respeito das estrelas fixas.

ALGUÉM ESPECIAL

Para segurança, estímulo mental e amor comece procurando entre as pessoas nascidas nas seguintes datas:

Amor & amizade: jan: 4, 11, 12, 16, 26, 28, 30; fev: 2, 9, 10, 24, 26, 28; mar: 7, 8, 12, 22, 24, 26; abr: 5, 6, 20, 22, 24, 30; mai: 3, 4, 18, 20, 22, 28, 31; jun: 1, 2, 16, 18, 20, 26, 29; jul: 4, 14, 16, 18, 24, 27; ago: 12, 14, 16, 22, 25; set: 10, 12, 14, 20, 23; out: 8, 10, 12, 18, 21; nov: 6, 8, 10, 16, 19; dez: 4, 6, 8, 14, 17

Relacionamento benéfico: jan: 3, 10, 29; fev: 1, 8, 27; mar: 6, 25; abr: 4, 23; mai: 2, 21; jun: 4, 19; jul: 17, 30; ago: 15, 28; set: 13, 26; out: 11, 24; nov: 9, 22; dez: 7, 20

Atrações fatais: jan: 11; fev: 9; mar: 7; abr: 5; mai: 3; jun: 1; nov: 7, 8, 9

Relacionamento desafiante: jan: 9; fev: 7; mar: 5, 28; abr: 3, 26; mai: 1, 24; jun: 22; jul: 20; ago:18; set:16; out: 14, 30; nov:12, 28, 29; dez: 10, 26, 27

Alma gêmea: jan: 7; fev: 5; mar: 3; abr: 1; mai: 29; jun: 27; jul: 25; ago: 23; set: 21; out: 19; nov: 17; dez: 15

7 de Maio

O dia de seu aniversário sugere que você possui um senso arguto de praticidade, combinado com uma personalidade forte. Diligente e obstinado, você naturalmente alcança posições de autoridade, mas deve tomar cuidado com a tendência à dominação ou à rispidez verbal. Você possui uma boa capacidade de julgamento para avaliar as pessoas e situações práticas e pode ser levado a lutar pelo direito de outras pessoas. Você prefere manter-se ocupado, tem ímpetos de energia e possui a capacidade de realizações extraordinárias.

Com a influência adicional do seu Sol no decanato de Virgem de Touro, você tem inclinação para lidar com a vida de forma metódica e analítica, e tem agilidade mental e concentração. Isso pode se manifestar especialmente como um poder de persuasão poderoso ou por meio da escrita e da habilidade de comunicação. A sua maneira realista de abordar a vida e sua objetividade podem se manifestar como sagacidade para os negócios. Com a sua profundidade de pensamento, você tem inclinação para a filosofia ou habilidade para resolução de problemas. Mas o seu grande potencial pode ser bloqueado pela tendência à teimosia, arrogância e falta de comunicação.

♉

SOL: TOURO
DECANATO: VIRGEM/MERCÚRIO
GRAU: 15°30'-17° TOURO
MODO: FIXO
ELEMENTO: TERRA

♉

Com conhecimento natural para acumular recursos materiais, para organizar e inspirar as outras pessoas, você está automaticamente equipado para assumir a liderança de qualquer situação. Combinando a autodisciplina com a sua força interior, você tem o potencial para traduzir as suas inspirações em resultados concretos.

Por volta dos 14 anos de idade, quando o seu Sol progredido entra no signo de Gêmeos, pode ter início um período de mudanças por meio da busca de novos interesses. Nessa época, os estudos e a comunicação podem se tornar mais importantes para você. Há uma outra mudança por volta dos 44 anos de idade, quando o seu Sol progredido entra no signo de Câncer. Essa fase marca o início de um período mais voltado para os relacionamentos emocionais, família e compreensão das necessidades das outras pessoas. A partir dos 74 anos de idade, quando o seu Sol progredido entra no signo de Leão, você passa a se expressar com mais autoconfiança.

O Seu Eu Secreto

Usando a autodisciplina na sua habilidade dramática natural você pode transformar o seu amor pela arte, pela música e pelo teatro em alguma forma concreta de auto-expressão. A criatividade interior sugerida aqui pode ser aplicada na vida, de uma maneira geral, seja no mundo dos negócios ou no ambiente doméstico. Contudo, a tendência a se preocupar ou a ficar indeciso quanto às questões financeiras pode abortar as maravilhosas oportunidades inerentes ao dia de seu aniversário. Essas ansiedades ou frustrações podem fazer com que tome as decisões dando prioridade à segurança ou com que permaneça por muito tempo em situações inadequadas. O lado humanitário e desapegado da sua personalidade pode inspirá-lo a elevados ideais e estimulá-lo a ser mais brincalhão e ousado. Apenas tome cuidado para não ser levado por extravagâncias ou pela indulgência nas coisas boas da vida.

Trabalho & Vocação

No reino profissional, você tem uma ampla variedade de escolhas. Você pode se sobressair em cargos de liderança e, com a sua capacidade de avaliação, pode se sair bem nas áreas de *merchandising* e publicidade. Conhecido pela sua generosidade, você pode ser um filantropo que apóia pessoas e idéias em que acredita. Alternativamente, a sua criatividade pode levá-lo a trabalhar no mundo do entretenimento, da arte ou da música. Usualmente, você tem capacidade de combinar o seu apreço pela beleza e pelas artes com uma visão de negócios, em carreiras como *marchand*, empresário ou curador. A sua habilidade de lidar com qualquer tipo de reforma pode levá-lo à liderança em organizações como sindicatos. Os que não se interessam em lutar pela liberdade podem atuar na área de educação ou qualquer outra forma de interesse social ou público.

♉

ESTRELA FIXA

Nome da estrela:
Alamak, também chamada de Almach

Posição:
13°15'-14°20'de Touro, entre os anos de 1930 e 2000

Magnitude:
2

Força:
★★★★★★★★

Órb:
2°10'

Constelação:
Gamma Andrômeda
Dias: 2, 3, 4, 5, 6 e 7 de maio

Qualidades da estrela:
Vênus

Descrição:
estrela binária laranja, esmeralda e azul localizada no pé esquerdo de Andrômeda

♉

Numerologia

Analíticos e ponderados, os indivíduos número 7 são muitas vezes perfeccionistas, críticos e absortos em si mesmos. Como prefere tomar as próprias decisões, você freqüentemente aprende melhor por meio da experiência pessoal. Essa vontade de aprender pode levá-lo ao mundo acadêmico ou a aperfeiçoar as suas habilidades. Mas você pode se tornar muito sensível às críticas e sentir-se mal compreendido. A sua tendência a ser enigmático e reservado o leva a desenvolver a arte de fazer perguntas sutis sem deixar que as outras pessoas percebam o que realmente está pensando. A subinfluência do mês número 5 indica que você é uma pessoa inteligente, com capacidade de pegar rapidamente as idéias. É uma pessoa espirituosa e articulada e uma companhia divertida. Criativo, mas impressionável, você gosta de se divertir e pode ter diversos passatempos. Integridade e cooperação são vitais para o seu sucesso. Prestativo e amigável, você pode encorajar e apoiar idéias e pessoas. A tendência à manipulação em detrimento da franqueza sugere que às vezes você acha difícil manifestar os seus verdadeiros sentimentos.

Positivo: educação, confiança, meticulosidade, idealismo, honestidade, habilidade psíquica, aptidão científica, racionalidade, reflexão

Negativo: dissimulação, ilusão, falta de amizade, ceticismo, confusão, comportamento malicioso, desapego

Amor & Relacionamentos

A necessidade de estímulo mental e criatividade muitas vezes sugere que você se sente atraído pelos mais diversos tipos de pessoas. Embora você seja uma companhia divertida e tenha muitos interesses, a indecisão e a incerteza quanto aos relacionamentos podem deixá-lo confuso e preocupado. Quando não tem certeza da própria lealdade, prefere sair com os amigos. Ao se manter criativo e não pensar demais nesta área da sua vida, você pode ter uma clareza a respeito das suas questões pessoais.

INFLUÊNCIA DA ESTRELA PRIMÁRIA

Alamak confere talento musical e artístico, boa voz e popularidade social. Esta estrela dá também boa sorte e sucesso, e você pode conquistar prêmios ou ter ganhos inesperados. Se for uma pessoa trabalhadora e paciente, pode obter sucesso, amor, romance e felicidade doméstica.

Ligada ao grau do seu Sol, esta estrela dá honras por meio da escrita e de outros trabalhos artísticos, sucesso com o público e conquistas em questões públicas, especialmente nas questões conectadas com a lei e a advocacia. Alamak também indica que você pode, muitas vezes, ter fama e prestígio.

- **Positivo**: talento criativo, natureza amorosa, habilidade para atrair sucesso material
- **Negativo**: egoísmo, indulgência, extravagância

ALGUÉM ESPECIAL

Para manter o interesse em um relacionamento duradouro, procure entre as pessoas nascidas nas seguintes datas:

Amor & amizade: jan: 13, 17, 29; fev: 11, 27, 29; mar: 9, 25, 27; abr: 6, 23, 25; mai: 5, 9, 21, 23, 29; jun: 3, 19, 21, 27, 30; jul: 1, 17, 19, 25, 28; ago: 15, 17, 23, 26; set: 1, 13, 15, 21, 24; out: 11, 13, 19, 22, 29; nov: 9, 11, 17, 20, 27; dez: 7, 9, 15, 18, 25

Relacionamento benéfico: jan: 11; fev: 9; mar: 7, 31; abr: 5, 29; mai: 3, 27, 31; jun: 1, 25, 29; jul: 23, 27, 31; ago: 21, 25, 29, 30; set: 19, 23, 27, 28; out: 17, 21, 25, 26; nov: 15, 19, 23, 24, 30; dez: 13, 17, 21, 22, 28

Atrações fatais: jan: 12; fev: 10; mar: 8; abr: 6; mai: 4; jun: 2; nov: 8, 9, 10

Relacionamento desafiante: jan: 10; fev: 8; mar: 6, 29; abr: 4, 27; mai: 2, 25; jun: 23; jul: 21; ago:19; set: 17; out: 15, 31; nov: 13, 29, 30; dez: 11, 27, 28

Alma gêmea: jan: 18, 24; fev: 16, 22; mar: 14, 20; abr: 12, 18; mai: 10, 16; jun: 8, 14; jul: 6, 12; ago: 4, 10; set: 2, 8; out: 6; nov: 4; dez: 2

8 de Maio

Amigável e espontânea, a pessoa nascida neste dia tende a ser mentalmente brilhante e a possuir charme pessoal. Às vezes, exibindo uma mistura interessante de idealismo e materialismo, você precisa de pessoas e é sociável. Por toda a sua vida, você mantém uma maneira jovial e isso mostra um lado da sua natureza que o torna encantador. Como é provável que você seja uma pessoa ambiciosa, as suas habilidades pessoais podem certamente ajudá-lo a chegar ao topo.

Com a influência adicional do seu Sol no decanato de Virgem de Touro, a sua habilidade de articulação e sua agilidade mental são ampliadas, bem como a sua capacidade de comunicação. Isso pode lhe dar habilidade para a análise crítica e o desejo de servir e aptidão natural para os negócios, além de também conferir conhecimento para adquirir recursos materiais.

♉

SOL: TOURO
DECANATO: VIRGEM/MERCÚRIO
GRAU: 16°30'-18° TOURO
MODO: FIXO
ELEMENTO: TERRA

♉

Consciente da própria imagem, você em geral está atento ao modo como se projeta e geralmente manifesta um forte senso de individualidade e estilo. O desejo de transcender as questões mundanas pode se manifestar como um desejo de experiências místicas ou, no outro extremo, como confusão, escapismo ou sonhos impossíveis. Contudo, invariavelmente, você gosta de ser honesto e direto e tem muita necessidade de liberdade. Quando combinado com a sua praticidade, isso permite que você realize o potencial para o sucesso prometido por este dia de aniversário.

Depois dos 13 anos de idade, quando o seu Sol progredido entra no signo de Gêmeos, há um desejo crescente de expressar as suas idéias e interagir mais com o seu ambiente imediato. Isso pode encorajá-lo a estudar ou a diversificar de alguma forma os seus interesses. Esta tendência prossegue até os 43 anos de idade, quando o seu Sol progredido entra no signo de Câncer. Fase de transformação, esse período acentua a importância de se sentir mais próximo das suas emoções e da sua vida doméstica e familiar. A partir dos 73 anos de idade, quando o seu Sol progredido entra no signo de Leão, você se torna mais confiante e mais forte.

O Seu Eu Secreto

Como as qualidades brilhantes e pessoais associadas ao seu dia de aniversário sugerem que você pode ser versátil, talvez seja necessário ter uma visão clara dos seus objetivos. Por meio de planos precisos, você evita a tendência à indecisão e à preocupação. O desejo de acumular dinheiro e luxos pode desviá-lo dos seus ideais, assim, para usar os seus talentos formidáveis, você precisa decidir quais são as suas verdadeiras responsabilidades. Felizmente, como é abençoado com uma boa mente e com a habilidade de aprender rapidamente, você sempre terá proteção material.

Há também uma forte possibilidade de que a educação e a escrita tenham um papel importante na sua vida, talvez depois de ter se aposentado. De qualquer maneira, seria uma excelente expressão da sua criatividade e facilidade de comunicação.

Trabalho & Vocação

A habilidade para fazer dinheiro, combinada com o seu carisma, indica que você possui o potencial de alcançar o topo na sua área profissional. A possibilidade de sucesso é especialmente enfatizada na área de vendas, negociação e promoção. Do mesmo modo, você pode sentir-se atraído para carreiras na área de publicidade e propaganda, nos meios de comunicação ou se envolver com carreiras jurídicas, políticas ou bancárias. A sua capacidade de liderança e ambição pode levá-lo a cargos executivos e gerenciais. A necessidade de auto-expressão pode inspirá-lo a desenvolver trabalhos criativos e inclui-lo no time de escritores, poetas e atores; os seus talentos artísticos podem atraí-lo ao mundo da música, do entretenimento e das artes. Há também a possibilidade de sucesso em todas as transações relacionadas à terra, como venda imobiliária, construção ou trabalho agrícola.

ESTRELAS FIXAS

Embora o grau do seu Sol não esteja associado a nenhuma estrela fixa, alguns de seus outros planetas certamente estão. Por meio do seu mapa astrológico, você pode encontrar a posição exata dos planetas na sua data de nascimento e poderá saber quais das estrelas fixas relacionadas neste livro são relevantes para você.

Numerologia

A força de vontade sugerida pelo dia de aniversário número 8 mostra uma personalidade com fortes valores e julgamento sólido. O número 8 muitas vezes indica que você aspira a grandes realizações e possui uma natureza ambiciosa. O desejo de dominação, segurança, e sucesso material também está presente neste dia de aniversário. Como uma pessoa número 8, você possui um senso natural para os negócios e pode se beneficiar enormemente se desenvolver habilidades executivas e de organização. Talvez precise aprender a administrar ou a delegar a sua autoridade de forma justa. Um forte desejo de se sentir seguro ou de se estabelecer o impele a fazer investimentos e planos de longo prazo. A subinfluência do mês número 5 indica que você é uma pessoa entusiasta e inquieta, com muita força de vontade. Despreocupado, você se beneficia quando pode expressar os seus sentimentos. Com autodisciplina e perspectiva positiva, você pode causar a impressão certa e obter controle sobre as situações.

Positivo: liderança, precisão, trabalho duro, tradição, autoridade, proteção, poder de cura, bom julgamento de valores

Negativo: impaciência, desperdício, intolerância, inquietação, excesso de trabalho, dominação, fácil desencorajamento, falta de planejamento, comportamento controlador

Amor & Relacionamentos

A sua necessidade de estabilidade, segurança e recursos para viver em um determinado estilo de vida sugere que você tem interesse em pessoas que podem ajudá-lo financeiramente e muitas vezes pede ajuda aos amigos. Idealista mas prático, você é uma pessoa amigável e sociável e precisa da segurança de parceiros leais. Afetuoso e amoroso, você pode ser romântico com as pessoas que gosta, mas, para manter-se feliz, garante uma estabilidade financeira duradoura para não sofrer desilusões se as pessoas não corresponderem às suas expectativas elevadas.

ALGUÉM ESPECIAL

Para encontrar a felicidade duradoura, segurança e um parceiro amoroso, comece procurando por alguém nascido em uma das seguintes datas:

Amor & amizade: jan: 6, 8, 14, 18, 23, 26, 28; fev: 4, 10, 12, 21, 24, 26; mar: 2, 10, 12, 14, 19, 22, 24; abr: 8, 14, 17, 20, 22; mai: 6, 15, 16, 18, 20; jun: 4, 13, 16, 18; jul: 2, 11, 14, 16, 20; ago: 9, 12, 14, 22; set: 2, 7, 10, 12, 24; out: 5, 8, 10, 26; nov: 3, 6, 8, 28; dez: 1, 4, 6, 30

Relacionamentos benéficos: jan: 9, 12; fev: 7, 10; mar: 5, 8; abr: 3, 6; mai: 1, 4; jun: 2, 30; jul: 28; ago: 26, 30, 31; set: 24, 28, 29; out: 22, 26, 27; nov: 20, 24, 25; dez: 18, 22, 23, 29

Atrações fatais: nov: 9, 10, 11, 12

Relacionamentos desafiantes: jan: 11, 13, 29; fev: 9, 11; mar: 7, 9, 30; abr: 5, 7, 28; mai: 3, 5, 26, 31; jun: 1, 3, 24, 29; jul: 1, 22, 27; ago: 20, 25; set: 18, 23, 30; out: 16, 21, 28; nov: 14, 19, 26; dez: 12, 17, 24

Alma gêmea: jan: 12, 29; fev: 10, 27; mar: 8, 25; abr: 6, 23; mai: 4, 21; jun: 2, 19; jul: 17; ago: 15; set: 13; out: 11; nov: 9; dez: 7

9 de Maio

O dia do seu aniversário sugere que você é uma pessoa orientada para o sucesso, ambiciosa e inteligente e que tem as habilidades necessárias para conquistar a felicidade. Cheio de energia e impulso, você é motivado pela promessa de recompensas imediatas e em geral tem sempre um plano ou esquema prontos para serem colocados em ação. Muito arguto e rápido para avaliar pessoas e situações, você está constantemente à procura de oportunidades e gosta de grandes projetos.

A influência adicional do seu Sol no decanato de Virgem de Touro sugere que, com a sua agilidade mental, você é uma pessoa bastante lógica, analítica e técnica. A sua abordagem prática lhe dá um senso natural para os negócios e você gosta de servir. Como as suas qualidades sensuais são ampliadas, você é uma pessoa amorosa, mas tome cuidado para não se deixar levar por nenhuma forma de auto-indulgência.

♉

SOL: TOURO
DECANATO: VIRGEM/MERCÚRIO
GRAU: 17°30'- 19° TOURO
MODO: FIXO
ELEMENTO: TERRA

♉

Como é uma pessoa independente e que sabe planejar e organizar, você pode assumir a responsabilidade de todos os tipos de projetos. A sua generosidade e o seu otimismo fazem com que as pessoas gostem de você e aumentam a sua fortuna. Porém, você precisa se prevenir contra a inflexibilidade radical que pode às vezes se manifestar. Como você possui todos os ingredientes para o sucesso, precisa apenas ter autodisciplina para usar as possibilidades fantásticas associadas a este dia de nascimento.

Depois dos 12 anos de idade, quando o seu Sol progredido entra no signo de Gêmeos, o ritmo da sua vida se intensifica e há uma ênfase maior no seu relacionamento com as pessoas, bem como na importância do aprendizado e da comunicação em geral. Essa tendência prossegue até os 42 anos de idade, quando o seu Sol progredido entra no signo de Câncer. Os anos seguintes acentuam a crescente importância da intimidade e da segurança emocional. A partir dos 72 anos de idade, quando o seu Sol progredido entra no signo de Leão, a ênfase da sua vida pode passar dos assuntos domésticos para a criatividade e necessidade de auto-expressão.

O Seu Eu Secreto

Ainda que você já possa ter aprendido cedo na vida que dinheiro é poder, pode também vir a perceber que o sucesso material nem sempre traz a felicidade. Você tem uma habilidade natural para fazer dinheiro se for realmente determinado e trabalhador, mas pode descobrir que a realização e a satisfação vêm da manifestação da sua natureza interior idealista. Com a sua flexibilidade intelectual e seu pensamento inventivo, você está sempre à frente do seu tempo e pode se interessar em mudar atitudes sociais. Isso pode se manifestar como um interesse humanitário ou filantrópico que pode acentuar a sua capacidade de se distinguir quando está em posição de liderança. Como é naturalmente uma pessoa de *liaison*, você conhece pessoas de diferentes grupos e pode dar a elas informações benéficas.

Trabalho & Vocação

Empreendedor e ambicioso, você tem um senso agudo natural para os negócios que pode lhe trazer muitas recompensas, embora a autodisciplina seja fundamental. O seu inegável charme pode levá-lo a se distinguir na área de prestação de serviços e é provável que você prefira carreiras que tenham contato com o público a profissões solitárias. Com o seu otimismo e grandes planos, você gosta de iniciar novos projetos nos quais tenha uma posição de liderança. Você é avesso a obedecer ordens, o que pode encorajá-lo a trabalhar por conta própria. Entre os muitos talentos que possui, você tem habilidades executivas e de organização que podem levá-lo a postos superiores como oficial, servidor civil, juiz ou banqueiro. Se quiser ser famoso, pode explorar os seus talentos criativos como ator ou político.

♉

ESTRELAS FIXAS

Embora o grau do seu Sol não esteja associado a nenhuma estrela fixa, alguns de seus outros planetas certamente estão. Por meio do seu mapa astrológico, você pode encontrar a posição exata dos planetas na sua data de nascimento e poderá saber quais das estrelas fixas relacionadas neste livro são relevantes para você.

♉

Numerologia

Benevolência, compaixão e sensibilidade são qualidades associadas ao dia de aniversário número 9. Você, muitas vezes, é considerada uma pessoa inteligente e intuitiva, com habilidades psíquicas que indicam uma receptividade universal. Além de aprender a ser impessoal, você deve desenvolver a compreensão, a tolerância e a paciência. Pode se beneficiar em muito com viagens pelo mundo e com a interação com pessoas diferentes. Evite se deixar levar por sonhos irreais ou pela inclinação pelo escapismo. A subinfluência do mês número 5 indica que você é uma pessoa entusiasmada e aventureira e que gosta de manter-se ocupada e ativa. Você prefere trabalhar por conta própria, pois não gosta de obedecer aos outros. Por meio do trabalho duro e da autodisciplina, você pode desenvolver uma maneira mais criativa de ver a vida. Como precisa tanto de liberdade quanto de estabilidade, beneficia-se se tiver uma rotina organizada e prática, mas deve evitar cair em um dia-a-dia confortável demais.

- **Positivo**: idealismo, humanitarismo, criatividade, sensibilidade, generosidade, magnetismo, perspectiva poética, caridade, desapego, sorte, popularidade
- **Negativo**: frustração, nervosismo, incerteza, egoísmo, falta de praticidade, amargura, tendência a ser facilmente levado, complexo de inferioridade, medo

Amor & Relacionamentos

Criativa e com desejos poderosos, você é uma pessoa carismática com fortes convicções. Amigo leal, você é generoso com as pessoas que ama. Gregário e sociável, você gosta de flertar e de atrair muitas oportunidades sociais e românticas. Quando encontra alguma nova pessoa, pode se inspirar e revelar sua natureza passional e dramática. Contudo, você provavelmente precisa levar em consideração os sentimentos do seu parceiro e evitar se comportar de forma dominadora; quando está inspirado, você pode dedicar a sua vida a alguma visão mais elevada e se tornar um grande defensor de uma causa.

ALGUÉM ESPECIAL

Para encontrar alguém especial, procure entre as pessoas nascidas nas seguintes datas:

Amor & amizade: jan: 6, 15, 19, 29, 31; fev: 4, 13, 27, 29; mar: 2, 11, 25, 27; abr: 9, 23, 25; mai: 7, 21, 23; jun: 5, 19, 21; jul: 3, 17, 19, 30 ; ago: 1, 15, 17, 28 ; set: 13, 15, 26 ; out: 11, 13, 24; nov: 9, 11, 22; dez: 7, 9, 20

Relacionamentos benéficos: jan: 13, 15, 19; fev: 11, 13, 17; mar: 9, 11, 15; abr: 7, 9, 13; mai: 5, 7, 11; jun: 3, 5, 9; jul: 1, 3, 7, 29; ago: 1, 5, 27, 31; set: 3, 25, 29; out: 1, 23, 27; nov: 21, 25; dez: 19, 23

Atrações fatais: mai: 30; jun: 28; jul: 26; ago: 24; set: 22; out: 20; nov: 10, 11, 12, 18; dez: 16

Relacionamentos desafiantes: jan: 12; fev: 10; mar: 8; abr: 6; mai: 4; jun: 2; ago: 31; set: 29; out: 27, 29, 30; nov: 25, 27, 28; dez: 23, 25, 26, 30

Alma gêmea: jan: 2, 28; fev: 26; mar: 24; abr: 22; mai: 20; jun: 18; jul: 16; ago: 14; set: 12; out: 10; nov: 8; dez: 6

10 de Maio

Prático e independente, como mostra o dia de seu aniversário, você é uma pessoa ambiciosa e de mente aberta e poderosa. Preferindo manter-se ocupado, você tem vitalidade e é capaz de tomar decisões rápidas. A tendência ao desapontamento ou à frustração pode às vezes enfraquecer a sua positividade, por isso é vital ter uma meta definida ou uma causa pela qual valha a pena lutar.

Com a influência adicional do seu Sol no decanato de Virgem de Touro, você é uma pessoa articulada e cheia de recursos e, muitas vezes, intelectualmente dotada. Isso sugere uma capacidade crítica ou uma habilidade para lidar com trabalhos minuciosos, técnicos ou de pesquisa. A ênfase prática dessa combinação também aponta para um senso natural para os negócios ou uma capacidade de avaliar situações monetárias

Em geral, você prefere sentir-se livre para tomar as próprias decisões, e não gosta de obedecer aos outros. A sua habilidade em inspirar as pessoas com grandes planos e entusiasmo indica que você tem o potencial para organizar empreendimentos novos e interessantes. Contudo, se ficar obstinado e teimoso, pode perder a admiração que deseja e se tornar inseguro. Felizmente, você também possui um senso de humor maravilhoso que pode evitar uma possível obsessão ou compulsão.

♉

SOL: TOURO
DECANATO: VIRGEM/MERCÚRIO
GRAU: 18°30'-20° TOURO
MODO: FIXO
ELEMENTO: TERRA

♉

Por volta dos 11 anos de idade, quando o seu Sol progredido entra no signo de Gêmeos, é provável que você passe por algumas mudanças e descubra novos interesses. Nos trinta anos seguintes, os estudos e o relacionamento com outras pessoas se tornam mais importantes para você. Há uma outra transformação aos 41 anos de idade, quando o seu Sol progredido entra no signo de Câncer. A partir dessa fase, você fica mais sensível e há uma ênfase maior nas questões familiares e domésticas. Depois de 71 um anos de idade, quando o seu Sol progredido entra no signo de Leão, você se fortalece e se expressa com mais confiança.

O Seu Eu Secreto

Muitos dos desafios que precisa enfrentar se relacionam com questões financeiras. Você possui uma excelente habilidade para avaliar as situações, o que lhe dá um senso natural de autoridade, mas você pode também ser uma pessoa de extremos. Por um lado, você é idealista, generoso, extravagante e ousado; por outro, pode ser materialista, egoísta e muito voltado para a segurança. É importante integrar esses opostos e encontrar um equilíbrio. Faça economia dentro de um esquema realista e evite impulsos de extravagâncias.

Quando se distancia, pode ter uma visão da vida humanitária, a partir de uma ampla perspectiva, disposto a servir as pessoas. A sua visão objetiva pode se manifestar como uma intuição que pode ajudá-lo na sua busca pela iluminação e nas questões mais mundanas.

Trabalho & Vocação

Como é uma pessoa muito independente e prefere dar ordens a recebê-las, você se sai melhor em alguma posição de autoridade ou, se trabalha com algum grupo, onde tenha liberdade de fazer as coisas da sua maneira. Você muitas vezes gosta de iniciar projetos, de se envolver com idéias progressistas ou na construção de imagens. Entretanto, o lado mais pragmático da sua natureza pode levá-lo a trabalhar na área bancária, comercial ou da Bolsa de Valores; a sua excelente capacidade mental e habilidade psicológica podem levá-lo às carreiras do magistério, da ciência ou a algum tipo de trabalho comunitário. Muitas pessoas nascidas neste dia têm habilidade natural para a cura, que pode se manifestar por meio de uma carreira em medicina ou terapias alternativas. O seu incrível talento para lidar com as pessoas muitas vezes desempenha um grande papel em qualquer carreira que escolha.

♉

ESTRELAS FIXAS

Embora o grau do seu Sol não esteja associado a nenhuma estrela fixa, alguns de seus outros planetas certamente estão. Por meio do seu mapa astrológico, você pode encontrar a posição exata dos planetas na sua data de nascimento e poderá saber quais das estrelas fixas relacionadas neste livro são relevantes para você.

♉

Numerologia

Como as pessoas com o dia de aniversário número 1, você é ambicioso e independente. Mesmo que precise superar desafios antes de conquistar os seus objetivos, você sempre alcança a realização com determinação. O seu espírito pioneiro muitas vezes o encoraja a viajar e a se aventurar por conta própria. Com o dia de aniversário número 10, você precisa aprender que o mundo não gira ao seu redor e que deve evitar o autoritarismo. A subinfluência do mês número 5 indica que você é uma pessoa animada, com fortes instintos. Muitas vezes idealista, você pode inspirar os outros com as suas idéias e planos. Porém, caso se sinta restringido, você pode se rebelar e ser destrutivo. Com uma boa capacidade de armar estratégias, você precisa aprender a aplicar as suas habilidades práticas e a usar a sua imaginação. Evite tomar decisões precipitadamente ou seguir adiante sem um plano de ação adequado. Crie harmonia na sua vida e encontre um equilíbrio entre as suas aspirações e o poder de transformá-las em realidade.

Positivo: liderança, criatividade, atitudes progressistas, vigor, otimismo, fortes convicções, competitividade, independência, temperamento gregário

Negativo: natureza arrogante, ciúme, egotismo, orgulho excessivo, antagonismo, falta de controle, egoísmo, instabilidade, impaciência

Amor & Relacionamentos

Embora pareça ser uma pessoa pouco emotiva, você esconde uma natureza amável e amorosa. Você se sente feliz na companhia de pessoas com quem compartilha algum tipo de atividade intelectual. Ocasionalmente, você pode ficar muito sério e precisa desenvolver uma visão de vida mais impessoal. Com facilidade de comunicação, você tem um bom relacionamento com a maior parte das pessoas e com pessoas de grupos diferentes. Contudo, a sua insegurança oculta pode se manifestar de forma negativa, por meio do dogmatismo e do excesso de indulgência. As parcerias podem ser especialmente benéficas se houver equilíbrio entre o que você dá e recebe.

ALGUÉM ESPECIAL

Você pode encontrar um parceiro inspirador entre as pessoas nascidas nas seguintes datas:

Amor & amizade: jan: 6, 16, 20; fev: 4, 14; mar: 2, 12, 28, 30; abr: 10, 26, 28; mai: 8, 24, 26, 30; jun: 6, 22, 24, 28; jul: 4, 20, 22, 26, 31; ago: 2, 18, 20, 24, 29 ; set: 4, 16, 18, 22, 27; out: 14, 16, 20, 25; nov: 12, 14, 18, 23; dez: 10, 12, 16, 21

Relacionamentos benéficos: jan: 9, 14, 16; fev: 7, 12, 14; mar: 5, 10, 12; abr: 3, 8, 10; mai: 1, 6, 8; jun: 4, 6; jul: 2, 4; ago: 2; set: 30; out: 28; nov: 26, 30; dez: 24, 28, 29

Atrações fatais: jan: 21; fev: 19; mar: 17; abr: 15; mai: 13; jun: 11; jul: 9; ago: 7; set: 5; out: 3; nov: 1, 11, 12, 13

Relacionamentos desafiantes: jan: 4, 13, 18; fev: 2, 11, 26; mar: 9, 24; abr: 7, 22; mai: 5, 20; jun: 3, 18; jul: 1, 16; ago: 14; set: 12; out: 10, 31; nov: 8, 29; dez: 6, 27

Alma gêmea: jan: 15, 22; fev: 13, 20; mar: 11, 18; abr: 9, 16; mai: 7, 14; jun: 5, 12; jul: 3, 10; ago: 1, 8; set: 6; out: 4; nov: 2

11 de Maio

Ambicioso e determinado, você tem a força de vontade e a capacidade para realizar as maravilhosas potencialidades inerentes aos seu dia de aniversário. Pragmático, ativo e produtivo, você precisa sentir que está expandindo os seus horizontes e construindo um futuro sólido e seguro. A sua capacidade de organização acima da média, o senso de oportunidade e a capacidade para lidar com as pessoas garantem a sua realização. Ainda que às vezes possa ser uma pessoa hesitante, depois que você se decide por alguma coisa tem uma maneira direta e objetiva para alcançar as suas metas, o que o faz sem desperdício de tempo.

A influência de Capricórnio, o regente do seu decanato, sugere que você é uma pessoa trabalhadora e que assume com seriedade as suas responsabilidades. Uma capacidade natural para lidar com dinheiro também indica que você pode ser prudente quando se faz necessário. Como enfatiza a lealdade e a confiabilidade, você é respeitado pelas outras pessoas. Como dá valor ao prestígio, isso pode ser especialmente importante para você.

♉

SOL: TOURO
DECANATO: CAPRICÓRNIO/SATURNO
GRAU: 19°30'-21° TOURO
MODO: FIXO
ELEMENTO: TERRA

♉

Com um lado um tanto quanto conservador, você pode ser surpreendentemente pouco convencional e ter idéias fora do comum. Em geral, é uma pessoa confiante, e pode confiar na sua intuição, mas deve evitar a tendência à irritação e à obstinação. Isso pode desacelerar o ritmo da sua tenaz subida na ladeira do sucesso.

Por volta dos 10 anos de idade, quando o seu Sol progredido entra no signo de Gêmeos, você pode descobrir novos interesses e se tornar mais sociável. Nos trinta anos seguintes, os estudos e o aprendizado de novas habilidades se tornam mais importantes para você. Depois dos 40 anos de idade, a sua vida passa por uma outra grande mudança, quando o seu Sol progredido entra no signo de Câncer. Essa influência acentua a necessidade de se sentir emocionalmente mais próximo das outras pessoas e há muitas vezes uma ênfase crescente nos assuntos relacionados à vida doméstica e familiar. Depois dos 70 anos de idade, quando o seu Sol progredido entra no signo de Leão, você se fortalece e se torna mais confiante e sociável.

O Seu Eu Secreto

O seu senso dramático interior, combinado com o seu senso natural para os negócios, garante que com o trabalho duro você pode alcançar uma posição de destaque. O seu amor pelo conhecimento e a sua mente afiada lhe dão a habilidade de lidar com qualquer situação. Um dos possíveis obstáculos para a sua realização é a tendência a sobrecarregar a sua mente e cair em um estado de ceticismo e dúvida excessivos. Como possui uma personalidade forte e emite as suas opiniões independentemente dos outros, é importante não sobrecarregar as pessoas com as suas fortes emoções. Uma maneira de obter um autocontrole é confiar na sua percepção intuitiva e desenvolver a sua força de vontade com metas que estejam um pouco além do seu alcance. Isso pode ajudá-lo a desenvolver a sua autoconfiança e fé para realizar os seus sonhos inspirados.

Trabalho & Vocação

Você gosta de poder, estrutura e eficácia, embora possua uma percepção emocional e sensibilidade. Essa combinação pode trabalhar a seu favor em todas as áreas, do manuseio de bens materiais ao mundo criativo. O seu charme agradável pode também ajudá-lo em muito no seu relacionamento com as pessoas e garantir o seu sucesso em carreiras associadas ao contato social. Você certamente prefere o poder conferido pelo trabalho autônomo, pois não se sente bem em posição subalterna. Contudo, como você tem consciência da importância da cooperação, sabe que precisa deixar de lado a sua atitude independente quando está envolvido em um trabalho de equipe. Esta data de aniversário sugere muitas vezes um talento musical, criativo ou dramático que pode ser usado com fins comerciais.

ESTRELAS FIXAS

Embora o grau do seu Sol não esteja associado a nenhuma estrela fixa, alguns de seus outros planetas certamente estão. Por meio do seu mapa astrológico, você pode encontrar a posição exata dos planetas na sua data de nascimento e poderá saber quais das estrelas fixas relacionadas neste livro são relevantes para você.

Numerologia

A vibração especial do dia de aniversário no número-mestre 1 sugere que o idealismo, a inspiração e a inovação são muito importantes para você. Uma combinação de humildade e confiança muitas vezes o desafia a trabalhar para adquirir um autocontrole material e espiritual. Ainda que possua poderes intuitivos, você pode desperdiçar a sua energia e muitas vezes precisa ter um objetivo claro. Assuma as suas responsabilidades mais seriamente. Muitas vezes, você é muito dinâmico e gosta de vitalidade, mas deve evitar o excesso de ansiedade ou a falta de praticidade. A subinfluência do mês número 5 indica que você é uma pessoa animada e enérgica, mas precisa de tempo para desenvolver os seus pensamentos e idéias. Confiável e um bom confidente, você sabe guardar segredos. Talvez precise estabelecer um equilíbrio entre os próprios desejos e os deveres para com os outros. Perceptivo, você presta atenção aos detalhes, mas deve evitar o criticismo e a desconfiança.

Positivo: equilíbrio, foco, objetividade, entusiasmo, inspiração, espiritualidade, idealismo, intuição, inteligência, natureza despreocupada, inventividade, habilidade artística, orientação para servir, habilidade de cura, humanitarismo, fé, capacidade psíquica

Negativo: complexo de superioridade, desonestidade, falta de objetivo, excesso de emotividade, tendência a ser magoar facilmente, egoísmo, falta de clareza, crueldade, comportamento dominador, mesquinhez

Amor & Relacionamentos

Sensível e criativo, você guarda dentro de si uma abundância de sentimentos e pode ser uma pessoa muito sociável. Mesmo sendo em geral uma pessoa confiante, você pode ser emocionalmente indeciso no tocante ao amor, especialmente se se deixar envolver em mais de um relacionamento. No entanto, você costuma ser uma pessoa leal e afetuosa e não deve subestimar o poder do amor. Você é capaz de fazer grandes sacrifícios, mas não se martirize com parceiros indignos e evite o ciúme e a possessividade. O amor pela arte, pela beleza e pela música sugere que você precisa de algum canal para expressar as suas emoções e que gosta da companhia de pessoas criativas.

ALGUÉM ESPECIAL

Você pode encontrar o amor, a felicidade e aquele alguém especial entre as pessoas nascidas nas seguintes datas:

Amor & amizade: jan: 7, 17, 20, 21; fev: 5, 15, 18; mar: 3, 13, 16, 17, 29, 31; abr: 1, 11, 14, 27, 29; mai: 9, 12, 25, 27; jun: 7, 10, 23, 25; jul: 5, 8, 21, 23; ago: 3, 6, 19, 21 ; set: 1, 4, 5, 17, 19; out: 2, 15, 17; nov: 13, 15, 30; dez: 11, 13, 28

Relacionamentos benéficos: jan: 15, 17, 28; fev: 13, 15, 26; mar: 11, 13, 24; abr: 9, 11, 22; mai: 7, 9, 20; jun: 5, 7, 18; jul: 3, 5, 16; ago: 1, 31, 4; set: 1, 12; out: 10, 29; nov: 8, 27; dez: 6, 25

Atrações fatais: jan: 5; fev: 3; mar: 1; nov:12, 13, 14

Relacionamentos desafiantes: jan: 4, 5, 14; fev: 2, 3, 12; mar: 1, 10; abr: 8, 30; mai: 6, 28; jun: 4, 26; jul: 2, 24; ago: 22; set: 20; out: 18; nov: 16; dez: 14

Alma gêmea: jan: 2; mar: 29; abr: 27; mai: 25; jun: 23; jul: 21; ago: 19; set: 17; out: 15; nov: 13; dez: 11

12 de Maio

O dia do seu aniversário revela que você é uma pessoa trabalhadora e charmosa, sincera e sociável. Apesar de amoroso e espontâneo, você é uma pessoa firme e conscienciosa. Isso pode, às vezes, provocar um conflito entre o seu trabalho e os desejos do seu coração. Você tem muitos amizades e, graças à sua força, é um amigo leal e confiável.

Com a influência adicional de Capricórnio, o regente do seu decanato, você é, na maioria das vezes, uma pessoa responsável e dá importância ao prestígio e ao *status*. A segurança material é importante para você, por isso gosta de fazer planos a longo prazo. A influência prática também sugere uma boa capacidade de concentração e de precisão quanto ao que deseja atingir. Um toque de perfeccionismo implica que, caso se comprometa com um trabalho, quer fazê-lo da melhor maneira possível. Isso pode sugerir que você tem força de vontade, diligência e autocontrole, mas tome cuidado para que esse controle não se degenere em teimosia.

♉

SOL: TOURO
DECANATO: CAPRICÓRNIO/SATURNO
GRAU: 20°-21°30' TOURO
MODO: FIXO
ELEMENTO: TERRA

♉

A qualidade sociável do seu dia de aniversário sugere que você gosta de compartilhar com os outros e é generoso e gregário. Você pode ser um forte aliado, um excelente pai, e muito protetor com os seus familiares. Como gosta da beleza e do luxo, e tem bom gosto, a sua casa é um local atraente e confortável.

Depois dos 9 anos de idade, quando o seu Sol progredido entra no signo de Gêmeos, há um crescente desejo de se inter-relacionar com as outras pessoas do seu ambiente imediato. Nos trinta anos seguintes, essa influência pode encorajá-lo a estudar ou a desenvolver, de alguma forma, a sua capacidade de comunicação, tendência que prossegue até cerca dos 39 anos de idade, quando o seu Sol progredido entra no signo de Câncer. Essa fase marca uma virada, acentuando a crescente importância da vida doméstica e a necessidade de cuidar emocionalmente de si mesmo e dos outros. Depois dos 69 anos de idade, quando o seu Sol progredido entra no signo de Leão, você desenvolve a sua autoconfiança e capacidade de auto-expressão.

O Seu Eu Secreto

A sua abertura pode se manifestar por meio do amor pela natureza, pela arte ou pela música, que, se for desenvolvido, tem o potencial de alçá-lo a uma consciência quase mística. Quando exibe positivamente a sua grandeza de coração, como um amor universal pelas pessoas, você pode aceitar ou amar incondicionalmente e sentir uma compaixão genuína. As suas poderosas emoções também podem se manifestar negativamente, como desapontamento, frustração e inabilidade para se esquecer do passado. Porém, por meio das experiências, você passa a valorizar o poder do amor.

Você é o tipo de pessoa a quem as outras procuram para fazer confidências. Como conselheiro, você tem capacidade de fazer com que as pessoas tenham uma visão mais distanciada das próprias situações ao mesmo tempo em que percebem a sua atenção. Contudo, se cair no negativismo, corre o risco de se auto-sacrificar e até mesmo cair em uma condição de autopiedade. Felizmente, você também possui características maravilhosas e divertidas que emergem inesperadamente, surpreendendo e encantando as pessoas.

Trabalho & Vocação

O seu senso de responsabilidade conquista o respeito dos seus empregadores; se trabalhar por conta própria, ele garante a sua capacidade de cumprir com os seus compromissos. Em geral, você se sente melhor quando trabalha com outras pessoas e, com o seu charme natural, tem habilidade de combinar negócios e prazer. O lado atencioso da sua natureza pode atraí-lo para uma carreira que envolva servir aos outros, como aconselhamento ou magistério, e você, em geral, é um empregador protetor. Você se sente bem no mundo da cura e pode se sair bem na área da saúde, em vez de se deixar levar pelo excesso de sentimentalismo. Como você possui um bom senso para os negócios, pode muitas vezes transformar os seus talentos em recompensas materiais. O grande apreço que tem por beleza, natureza e formas pode levá-lo a seguir uma carreira criativa, como a de artista, *designer*, músico ou paisagista. As pessoas que nascem neste dia podem muitas vezes se envolver em trabalhos de caridade.

♉

ESTRELAS FIXAS

Embora o grau do seu Sol não esteja associado a nenhuma estrela fixa, alguns de seus outros planetas certamente estão. Por do seu mapa astrológico, você pode encontrar a posição exata dos planetas na sua data de nascimento e poderá saber quais das estrelas fixas relacionadas neste livro são relevantes para você.

♉

Numerologia

Usualmente, você é uma pessoa intuitiva e amigável e possui uma boa capacidade de raciocínio. O desejo de estabelecer a sua verdadeira individualidade é muitas vezes sugerido pelo dia de aniversário número 12. Inovador e sensível, você sabe como usar o tato e métodos cooperativos para alcançar os seus objetivos. As outras pessoas o vêem como alguém confiante, embora possa duvidar de si mesmo e ser desconfiado, o que pode minar a sua usual personalidade despreocupada e perspectiva otimista. Quando alcança o equilíbrio entre a sua necessidade de se definir e a inclinação para apoiar as outras pessoas, pode encontrar a satisfação emocional e a realização pessoal. A subinfluência do mês número 5 indica que você se beneficia quando assume uma perspectiva realista. A necessidade de organização e responsabilidade muitas vezes sugere que você sabe prestar atenção aos detalhes. Ambicioso e trabalhador, você aprende pela observação e pelo desenvolvimento das suas habilidades. Com perseverança, determinação e trabalho duro, você pode alcançar o sucesso. Você precisa de solidão para se entregar à reflexão e recuperar as suas energias.

Positivo: criatividade, atratividade, iniciativa, atitude disciplinada, promoção de si e dos outros

Negativo: reclusão, excentricidade, comportamento pouco cooperativo, excesso de sensibilidade, falta de auto-estima

Amor & Relacionamentos

Idealista e romântico, você em geral gosta de ter relacionamentos sérios. Você é naturalmente charmoso e se atrai por pessoas sensíveis ou atraentes. Muitas vezes, está disposto a se sacrificar pelo amor. Todavia, precisa tomar cuidado para não se martirizar por alguém antes de saber se vale realmente a pena. A sua amabilidade e compreensão faz com que as pessoas o procurem para pedir conselho e consolo, mas quando se magoa pode se recolher e perder a vontade de se comunicar. Às vezes, as pessoas nascidas neste dia têm relacionamentos próximos com pessoas de faixas etárias diferentes da sua.

ALGUÉM ESPECIAL

Você pode encontrar um parceiro que entenda a sua sensibilidade e necessidade de amor entre as pessoas nascidas nas seguintes datas:

Amor & amizade: jan: 4, 8, 18, 19, 22, 23; fev: 2, 6, 16, 17, 21; mar: 4, 14, 15, 19, 28, 30; abr: 2, 12, 13, 17, 26, 28, 30; mai: 10, 11, 15, 24, 26, 28; jun: 8, 9, 13, 22, 24, 26; jul: 6, 7, 10, 11, 20, 22, 24, 30; ago: 4, 5, 9, 18, 20, 22, 28; set: 2, 3, 6, 7, 16, 18, 20, 26; out: 1, 5, 14, 16, 18, 24; nov: 3, 12, 14, 16, 22; dez: 1, 10, 12, 14, 20

Relacionamentos benéficos: jan: 5, 16, 27; fev: 3, 14, 25; mar: 1, 12, 23; abr: 10, 21; mai: 8, 19; jun: 6, 17; jul: 4, 15; ago: 2, 13; set: 11; out: 9, 30; nov: 7, 28; dez: 5, 26, 30

Atrações fatais: jan: 17; fev: 15; mar: 13; abr: 11; mai: 9; jun: 7; jul: 5; ago: 3; set: 1; nov:13, 14, 15

Relacionamentos desafiantes: jan: 1, 10, 15; fev: 8, 13; mar: 6, 11; abr: 4, 9; mai: 2, 7; jun: 5; jul: 3, 29; ago: 1, 27; set: 25; out: 23; nov: 21; dez: 19, 29

Alma gêmea: ago: 30; set: 28; out: 26; nov: 24; dez: 22

13 de Maio

Um carisma natural e habilidade para lidar com as pessoas são indicados pelo seu dia de aniversário em Touro. Com um jeito despreocupado, franco e honesto, você é uma pessoa amável e modesta, capaz e paciente.

A influência do seu Sol no decanato de Capricórnio mostra que você é uma pessoa trabalhadora e que pode ter um certo toque de Midas. Criterioso e prudente, você gosta de fazer investimentos de longo prazo. O prestígio pode ser importante para você, por isso costuma se apresentar com dignidade. O forte senso de responsabilidade indicado por essa influência é em geral benéfico, contanto que não resulte em assumir para si os problemas das outras pessoas.

Embora pareça uma pessoa pragmática, você muitas vezes pensa de forma irracional e toma decisões com base em sua intuição. Mesmo que não seja especialmente agressivo no tocante às próprias necessidades, defende com ardor os oprimidos ou uma causa justa. Com grande senso comum e uma perspectiva construtiva, você pode apoiar com vigor as outras pessoas. Contudo, às vezes, a insatisfação consigo mesmo e com os outros pode torná-lo excessivamente crítico; a sua natureza protetora pode se apresentar como um problema se muitas pessoas se apoiarem em você, provocando irritabilidade e obstinação. Felizmente, a sua atitude graciosa pode restaurar as situações e trazer de volta a harmonia de que você necessita.

♉

SOL: TOURO
DECANATO: CAPRICÓRNIO/SATURNO
GRAU: 21°-22°30' TOURO
MODO: FIXO
ELEMENTO: TERRA

♉

Depois dos 8 anos de idade, quando o seu Sol progredido entra no signo de Gêmeos, e nos trinta anos seguintes, há uma ênfase crescente na inter-relação com as outras pessoas do seu ambiente imediato, bem como nos estudos e na comunicação. Depois dos 38 anos de idade, quando o seu Sol progredido entra no signo de Câncer, sua vida passa por uma grande transformação, com a crescente importância dos seus sentimentos, casa e família. Depois dos 68 anos de idade, quando o seu Sol progredido entra no signo de Leão, você se fortalece e fica mais confiante.

O Seu Eu Secreto

Como você possui um senso estético natural, sabe lidar com formas e cores. A sua elegância e seu estilo são visíveis na decoração da sua casa ou na sua aparência. Você possui um charme amável e muito jeito para lidar com as pessoas, mas é por intermédio da auto-expressão que você realmente adquire fé e confiança nas suas habilidades. Essa confiança em si mesmo pode ser abalada pela frustração e pela incerteza quanto às suas escolhas na vida. É melhor se descartar de situações que impedem o seu progresso do que se deixar levar pelo desencorajamento ou pelo desapontamento.

De uma maneira geral, este dia de nascimento sugere bem-estar, conforto físico e segurança emocional. A sua casa e seus amigos ocupam um papel importante na sua vida. Muitas vezes, as oportunidades surgem de fontes imprevisíveis e podem não ser percebidas na sua aparência comum, cotidiana. Entretanto, você não deve desprezá-las pois elas podem trazer-lhe vantagens e benefícios que só mais tarde se provarão importantes.

Trabalho & Vocação

Como é inteligente, confiável e leal, terá a estima dos seus empregadores em qualquer carreira que escolher, mesmo se não for uma pessoa especialmente ambiciosa. As pessoas percebem que você possui uma mente aberta, charme e graciosidade, o que faz com que seja capaz de se distinguir em ocupações associadas ao público, como vendas. Como é naturalmente filosófico, pode ser atraído pelo magistério ou pela advocacia. O seu amor inato pela beleza e pela harmonia muita vezes o leva a se expressar muito bem na área artística, teatral ou musical, e especialmente em projetos que envolvam ambientes domésticos, como decoração de interiores, culinária e *design*. Você também pode ser muito bem-sucedido em trabalhos ligados à terra, como, por exemplo, paisagismo, construção ou especulação imobiliária.

ESTRELA FIXA

Nome da estrela:
Zanrak

Posição:
22°33'-23°32' de Touro, entre os anos de 1930 e 2000

Magnitude:
3

Força:
★★★★★★

Órb:
1°40'

Constelação:
Gamma Eridani

Dias:
13, 14, 15 e 16 de maio

Qualidades da estrela:
Saturno

Descrição:
estrela vermelha localizada no rio Eridanus

Numerologia

Sensibilidade emocional e inspiração são muitas vezes identificadas com o dia de aniversário número13. Numericamente, você está associado ao trabalho duro e pode fazer muito por meio da determinação e devido ao seu talento. Porém, deve desenvolver a autodisciplina se quiser transformar os seus talentos criativos em resultados concretos. Com dedicação, você pode alcançar a prosperidade. Com o dia de aniversário número 13, você é uma pessoa charmosa, que gosta de se divertir e possui uma personalidade sociável. Como muitos indivíduos que fazem aniversário neste dia, você gosta de viajar ou de se estabelecer em um novo ambiente para ter uma vida melhor. A subinfluência do mês número 5 indica que você é uma pessoa intuitiva e receptiva, com necessidade de segurança material. Quando está inspirado, você se sente motivado e tem disposição para trabalhar duro. Freqüentemente persuasivo e convincente, você pode promover causas humanitárias e trabalhar pelos que precisam de ajuda e apoio. Você se beneficia se mantiver a mente aberta e uma atitude liberal.

Positivo: ambição, criatividade, amor à liberdade, auto-expressão, iniciativa

Negativo: impulsividade, indecisão, autoritarismo, natureza pouco emotiva, rebeldia

Amor & Relacionamentos

Com muita vitalidade emocional, você muitas vezes nutre expectativas elevadas quanto aos seus relacionamentos. Usualmente com muita sorte em atrair o sexo oposto, você deve tomar cuidado para não ficar muito exigente ou excessivamente emotivo na sua vida amorosa. Como é capaz de dar tudo de si à pessoa que ama, procure o parceiro certo. Com a sua personalidade carismática e poder de atrair pessoas dos mais diversos grupos, é preciso saber discriminar. Isso o ajudará a encontrar amigos verdadeiros que irão apoiá-lo em épocas difíceis e não desviá-lo dos seus objetivos.

INFLUÊNCIA DA ESTRELA PRIMÁRIA

Zanrak confere seriedade e uma perspectiva pragmática, juntamente com uma tendência a levar a vida muito seriamente. A influência desta estrela também sugere excesso de sensibilidade às opiniões das outras pessoas e uma perspectiva pessimista.

Ligada ao grau do seu Sol, esta estrela pode dar gosto pela escrita, por negócios e trato com o público. Zanrak também adverte contra o isolamento ou obstáculos. Há também indicações de que você é muito influenciado pelo seu ambiente imediato e precisa de apoio dos seus familiares.

- **Positivo** : pragmatismo, seriedade, responsabilidade, sensibilidade
- **Negativo**: excesso de seriedade ou comportamento sombrio

ALGUÉM ESPECIAL

Você pode encontrar aquele alguém especial entre as pessoas nascidas nas seguintes datas:

Amor & amizade: jan: 5, 9, 18, 19, 23; fev: 3, 7, 16, 17; mar: 1, 5, 14, 15, 19, 31; abr: 3, 12, 13, 29; mai: 1, 10, 11, 27, 29; jun: 8, 9, 25, 27; jul: 6, 7, 23, 25, 31; ago: 4, 5, 21, 23, 29; set: 2, 3, 7, 19, 21, 27, 30; out: 1, 17, 19, 25, 28; dez: 13, 15, 21, 24

Relacionamentos benéficos: jan: 1, 6, 17; fev: 4, 15; mar: 2, 13; abr: 11; mai: 9; jun: 7; jul: 5; ago: 3; set: 1; out: 31; nov: 29; dez: 27

Atrações fatais: nov:13, 14, 15, 16

Relacionamentos desafiantes: jan: 2, 16; fev: 14; mar: 12; abr: 10; mai: 8; jun: 6; jul: 4; ago: 2; dez: 30

Alma gêmea: jan: 11, 31; fev: 9, 29; mar: 7, 27; abr: 5, 25; mai: 3, 23; jun: 1, 21; jul: 19; ago: 17; set: 15; out: 13; nov: 11; dez: 9

14 de Maio

Seu dia de aniversário sugere que você é um visionário prático, com uma mente rápida e reações instintivas. Buscando variedade e ação para conter uma inquietude interior, você precisa focalizar e desenvolver a determinação e a autoconsciência para ultrapassar as limitações. Para você é importante apresentar uma boa imagem e procurar a companhia de pessoas inteligentes.

A influência do Sol no decanato de Capricórnio indica que você é uma pessoa trabalhadora e pode se motivar quando encontra alguma coisa que o interesse. A influência prática sugerida pelo seu dia de aniversário aponta para capacidade de concentração e organização. Você talvez precise tomar cuidado para que o seu autocontrole se degenere em simples teimosia. Embora a segurança material, o *status* e o prestígio possam ser especialmente importantes, você lutará arduamente pelos seus princípios.

O estímulo mental é um importante ingrediente na sua vida e você poderá viajar para locais distantes a fim de expandir os seus horizontes. Isso pode incluir até mesmo viver em um país estrangeiro. No entanto, você precisa tomar cuidado para que distrações ou impedimentos não o impeçam de atingir os seus objetivos. Com todo o seu potencial, será necessário para você desenvolver a perseverança a fim de preencher ativamente os seus sonhos maravilhosos.

♉

SOL: TOURO
DECANATO: CAPRICÓRNIO/SATURNO
GRAU: 22°-23°30' TOURO
MODO: FIXO
ELEMENTO: TERRA

♉

Depois dos 7 anos de idade, quando o seu Sol progredido entra no signo de Gêmeos, há uma ênfase no período de trinta anos em comunicação, estudos e troca de idéias. Aos 37 anos de idade, quando o seu Sol progredido entra no signo de Câncer, há uma grande transformação que ilumina a crescente importância de sua casa, família e necessidades emocionais. Após os 67 anos de idade, quando o seu Sol progredido entra no signo de Leão, você se torna mais confiante e assertivo.

O Seu Eu Secreto

Suas fortes opiniões e seu excepcional poder mental podem esconder a sensibilidade emocional do seu dia de aniversário. Isso pode expor você a preocupações ou frustrações, especialmente quanto a flutuações nos seus negócios monetários. Quando você aprender a se desapegar, será capaz de se colocar acima dessas inseguranças. Você é capaz de adquirir conhecimento e informação muito rapidamente, o que pode aumentar a sua confiança.

O seu lado criativo e engenhoso se deixa mostrar pela combinação de idéias e imaginação vívida. Sociável, com senso de humor, você é bom em entreter mas talvez precise ser cuidadoso com extravagâncias. Em caso de indecisão, você pode facilmente desperdiçar as suas energias com banalidades. Todavia, pode se inspirar o suficiente para trabalhar bastante e aceitar responsabilidades que pagam dividendos reais.

Trabalho & Vocação

Capaz e versátil, você muitas vezes possui diversos interesses e explorará muitos caminhos antes de se resolver por uma carreira. Com o seu amor pela variedade, é importante que você escolha uma carreira que não seja rotineira. Com um forte senso visual, você é muito ligado em imagens e ocupações nos meios de comunicação, desenho gráfico ou fotografia se adaptam bem a você. Trabalhador, com habilidade para lidar com as pessoas, você tem chances de ser bem-sucedido na área de *merchandising* ou em alguma outra atividade que envolva conexão com o exterior. Com sua capacidade para pensamentos profundos, você pode também se envolver em alguma carreira que utilize as suas capacidades mentais, tais como pesquisa, filosofia ou educação.

♉

ESTRELA FIXA

Nome da estrela:
Zanrak

Posição:
22°33'-23°32' de Touro, entre os anos de 1930 e 2000

Magnitude:
3

Força:
★★★★★★

Órb:
1°40'

Constelação:
Gamma Eridani

Dias:
13, 14, 15 e 16 de maio

Qualidades da estrela:
Saturno

Descrição:
estrela vermelha localizada no rio Eridanus

♉

Numerologia

Potencial intelectual, perspectiva pragmática e forte determinação são algumas das qualidades das pessoas nascidas no dia 14. Muitas vezes, você possui um forte desejo de estabelecer uma sólida fundação e alcançar o sucesso por meio do trabalho duro. Como muitas pessoas associadas a este dia de aniversário, você pode alcançar o topo da sua profissão. Com a sua mente perceptiva, você responde rapidamente aos problemas que se apresentam e gosta de resolvê-los. Você gosta de correr riscos ou de jogar e pode ter sorte para ganhar muito dinheiro. A subinfluência do mês número 5 indica que você é uma pessoa entusiasmada e ambiciosa. Freqüentemente independente e resiliente, você gosta de controlar e liderar. Você precisa encontrar um equilíbrio entre os seus desejos pessoais e a necessidade de ser altruísta e compassivo. Utilizando a sua sabedoria intuitiva e usando-a em algum projeto prático, você pode inspirar outras pessoas com o seu poder de previsão. Ainda que possua uma personalidade magnética e atraia as pessoas, você precisa descobrir a sua força interior.

Positivo: ação decisiva, trabalho duro, sorte, criatividade, pragmatismo, imaginação, diligência

Negativo: excesso de cautela ou comportamento impulsivo, instabilidade, falta de cuidado

Amor & Relacionamentos

Embora seja muitas vezes uma pessoa inquieta e instável, o amor e a amizade são importantes para você. Com inclinação social e um senso de humor natural, você pode ser uma pessoa divertida, especialmente entre os entes queridos. Você gosta de lidar com pessoas que estimulem a sua mente e também que o divirtam. No que diz respeito aos seus relacionamentos, você precisa de alguém com quem possa compartilhar os seus interesses e mantê-lo mentalmente ativo. Despreocupado e jovial, você precisa aprender a ser responsável antes de se estabelecer.

INFLUÊNCIA DA ESTRELA PRIMÁRIA

Zanrak confere seriedade e uma perspectiva pragmática, juntamente com uma tendência a levar a vida muito seriamente. A influência desta estrela também sugere excesso de sensibilidade às opiniões das outras pessoas e uma perspectiva pessimista.

Ligada ao grau do seu Sol, esta estrela pode dar gosto pela escrita, por negócios e trato com o público. Zanrak também adverte contra o isolamento ou obstáculos. Há também indicações de que você é muito influenciado pelo seu ambiente imediato e precisa de apoio dos seus familiares.

- **Positivo** : pragmatismo, seriedade, responsabilidade, sensibilidade
- **Negativo**: excesso de seriedade ou comportamento sombrio

ALGUÉM ESPECIAL

Para segurança, estímulo e amor, comece procurando entre as pessoas nascidas nas seguintes datas:

Amor & amizade: jan: 6, 10, 20, 24, 29; fev: 4, 8, 18, 27; mar: 2, 6, 16, 20, 25, 28, 30; abr: 4, 14, 23, 26, 28, 30; mai: 2, 12, 21, 24, 26, 28, 30; jun: 10, 19, 22, 24, 26, 28; jul: 8, 17, 20, 22, 24, 26; ago: 6, 15, 18, 20, 22, 24; set: 4, 8, 13, 16, 18, 20, 22; out: 2, 11, 14, 16, 18, 20; nov: 9, 12, 14, 16, 18; dez: 7, 10, 12, 14, 16

Relacionamentos benéficos: jan: 7, 13, 18, 28; fev: 5, 11, 16, 26; mar: 3, 9, 14, 24; abr: 1, 7, 12, 22; mai: 5, 10, 20; jun: 3, 8, 18; jul: 1, 6, 16; ago: 4, 14; set: 2, 12, 30; out: 10, 28; nov: 8, 26, 30; dez: 6, 24, 28

Atrações fatais: jan: 25; fev: 23; mar: 21; abr: 19; mai: 17; jun: 15; jul: 13; ago: 11; set: 9; out: 7; nov: 5, 15, 16, 17; dez: 3

Relacionamentos desafiantes: jan: 3, 17; fev: 1, 15; mar: 13; abr: 11; mai: 9, 30; jun: 7, 28; jul: 5, 26, 29; ago: 3, 24, 27; set: 1, 22, 25; out: 20, 23; nov: 18, 21; dez: 16, 19

Alma gêmea: jan: 18; fev: 16; mar: 14; abr: 12; mai: 10, 29; jun: 8, 27; jul: 6, 25; ago: 4, 23; set: 2, 21; out: 19; nov: 17; dez: 15

15 de Maio

Este dia de aniversário revela que você é uma pessoa prática e sensata. Um taurino com imaginação fértil. Afável e caloroso, com forte senso de valores, você projeta uma imagem de estabilidade, mas pode ser surpreendentemente sensível. Como precisa de segurança, enfatiza a proteção financeira que advém do trabalho. Você é leal e confiável. Além disso, orgulha-se do seu trabalho, pois ele é uma via para as suas idéias criativas e senso de responsabilidade.

Com a influência adicional do seu Sol no decanato de Capricórnio, você é uma pessoa diligente e metódica, com amor pela ordem e com um senso comum inato. Contudo, as vantagens maravilhosas da sua dedicação ao trabalho podem, ocasionalmente, esvair-se devido às oscilações de humor ou à tendência à teimosia e obstinação.

♉

SOL: TOURO
DECANATO: CAPRICÓRNIO/SATURNO
GRAU: 23°-24°30' TOURO
MODO: FIXO
ELEMENTO: TERRA

♉

Como as outras pessoas respondem à sua amabilidade e gentileza, é provável que você tenha muitos amigos. Sensível, você não se adapta a ambientes hostis e precisa de uma saída criativa para os seus elevados ideais e amor pela natureza, arte e música. Entretanto, na sua busca pelo prazer, tome cuidado com mecanismos escapistas ou auto-indulgência nas coisas boas da vida.

O seu Sol progredido entra no signo de Gêmeos na época em que você faz 6 anos e coincide com a sua entrada no colégio. Nos trinta anos seguintes, há uma ênfase na educação e na comunicação em geral. Aos 36 anos de idade, quando o seu Sol progredido entra no signo de Câncer, há uma grande transformação que acentua a crescente importância da segurança emocional, das questões domésticas e familiares. Após os 66 anos de idade, quando o seu Sol progredido entra no signo de Leão, você se torna mais confiante e extrovertido.

O Seu Eu Secreto

Felizmente, o seu charme magnético pode salvá-lo de muitas situações difíceis e atrair as pessoas. Você possui também um poder emocional que lhe dá a habilidade de entender intuitivamente as motivações das outras pessoas, se confiar nos seus primeiros instintos. Essa energia dinâmica interior pode inspirar o seu espírito para se libertar de limitações rígidas e pode contribuir consideravelmente para o seu sucesso.

Embora você trabalhe arduamente para cumprir as suas responsabilidades domésticas, uma parte da sua natureza não gosta de se sentir presa e pode se tornar inquieta. Isso indica que você precisa se manter em atividade para que o seu pragmatismo tenha uma dinâmica interior. Isso também impede que a rebeldia e a impaciência interfiram nos seus relacionamentos e ambiente.

Trabalho & Vocação

Prático e perceptivo, você pode ser bem-sucedido em qualquer carreira, da pesquisa científica e negócios a alguma atividade mais criativa. Mesmo não sendo uma pessoa particularmente ambiciosa, você possui um senso natural para os negócios, desejo de ordem e habilidades diplomáticas. Isso tudo pode levá-lo a trabalhar em carreiras na área bancária, de advocacia ou em transações de negócios no exterior; é possível também que você prefira trabalhar em casa. Apesar de inteligente, você prefere adquirir conhecimento por meio da experiência e não da teoria. Algumas de suas habilidades podem envolver trabalhos manuais. O seu dia de aniversário mostra excelentes oportunidades de trabalho e um grande senso de responsabilidade, mas você precisa evitar cair em trabalhos rotineiros.

Numerologia

Normalmente, você é uma pessoa rápida, animada e com personalidade carismática. Os seus maiores bens são os seus instintos fortes e a habilidade de aprender combinando a teoria com a prática. Em várias ocasiões, você consegue fazer dinheiro ao mesmo tempo em que aprende diversas habilidades. Capaz de aproveitar as oportunidades, você tem talento para atrair dinheiro ou receber ajuda e apoio das outras pessoas. Os seus empreendimentos serão bem-sucedidos, mas é preciso que aplique as suas habilidades práticas às suas idéias originais e supere a tendência à inquietude e à insatisfação. A subinfluência do mês número 5 indica que você tem senso comum e consegue captar rapidamente as idéias. Embora muitas vezes goste de ter as coisas do seu jeito e seja uma pessoa individualista, você se beneficia aprendendo a ser cooperativo ou fazendo parte de uma equipe. Simpático e compreensivo, você deve desenvolver uma natureza mais paciente. Naturalmente aventureiro, você, não obstante, precisa encontrar a sua base verdadeira ou o seu próprio ambiente doméstico. A rotina e um plano de ação podem ajudá-lo a desenvolver a autodisciplina.

Positivo: disposição, generosidade, responsabilidade, amabilidade, cooperação, apreciação, idéias criativas

Negativo: inquietude, irresponsabilidade, comportamento autocentrado, medo de mudanças, perda de fé, preocupação, indecisão, materialismo, mau uso do poder

♉

ESTRELAS FIXAS

Zanrak; Angol, também chamada de Caput Medusae

ESTRELA PRIMÁRIA

Nome da estrela:
Zanrak

Posição:
22°33'-23°32' de Touro, entre os anos de 1930 e 2000

Magnitude:
3

Força:
★★★★★★

Órb:
1°40'

Constelação:
Gamma Eridani

Dias:
13, 14, 15 e 16 de maio

Qualidades da estrela:
Saturno

Descrição:
estrela vermelha localizada no rio Eridanus

♉

Amor & Relacionamentos

Com as suas fortes emoções e generosidade, você tem muito a oferecer. Contudo, se esse poder não for adequadamente canalizado por intermédio da auto-expressão, você pode ficar sujeito a oscilações de humor e frustração. Como há o risco de você se iludir nos seus relacionamentos, deve tomar cuidado para não se envolver em jogos emocionais de poder e aborrecimentos. No entanto, a sua personalidade carismática e charme muitas vezes atrai diversos admiradores e amigos.

INFLUÊNCIA DA ESTRELA PRIMÁRIA

Zanrak confere seriedade e uma perspectiva pragmática, juntamente com uma tendência a levar a vida muito seriamente. A influência desta estrela também sugere excesso de sensibilidade às opiniões das outras pessoas e uma perspectiva pessimista.
Ligada ao grau do seu Sol, esta estrela pode dar gosto pela escrita, por negócios e trato com o público. Zanrak também adverte contra o isolamento ou obstáculos. Há também indicações de que você é muito influenciado pelo seu ambiente imediato e precisa de apoio dos seus familiares.

- **Positivo**: pragmatismo, seriedade, responsabilidade, sensibilidade
- **Negativo**: excesso de seriedade ou comportamento sombrio

ALGUÉM ESPECIAL

Você pode encontrar a realização emocional e aquele alguém especial entre as pessoas nascidas nas seguintes datas:

Amor & amizade: jan: 7, 11, 22, 25; fev: 5, 9, 20; mar: 3, 7, 18, 21, 31; abr: 1, 5, 16, 29; mai: 3, 14, 27, 29; jun: 1, 12, 25, 27; jul: 10, 23, 25; ago: 8, 21, 23, 31; set: 6, 9, 19, 21, 29; out: 4, 17, 19, 27, 30; nov: 2, 15, 17, 25, 28; dez: 13, 15, 23, 26

Relacionamentos benéficos: jan: 8, 14, 19; fev: 6, 12, 17; mar: 4, 10, 15; abr: 2, 8, 13; mai: 6, 11; jun: 4, 9; jul: 2, 7; ago: 5; set: 3; out: 1, 29; nov: 27; dez: 25, 29

Atrações fatais: nov: 16, 17, 18

Relacionamentos desafiantes: jan: 9, 18, 20; fev: 7, 16, 18; mar: 5, 14, 16; abr: 3, 12, 14; mai: 1, 10, 12; jun: 8, 10; jul: 6, 8, 29; ago: 4, 6, 27; set: 2, 4, 25; out: 2, 23; nov:, 21; dez: 19

Alma gêmea: jan: 9; fev: 7; mar: 5; abr: 3; mai: 1; out: 30; nov: 28; dez: 26

16 de Maio

O dia do seu aniversário revela que você é uma pessoa brilhante, sociável e criativa. Com uma aparência leve e agradável, você também possui um lado mais sério e pode muitas vezes se envolver com o estudo de assuntos filosóficos.

Normalmente uma pessoa trabalhadora e intelectualmente penetrante, você pode ser racional e prática, mas aberta a idéias novas, pouco comuns e inventivas. Isso sugere que você pode estar à frente do seu tempo ou ter um espírito sarcástico muito divertido. Quando necessário, você possui a habilidade de perceber a hipocrisia ou as coisas não ditas e sugerir alternativas. Como é independente, valoriza a liberdade, mas evite mostrar-se obstinado ou contrariado, pois isso pode comprometer o seu charme natural.

A subinfluência adicional do seu Sol no decanato de Capricórnio lhe dá a habilidade de ser mentalmente concentrado e metódico e a vontade de fazer bem os seus trabalhos. Ela confere também um senso arguto para os negócios e de ambição, que poderão levá-lo ao topo da sua profissão. Essa influência também indica que você é uma pessoa bastante econômica e que sabe pechinchar.

♉

SOL: TOURO
DECANATO: CAPRICÓRNIO/SATURNO
GRAU: 24°-25°30' TOURO
MODO: FIXO
ELEMENTO: TERRA

♉

O interesse pelas pessoas e uma qualidade humanitária natural sugerem que você se sai bem em qualquer círculo social, mas é por meio da sua excelente capacidade mental ou criativa que será capaz de alcançar resultados fantásticos.

A partir de cerca de 5 anos de idade, quando o seu Sol progredido entra no signo de Gêmeos, inicia-se um período de trinta anos em que há uma ênfase na importância dos estudos, aprendizado de novas habilidades e comunicação. Há uma outra virada após os 35 anos de idade, quando o seu Sol progredido entra no signo de Câncer, tornando-o mais sensível e mais voltado para a casa e a família. Após os 75 anos de idade, quando o seu Sol progredido entra no signo de Leão, há uma ênfase no desejo de liderança, na vida pública ou na diversão.

O Seu Eu Secreto

Como uma pessoa perfeccionista, você usualmente está disposta a grandes sacrifícios para alcançar os seus objetivos ou para atender às pessoas queridas. Você tem um forte senso de responsabilidade e consciência do trabalho necessário para a obtenção de resultados. Quando isso se combina com o seu senso dramático interior e rapidez para avaliar pessoas e situações, você tem toda a chance de ocupar posições de liderança. Contudo, tome cuidado para não se ater demais à segurança e não correr os riscos necessários para preencher o seu potencial.

Às vezes, você sente necessidade de ficar sozinho para se reconectar com o lado mais profundo, contemplativo, e talvez místico, da sua natureza. Por isso, um ambiente doméstico harmonioso e seguro é importante para a sua busca de paz interior. A tendência a se preocupar ou a ser indeciso quanto a questões materiais pode ser superada por meio da fé ou de alguma forma de expressão criativa. Quando se sente feliz e satisfeito, você pode projetar uma alegria interior maravilhosa que serve de inspiração para as outras pessoas.

Trabalho & Vocação

Criatividade, inteligência penetrante e capacidade para o trabalho duro indicam que você tem a possibilidade de chegar ao topo da sua profissão escolhida. Porém, deve evitar desperdiçar as suas energias. A sua mente inquisitiva quer entender as coisas até os últimos detalhes e pode ser bastante analítica e técnica. Com o seu charme e capacidade de comunicação, você pode ser bem-sucedido em qualquer carreira que envolva o contato com o público geral. O seu grande senso para negócios sugere que carreiras nas áreas de negociação, bancária ou especulação imobiliária são também fortes possibilidades. A inclinação filosófica ou humanitária pode ser satisfeita por meio de ocupações no clero, em trabalhos de caridade ou filantropia; o seu desejo de auto-expressão e amor pela beleza e forma podem se manifestar por meio de uma carreira musical ou artística.

♉

ESTRELAS FIXAS

Zanrak; Angol, também chamada de Caput Medusae

ESTRELA PRIMÁRIA

Nome da estrela:
Zanrak

Posição:
22°33'-23°32' de Touro, entre os anos de 1930 e 2000

Magnitude:
3

Força:
★★★★★★

Órb:
1°40'

Constelação:
Gamma Eridani

Dias:
13, 14, 15 e 16 de maio

Qualidades da estrela:
Saturno

Descrição:
estrela vermelha localizada no rio Eridanus

♉

Numerologia

O dia de aniversário número 16 sugere que você é uma pessoa ambiciosa mas sensível. Em geral expansivo e sociável, você é afável e ponderado. Freqüentemente, você julga a vida de acordo com os seus sentimentos, tem pensamentos profundos e uma natureza protetora. Com o dia de aniversário número 16, você se interessa por assuntos mundanos e pode se juntar a corporações internacionais. Os que são criativos possuem talento para escrever e têm *flashes* súbitos de imaginação. Com o dia de aniversário número 16, você precisa aprender a equilibrar a autoconfiança e os sentimentos de dúvida e insegurança. A subinfluência do mês número 5 indica que você é uma pessoa intuitiva e receptiva. Com inclinação social e versátil, você tem muitos contatos e interesses. A necessidade de ser criativo sugere que você pode combinar as suas idéias originais com as suas habilidades práticas e ser uma pessoa inventiva. Você gosta de causar uma boa impressão e é atento à sua aparência. Aprenda a confiar nos seus sentimentos interiores e a superar a sua tendência à indecisão e à preocupação.

⬆ **Positivo**: educação elevada, responsabilidade com a casa e a família, integridade, intuição, sociabilidade, cooperação, *insight*

⬇ **Negativo**: preocupação, incapacidade de se sentir satisfeito, irresponsabilidade, autopromoção, atitude dogmática, ceticismo, alvoroço, egoísmo, falta de simpatia

Amor & Relacionamentos

Usualmente, você é uma pessoa bastante idealista no que diz respeito aos seus relacionamentos. Mas precisa às vezes de solidão para refletir, o que faz com que aparente ser uma pessoa retraída ou indiferente. Você é espontâneo, leal e prestativo, mas precisa evitar os extremos, martirizando-se. Mantendo uma disposição positiva e a fé, você pode evitar inclinações para a desconfiança, o ciúme ou para se absorver com os próprios pensamentos.

INFLUÊNCIA DA ESTRELA PRIMÁRIA

Zanrak confere seriedade e uma perspectiva pragmática, juntamente com uma tendência a levar a vida muito seriamente. A influência desta estrela também sugere excesso de sensibilidade às opiniões das outras pessoas e uma perspectiva pessimista.

Ligada ao grau do seu Sol, esta estrela pode dar gosto pela escrita, por negócios e trato com o público. Zanrak também adverte contra o isolamento ou obstáculos. Há também indicações de que você é muito influenciado pelo seu ambiente imediato e precisa de apoio dos seus familiares.

- **Positivo**: pragmatismo, seriedade, responsabilidade, sensibilidade
- **Negativo**: excesso de seriedade ou comportamento sombrio

Consulte o Apêndice para obter mais informações a respeito das estrelas fixas.

ALGUÉM ESPECIAL

Para felicidade duradoura, segurança e amor, comece procurando entre as pessoas nascidas nas seguintes datas:

Amor & amizade: jan: 8, 13, 22, 26; fev: 6, 20, 24; mar: 4, 18, 22; abr: 2, 16, 20, 30; mai: 5, 14, 18, 28, 30; jun: 12, 16, 26, 28; jul: 10, 14, 24, 26; ago: 8, 12, 22, 24; set: 6, 10, 20, 22, 30; out: 4, 8, 18, 20, 28; nov: 2, 6, 16, 18, 26; dez: 4, 14, 16, 24

Relacionamentos benéficos: jan: 9, 20; fev: 25; mar: 23; abr: 3, 14, 27; mai: 1, 12, 25; jun: 10, 23; jul: 8, 21; ago: 6, 19; set: 4, 17; out: 2, 15, 30; nov: 13, 28; dez: 1, 26, 30

Atrações fatais: jan: 27; fev: 25; mar: 23; abr: 21; mai: 19; jun: 17; jul: 15; ago: 13; set: 11; out: 9; nov: 7, 17, 18, 19; dez: 5

Relacionamentos desafiantes: jan: 2, 10, 19; fev: 8, 17; mar: 6, 15; abr: 4, 13; mai: 2, 11; jun: 9; jul: 7, 30; ago: 5, 28; set: 3, 26; out: 1, 24; nov: 22; dez: 20, 30

Alma gêmea: jan: 15; fev: 13; mar: 11; abr: 9; mai: 7; jun: 5; jul: 3; ago: 1; out: 29; nov: 27; dez: 25

17 de Maio

O seu elevado idealismo, sua determinação e sua personalidade gregária sugerem que você pode se sobressair em quase tudo. Quando positivo, você projeta carisma, grande entusiasmo e crença nas próprias idéias. O dia de seu aniversário também indica que você tem um talento natural para lidar com as pessoas em um nível pessoal, bem como a capacidade de se divertir.

Mesmo que você nunca vá ficar sem dinheiro, há momentos em que sente um medo infundado de não ter o suficiente. Felizmente, sendo resoluto e persistente, você não é o tipo de pessoa que se senta e espera que as coisas venham até você. Uma forte ambição e o desejo de ter prestígio e coisas luxuosas o motivam a agir.

Com a influência adicional do seu Sol no decanato de Capricórnio, você prefere trabalhar com uma meta em vista, e é muito concentrado no trabalho. Você possui excelentes idéias, habilidade estratégica e capacidade de se manter materialmente. Você possui uma aptidão impressionante de inflexibilidade consigo mesmo e com os outros, quando está comprometido em algum trabalho. O lado contrastante da sua natureza é sensível e idealista e pode se manifestar pelo apoio à família e amigos ou a causas sociais.

♉

SOL: TOURO
DECANATO: CAPRICÓRNIO/SATURNO
GRAU: 25°-26°30' TOURO
MODO: FIXO
ELEMENTO: TERRA

♉

A partir dos 4 anos de idade, quando o seu Sol progredido entra no signo de Gêmeos, inicia-se um ciclo de trinta anos. Essa fase é marcada pela ênfase na comunicação e no aprendizado de todas as formas. Essa tendência permanece até os 34 anos de idade, quando o seu Sol progredido entra no signo de Câncer. Nesse período, há uma grande transformação, que acentua a crescente importância da intimidade e da segurança emocional. Por volta dos 64 anos de idade, quando o seu Sol progredido entra no signo de Leão, há uma outra mudança de ênfase, pois você deixa de lado as questões familiares para se tornar mais extrovertido, sociável e autoritário.

O Seu Eu Secreto

Mesmo quando a sua vida exterior está cheia de planos e ação, lá no fundo do seu coração você deseja paz interior e harmonia. Isso pode estimulá-lo a desenvolver uma habilidade artística, musical ou criativa ou a se tornar uma fonte de cura para os que vivem ao seu redor. Uma consciência inata de que a realização da vida só vem por meio do esforço garante que você valoriza as coisas. O orgulho e uma forte necessidade de reconhecimento são muitas vezes as forças que o motivam e sugerem que você não tolera permanecer subestimado por muito tempo.

À medida que prospera na vida, a elevação do seu prestígio pessoal lhe dá segurança e recompensa financeira. Você está disposto a compartilhar o seu amor com as pessoas queridas, mas deve ser cuidadoso para não desenvolver uma atitude condescendente ou se tornar ciumento. O contato com as suas necessidades espirituais pode ajudá-lo a desenvolver o equilíbrio entre a sua busca do prazer e dos aspectos mais significativos da vida.

Trabalho & Vocação

Embora goste de ocupar uma posição de comando ou trabalhar por conta própria, você também tem consciência da importância de trabalhar em conjunto com outras pessoas. Isso pode estimulá-lo a se envolver em trabalhos de parceria ou projetos de equipe. Você também pode ser particularmente bem-sucedido em trabalhos de vendas ou promovendo idéias ou produtos. Com a sua capacidade de se relacionar e de fazer contatos, as carreiras ideais são as que envolvem o trato com pessoas, como relações públicas ou agentes. O seu arguto senso para os negócios e capacidade de organização também garantem o seu sucesso em carreiras como consultor financeiro, negociador ou banqueiro, ou em qualquer trabalho relacionado a propriedades; educação, ciência e música são áreas profissionais que podem ser especialmente significativas para você.

♉

ESTRELA FIXA

Nome da estrela:
Algol, também chamada de Caput Medusae
Posição:
25°13'-26°21' de Touro, entre os anos de 1930 e 2000
Magnitude:
2.5
Força:
★★★★★★★
Órb:
2°
Constelação:
Beta Perseus
Dias:
15, 16, 17, 18 e 19 de maio
Qualidades da estrela:
Saturno/Júpiter
Descrição:
estrela binária branca e variável localizada na cabeça da Medusa, na pata dianteira de Perseus

♉

Numerologia

Com o dia de aniversário número 17, você é, na maioria da vezes, uma pessoa perspicaz, com uma natureza reservada e bom raciocínio. Como em geral você utiliza o seu conhecimento de forma específica, pode se desenvolver na sua especialização e alcançar o sucesso ou uma posição proeminente, como especialista ou pesquisador. Reservado, introspectivo e distante, com um grande interesse por fatos e números, você freqüentemente tem um comportamento ponderado e sério e gosta de fazer as coisas no seu ritmo. Capaz de longos períodos de concentração e resistência, você pode aprender melhor por meio da experiência. Contudo, quanto menor o seu ceticismo, mais rapidamente você aprende. A subinfluência do mês número 5 indica que você é uma pessoa prática e inteligente e que confia em fatos e números. O senso natural para os negócios e abordagem analítica sugerem que você pode se especializar na sua área. A ampliação dos seus conhecimentos e dos seus horizontes o ajuda a desenvolver a autoconfiança. Desenvolva o seu senso de responsabilidade para com os outros ou preste serviços para a sua comunidade.

- **Positivo**: ponderação, habilidade em se especializar, capacidade de planejamento, senso para negócios, habilidade de atrair dinheiro, pensador independente, natureza resistente, precisão, habilidade para pesquisa, habilidade científica
- **Negativo**: desapego, teimosia, falta de cuidado, oscilações de humor, mente estreita, criticismo, preocupação, desconfiança

Amor & Relacionamentos

Normalmente, você tem uma vida social intensa e é uma pessoa popular. Todos os seus relacionamentos são muito importantes para você e, embora seja um amigo fiel, prefere pessoas poderosas que tenham opinião forte e sejam inteligentes. Contudo, tome cuidado para não se envolver em conflitos de poder com os seus parceiros, pois eles podem resultar em *stress* e ansiedade desnecessários. Quando se sente seguro nos seus relacionamentos, é cuidadoso e generoso com as pessoas que ama. A confiança é um pré-requisito em relacionamentos próximos e o estímulo mental muitas vezes faz aflorar o que há de melhor em você.

INFLUÊNCIA DA ESTRELA PRIMÁRIA

Esta estrela possui um sentido duplo: por um lado, ela confere valores espirituais elevados e, por outro, sugere falta de sorte, insatisfação ou falta de espiritualidade. Quando positiva, você tem potencial para se tornar um líder por meio da realização ou de uma personalidade que se sobressai, ou para beneficiar a sua comunidade. Esta estrela sugere que as perdas podem causar um profundo impacto na vida da pessoa e é proeminente na vida de indivíduos que aconselham pessoas que passam ou passaram por perdas ou privações.

Ligada ao grau do seu Sol, Algol confere a vitória depois da luta ou a vitória em conflitos e disputas. Ela também significa uma advertência quanto ao desperdício de energia e posterior confusão. Esta estrela sugere a importância de se manter uma conduta correta, o que evita complicações legais e más companhias, que podem levar a envolvimentos em vinganças, brigas familiares ou conflitos físicos.

- **Positivo**: valores espirituais elevados, conduta correta
- **Negativo**: falta de sorte, impaciência, má conduta, más companhias

Consulte o Apêndice para obter mais informações acerca das estrelas fixas.

ALGUÉM ESPECIAL

Para segurança, estímulo mental e amor, comece procurando entre as pessoas nascidas nas seguintes datas:

Amor & amizade: jan: 3, 23, 27; fev: 11, 21; mar: 9, 19, 28, 31; abr: 7, 17, 21, 26, 29; mai: 5, 15, 24, 27, 29, 31; jun: 3, 13, 22, 25, 27, 29; jul: 1, 11, 20, 23, 25, 27, 29; ago: 9, 18, 21; set: 7, 11, 16, 19, 21, 23, 25; out: 5, 14, 17, 19, 21, 23; nov: 3, 12, 15, 17, 19, 21; dez: 1, 10, 13, 15, 17, 19

Relacionamentos benéficos: jan: 3, 4, 10, 21; fev: 1, 2, 8, 19; mar: 6, 17, 30; abr: 4, 15, 28; mai: 2, 13, 26; jun: 11, 24; jul: 9, 22; ago: 7, 20; set: 5, 18; out: 3, 16, 31; nov: 1, 14, 29; dez: 12, 27

Atrações fatais: jan: 22, 28; fev: 20, 26; mar: 18, 24; abr: 16, 22; mai: 14, 20; jun: 12, 18; jul: 10, 16; ago: 8, 14; set: 6, 12; out: 4, 10; nov: 2, 8, 18, 19, 20; dez: 6

Relacionamentos desafiantes: jan: 11, 20; fev: 9, 18; mar: 7, 16; abr: 5, 14; mai: 3, 12, 30; jun: 1, 10, 28; jul: 8, 26, 31; ago: 6, 24, 29; set: 4, 22, 27; out: 2, 20, 25; nov: 18, 23; dez: 16, 21

Alma gêmea: jan: 26; fev: 24; mar: 22, 30; abr: 20, 28; mai: 18, 26; jun: 16, 24; jul: 14, 22; ago: 12, 20; out: 8, 16; nov: 6, 14; dez: 4, 12

18 de Maio

A sua amizade, sua capacidade de liderança e sua determinação o distinguem como uma pessoa que nasceu para o sucesso. Pragmático, com um bom senso de valores, você aprecia a beleza e as coisas boas da vida. Rápido para perceber as oportunidades, você consegue combinar o materialismo com um forte senso de idealismo.

A influência adicional do seu Sol no decanato de Capricórnio sugere que o trabalho duro e a responsabilidade são parte da sua rotina diária e que o *status* e as questões materiais são importantes para você. Como precisa do respeito dos seus pares, você é um trabalhador leal e incansável que dá tudo de si quando se compromete com um projeto ou uma causa.

O seu idealismo e a necessidade de espiritualidade ou autoconsciência podem se manifestar como uma grande preocupação humanitária. Esse interesse pelas pessoas pode ajudá-lo a desenvolver a compaixão e dar-lhe uma compreensão das necessidades das pessoas. A sua sensibilidade e sua imaginação ativa também podem encontrar vias de expressão por meio da arte, da música ou do teatro. Com um forte desejo de conhecimento, você gosta de debates, é um bom organizador e compreende rapidamente qualquer situação. Contudo, você precisa tomar cuidado com a tendência a se indispor, sem necessidade, com as outras pessoas. Felizmente, isso pode ser compensado pelos seus gestos de generosidade.

♉

SOL: TOURO
DECANATO: CAPRICÓRNIO/SATURNO
GRAU: 26°-27°30' TOURO
MODO: FIXO
ELEMENTO: TERRA

♉

Por volta dos 3 anos de idade, quando o seu Sol progredido entra no signo de Gêmeos, inicia-se um ciclo de trinta anos que enfatiza a importância dos irmãos e irmãs, o aprendizado de novas habilidades ou estudos. Aos 33 anos de idade, quando o seu Sol progredido entra no signo de Câncer, você passa por uma grande transformação, que acentua o significado dos assuntos familiares e domésticos. Depois dos 60 e poucos anos de idade, quando o seu Sol progredido entra no signo de Leão, a ênfase da sua vida pode mudar das questões domésticas para o mundo da criatividade e da auto-expressão.

O Seu Eu Secreto

Como a sua força lhe permite transformar idéias em realidade concreta, é especialmente importante para você ter clareza quanto às suas motivações e desejos. Quando se conecta com o seu poder interior de amar, você tem força para ajudar os outros e unir os extremos dentro da sua personalidade. Esses extremos podem se manifestar por intermédio da sensibilidade excessiva ou do extremo desejo de dominação. Você pode eliminar esses problemas mantendo-se independente, mas utilizando, ao mesmo tempo, as suas habilidades naturais na arte da cooperação e da diplomacia. Como é um visionário prático, você precisa estar sempre olhando para o futuro e se desafiando para que os seus grandes planos se realizem. Isso o ajuda a superar a sua inquietude ou impaciência inatas, que podem exaurir os seus recursos.

Trabalho & Vocação

Dirigido pela ambição e pelo idealismo, você está disposto a trabalhar duro para alcançar os seus objetivos. Com determinação e habilidade natural para a liderança, você gosta de iniciar novos projetos e tem inclinação para carreiras ligadas à advocacia e ao governo. Como tem um incrível talento para promover pessoas ou vender idéias, você pode se decidir por uma carreira na área de *marketing* ou associada às atividades de agenciamento ou negociação. Com a sua resistência, seu cometimento e sua habilidade administrativa, você pode também seguir uma carreira na área comercial, como consultor financeiro, gerente, corretor da Bolsa de Valores ou empresário. As viagens são especialmente importantes na conquista das suas metas. O seu apreço pela beleza pode levá-lo a ocupações que lidem com bens luxuosos, antiguidade ou *design*. Você possui também habilidade para levantar fundos para trabalhos de caridade ou trabalhar com produtos agrícolas; a sua forte personalidade pode encontrar uma forma de se expressar no mundo criativo.

♉

ESTRELA FIXA

Nome da estrela:
Algol, também chamada de Caput Medusae

Posição:
25°13'-26°21' de Touro, entre os anos de 1930 e 2000

Magnitude:
2.5

Força:
★★★★★★★

Órb:
2°

Constelação:
Beta Perseus

Dias:
15, 16, 17, 18, 19 de maio

Qualidades da estrela:
Saturno/Júpiter

Descrição:
estrela binária branca e variável localizada na cabeça da Medusa, na pata dianteira de Perseus

♉

Numerologia

Determinação, assertividade e ambição são algumas das qualidades associadas ao dia de aniversário número 18. Dinâmico e ativo, você muitas vezes deseja ter poder e precisa de desafios constantes. Às vezes, pode ser crítico, difícil de ser satisfeito ou inclinado a questões controversas. Como personalidade número 18, você pode usar o seu poder para ajudar as outras pessoas, aconselhá-las ou ajudá-las a resolver problemas; o seu forte senso para os negócios e capacidade de organização podem levá-lo a trabalhar no mundo do comércio. A subinfluência do mês número 5 indica que você é uma pessoa enérgica e decisiva, com senso prático. Por meio da análise e da reflexão você pode dar atenção aos detalhes e esclarecer qualquer mal entendido. Se se deixar levar pela pressa ou abandonar projetos pela metade terá depois de arcar com os problemas derivados de atrasos. Às vezes, pode ser muito exigente, e a tendência a mudar os seus sentimentos em relação às pessoas sugere uma insatisfação interior. Se estiver em dúvida, pode ser reservado e pouco comunicativo ou dado a oscilações de humor.

Positivo: atitudes progressistas, assertividade, intuição, coragem, resolução, capacidade de cura, eficiência, habilidade para dar conselhos

Negativo: emoções descontroladas, preguiça, falta de ordem, egoísmo, incompetência para concluir trabalhos e projetos, ilusão

Amor & Relacionamentos

Embora o seu coração possa ser capturado por muitos interesses, você está sempre procurando uma alma gêmea com quem possa compartilhar alguns de seus ideais. Essa inquietação também indica que às vezes você fica dividido entre os seus deveres e desejos pessoais. Ambicioso e voltado para conquistar a sua segurança, você pode se sentir tentado a se casar por outras razões que não o amor. Você admira a lealdade e a sinceridade; mas se estiver em dúvida, pode ficar insatisfeito e mal-humorado. Por um lado, você pode ser uma pessoa calorosa e generosa e, por outro, fria e excessivamente séria. Contudo, por meio da honestidade, da paciência e da perseverança pode encontrar a felicidade, o equilíbrio emocional ou a estabilidade.

INFLUÊNCIA DA ESTRELA PRIMÁRIA

Esta estrela possui um sentido duplo: por um lado, ela confere valores espirituais elevados e, por outro, sugere falta de sorte, insatisfação ou falta de espiritualidade. Quando positiva, você tem potencial para se tornar um líder por meio da realização ou de uma personalidade que se sobressai, ou para beneficiar a sua comunidade. Esta estrela sugere que as perdas podem causar um profundo impacto na vida da pessoa e é proeminente na vida de indivíduos que aconselham pessoas que passam ou passaram por perdas ou privações.
Ligada ao grau do seu Sol, Algol confere a vitória depois da luta ou a vitória em conflitos e disputas. Ela também significa uma advertência quanto ao desperdício de energia e posterior confusão. Esta estrela sugere a importância de se manter uma conduta correta, o que evita complicações legais e más companhias, que podem levar a envolvimentos em vinganças, brigas familiares ou conflitos físicos.

- **Positivo**: valores espirituais elevados, conduta correta
- **Negativo**: falta de sorte, impaciência, má conduta, más companhias

Consulte o Apêndice para obter mais informações acerca das estrelas fixas.

ALGUÉM ESPECIAL

Você pode encontrar o parceiro que irá inspirá-lo entre as pessoas nascidas nas seguintes datas:

Amor & amizade: jan: 14, 24, 28, 31; fev: 12, 22, 26, 29; mar: 10, 20, 24, 27; abr: 8, 18, 25; mai: 6, 16, 23, 30; jun: 4, 14, 21, 28, 30; jul: 2, 12, 19, 26, 28, 30; ago: 10, 17, 24, 26, 28; set: 8, 12, 15, 22, 24, 26; out: 6, 13, 20, 22, 24, 30; nov: 4, 11, 18, 20, 22, 28; dez: 2, 9, 16, 18, 20, 26, 29

Relacionamentos benéficos: jan: 5, 22, 30; fev: 3, 20, 28; mar: 1, 18, 26; abr: 16, 24; mai: 14, 22; jun: 12, 20; jul: 10, 18, 29; ago: 8, 16, 27; set: 6, 14, 25, 29; out: 4, 12, 23, 27; nov: 2, 10, 21, 25; dez: 9, 19, 23

Atrações fatais: jan: 12; fev: 10; mar: 8; abr: 6; mai: 4; jun: 2; nov: 1, 14; dez: 12

Relacionamentos desafiantes: jan: 16, 21; fev: 14, 19; mar: 12, 17, 30; abr: 10, 15, 28; mai: 8, 13, 26; jun: 6, 11, 24; jul: 4, 9, 22; ago: 2, 7, 20; set: 5, 18; out: 3, 16; nov: 1, 14; dez: 12

Alma gêmea: jan: 25; fev: 23; mar: 21; abr: 19; mai: 17; jun: 15; jul: 13; ago: 11; set: 9; out: 7; nov: 5; dez: 3, 30

19 de Maio

A capacidade extraordinária de liderança prometida pelo dia do seu aniversário é proporcional aos seus incríveis poderes mentais e boa percepção. Cuidadoso e prudente, mas também um tanto independente, você aparenta ser uma pessoa confiante, controlada e autoconfiante.

Com a influência adicional do seu Sol no decanato de Capricórnio, você está sempre disposto a trabalhar duro quando se compromete com um projeto, e se sai melhor quando tem uma meta definida. Essa influência também indica uma forte ambição e senso de dever, bem como a realização de planos de longo prazo. Apesar de você ser uma pessoa teimosa, o seu poder de resistência e intuição podem ajudá-lo a atingir o sucesso.

♉

SOL: TOURO
DECANATO: CAPRICÓRNIO/SATURNO
GRAU: 27°-28°30' TOURO
MODO: FIXO
ELEMENTO: TERRA

♉

Devido a um interesse natural pelas pessoas, você, muitas vezes, é uma pessoa humanitária que acredita na necessidade de liberdade e nas reformas sociais. Inventivo e original, você possui uma filosofia de vida progressista e pode falar por outras pessoas. Homens e mulheres nascidos neste dia devem evitar a arrogância e a altivez. Contudo, o amor pelo debate e seu bom humor podem animar o seu espírito e ser um excelente meio de passar o tempo. Entretanto, evite parecer ser uma pessoa autocentrada ou antipática, e cuidado com a tendência à indulgência excessiva nas coisas boas da vida. Mas, por meio do seu conhecimento profundo e boa capacidade de julgamento, você em geral recebe efeitos benéficos das pessoas. A educação de alguma forma pode ser vital para trazer à tona o seu maravilhoso potencial.

Quando você faz 2 anos de idade, o seu Sol progredido entra no signo de Gêmeos, enfatizando a importância, nos trinta anos seguintes, de se aprender a escrever, falar e a se comunicar. Essa tendência prossegue até os 30 e poucos anos de idade, quando o seu Sol progredido entra no signo de Câncer. Essa fase marca uma transformação na sua vida, acentuando a crescente importância da intimidade emocional, da família, da casa e da segurança. Depois dos 62 anos de idade, quando o seu Sol progredido entra no signo de Leão, você se torna uma pessoa mais confiante e interessada na vida pública ou na auto-expressão.

O Seu Eu Secreto

Embora seja um líder natural, você tem bastante consciência da importância do trabalho de equipe. Para evitar situações de dependência, talvez seja necessário usar a sua forte intuição para encontrar o equilíbrio entre defender as suas idéias e ser receptivo às opiniões das outras pessoas. Felizmente, como você tem um charme persuasivo, é capaz de convencer os outros da importância dos seus ideais e, assim, angariar a assistência que deseja.

O desejo de honestidade e justiça pode levá-lo a tomar o controle em situações difíceis. Isso muitas vezes pode fazer com que você pareça ser uma pessoa autoritária. Na verdade, o que você precisa é resolver as questões e não deixá-las por serem concluídas. A sua determinação, seu poder e sua perseverança podem, em última análise, garantir-lhe o sucesso. No entanto, sob toda essa seriedade bate um coração idealista disposto a ajudar as outras pessoas a alcançarem o topo.

Trabalho & Vocação

A combinação da sua capacidade de trabalhar duro, de liderança perceptiva e de assumir responsabilidades apontam para extraordinários prospectos de sucesso. A sua original e excepcional mente possui muitas idéias inovadoras, que podem atraí-lo para carreiras na área de educação, filosofia ou pesquisa científica. O humanitarismo e uma possível aspiração espiritual podem levá-lo a atuar em projetos de reforma social ou religião; o seu senso dramático natural pode levá-lo a trabalhar em alguma forma de arte ou entretenimento. O jeito com as palavras pode também inspirá-lo a se expressar por meio da fala, da escrita ou do canto. Com um poder de cura inato, pode ser que você se dedique a alguma carreira na área de medicina ou saúde alternativa.

Numerologia

O dia de aniversário número 19 sugere que você é uma pessoa decisiva, cheia de recursos e com visão profunda, mas que o lado sonhador da sua natureza é compassivo e impressionável. A necessidade de ser alguém é a mesma coisa que o leva a se comportar de maneira teatral e a reivindicar o centro do palco. Para as outras pessoas, você pode parecer confiante e resistente, mas as tensões internas podem causar instabilidade emocional. Embora seja orgulhoso, você precisa aprender que o mundo não gira ao seu redor. A subinfluência do mês número 5 indica que você é alerta e mentalmente inquieto. Mesmo que deseje paz e harmonia, você precisa desenvolver uma consciência dos sentimentos e necessidades das outras pessoas. Criativo e imaginativo, você se beneficia se desenvolver os seus talentos artísticos. Evite preocupar-se, aprendendo a relaxar e a se desapegar. Encorajando as outras pessoas e sendo paciente, você pode superar a tendência à critica. Você precisa encontrar o equilíbrio entre o autocentramento e o serviço altruísta a outras pessoas. Sendo justo você mostra coragem e um autocontrole verdadeiro.

Positivo: dinamismo, centramento, criatividade, liderança, sorte, atitudes progressistas, fortes convicções, competitividade, independência, sociabilidade

Negativo: autocentramento, depressão, preocupação, medo de rejeição, instabilidade, materialismo, egotismo, impaciência

♉

ESTRELAS FIXAS

Alcyone; Algol, também chamada de Caput Medusae

ESTRELA PRIMÁRIA

Nome da estrela:
Alcyone
Posição:
29° de Touro - 0°6' de Gêmeos, entre os anos de 1930 e 2000
Magnitude:
3
Força:
★★★
Órb:
1°40'
Constelação:
Eta Taurus
Dias:
19, 20, 21 e 22 de maio
Qualidades da estrela:
Lua/Marte
Descrição:
estrela principal verde e amarela no agrupamento das Plêiades, localizada no ombro do Touro (é a estrela mais brilhante de Plêiades)

♉

Amor & Relacionamentos

Aberto e direto, você é um defensor das pessoas que ama. Um ambiente harmônico e pacífico são um pré-requisito e, com a sua personalidade despreocupada, você sempre pode ajudar os que padecem com tensões emocionais. Porém, previna-se contra a tendência a se tornar muito arrogante ou inquieto e evite cair na rotina. Apesar de muito sociável, a vida doméstica e familiar desempenha um papel importante no seu plano geral de vida.

INFLUÊNCIA DA ESTRELA PRIMÁRIA

Alcyone confere abertura e franqueza, honestidade e sinceridade. Inquietude e ações impulsivas também são associadas a esta estrela. Por natureza, essas pessoas são enérgicas e resolutas, mas podem ter inclinação a agir de forma impulsiva quando seus sentimentos são tensos. Isso pode provocar turbulências e transformar as situações. Esta estrela adverte contra febres e problemas com a visão.
Ligada ao grau do seu Sol, Alcyone confere amor, eminência e capacidade de liderança. Esta estrela freqüentemente indica que você pode obter o sucesso em questões públicas ou legais ou usar a sua mente criativa para desenvolver o seu talento para escrever.

- **Positivo**: mente criativa, honestidade, entusiasmo
- **Negativo**: perversidade, oscilações de humor, comportamento temperamental

Consulte o Apêndice para obter mais informações a respeito das estrelas fixas.

ALGUÉM ESPECIAL

Você pode encontrar um relacionamento duradouro e segurança entre as pessoas nascidas nas seguintes datas:

- **Amor & amizade**: jan: 11, 13, 15, 17, 25, 29; fev: 9, 11, 13, 15, 23; mar: 7, 9, 11, 13, 21, 25; abr: 5, 7, 9, 11, 19; mai: 3, 5, 7, 9, 17, 31; jun: 1, 3, 5, 7, 15, 29; jul: 1, 3, 5, 27, 29, 31; ago: 1, 3, 11, 25, 27, 29; set: 1, 9, 13, 23, 25, 27; out: 7, 21, 23, 25; nov: 5, 19, 21, 23; dez: 3, 17, 19, 21, 30

- **Relacionamentos benéficos**: jan: 1, 5, 20; fev: 3, 18; mar: 1, 16; abr: 14; mai: 12; jun: 10; jul: 8; ago: 6; set: 4; out: 2

- **Atrações fatais**: nov: 19, 20, 21, 22

- **Relacionamentos desafiantes**: jan: 6, 22, 24; fev: 4, 20, 22; mar: 2, 18, 20; abr: 16, 18; mai: 14, 16; jun: 12, 14; jul: 10, 12; ago: 8, 10, 31; set: 6, 8, 29; out: 4, 6, 27; nov: 2, 4, 25, 30; dez: 2, 23, 28

- **Alma gêmea**: jan: 6, 12; fev: 4, 10; mar: 2, 8; abr: 6; mai: 4; jun: 2

20 de Maio

Uma inteligência brilhante e individual distingue as pessoas que compartilham esta data de aniversário como especiais. Com liderança natural, entusiasmo e talento para se sobressair, você tem jeito para lidar com as pessoas, é amável e muito sociável. Você é naturalmente talentoso e as outras pessoas o vêem como alguém que tem senso comum, charme e auto-assertividade.

A subinfluência do seu Sol no decanato de Capricórnio de Touro sugere que o prestígio e o auto-respeito são importantes para você. Com dignidade e capacidade de trabalhar muito, você geralmente assume com seriedade as suas responsabilidades. Com uma compreensão natural para o dinheiro, muitas vezes prefere controlar a sua situação financeira ou investimentos. Os luxos da vida, contudo, atraem-no, e por isso pode gastar com coisas bonitas; apenas tome cuidado com a auto-indulgência.

Com um senso dramático natural, você gosta de estar cercado por pessoas inteligentes e comunicativas. Como tem facilidade com as palavras, gosta de debates ou respostas espirituosas. Com capacidade de entender idéias rapidamente, você gosta de ser honesto e direto, mas deve evitar a tendência a ser dogmático ou obstinado.

♉

SOL: TOURO
DECANATO: CAPRICÓRNIO/SATURNO
GRAU: 28°-29°30' TOURO
MODO: FIXO
ELEMENTO: TERRA

♉

Se os seus planos não forem bem-sucedidos, você pode acabar sentindo pena de si mesmo, mas não ficará assim por muito tempo, pois é uma pessoa determinada para superar obstáculos e realizar os seus desejos.

Por volta do seu segundo ano de vida, o seu Sol progredido entra no signo de Gêmeos. Isso quer dizer que, quando criança, você aprende rápido e tem laços fortes com irmãos e irmãs. Até os 30 anos de idade, você deve se concentrar em estudos e no aprendizado de novas habilidades. Aos 31 anos de idade sua vida passa por uma grande transformação, quando o seu Sol progredido entra no signo de Câncer, trazendo a importância dos laços familiares e de um ambiente doméstico. Depois dos 60 e poucos anos de idade, quando o seu Sol progredido entra no signo de Leão, você se torna uma pessoa mais confiante, mais despreocupada e com uma capacidade maior de se expressar.

O Seu Eu Secreto

Embora você saiba que é capaz de grandes realizações, deve evitar o materialismo excessivo ou o autocriticismo. O seu espírito criativo garante que você está sempre procurando caminhos novos e estimulantes para ocupar a sua mente e expandir os seus horizontes. Como não se satisfaz com o que já tem, pode viajar para locais distantes, física ou mentalmente, para explorar todas as novas possibilidades.

Ainda que muitas vezes não aparente, você pode ser uma pessoa de emoções intensas. Como esta sensibilidade precisa se manifestar pela alegria de viver, é vital que você não se deixe levar por preocupações ou ansiedades. Quando está feliz, tem a sensação de que pode realizar todos os seus desejos, mas não se esqueça de escolher com base na sua fé em si mesmo para que os seus sonhos permaneçam vivos. Você é capaz de ser muito bem-sucedido na vida, por meio da combinação da sua determinação, inspiração e generosidade.

Trabalho & Vocação

Com a sua inteligência e necessidade de coisas novas, você está sempre ampliando o seu conhecimento. Como gosta de grandes projetos ou grupos e não se sente bem em posições subordinadas, o ideal é seguir uma carreira autônoma ou ter algum tipo de controle ou autoridade. Se usar a autodisciplina necessária, o seu jeito natural para os negócios pode ser a garantia do sucesso. É necessário que você tenha algum tipo de desafio mental ou diversidade para evitar o tédio. O seu intelecto intuitivo pode levá-lo a trabalhar em pesquisa científica, educação, metafísica ou filosofia. Como tem muitos talentos e aprecia a arte, a música e o teatro, pode seguir carreiras ligadas às artes, meios de comunicação ou no mundo do entretenimento; a sua natureza atenciosa pode encontrar um lugar no mundo do trabalho social, do aconselhamento ou por meio da defesa dos direitos das outras pessoas.

♉

ESTRELA FIXA

Nome da estrela:
Alcyone

Posição:
29° de Touro - 0°6' de Gêmeos, entre os anos de 1930 e 2000

Magnitude:
3

Força:
★★★

Órb:
1°40'

Constelação:
Eta Taurus

Dias:
19, 20, 21 e 22 de maio

Qualidades da estrela:
Lua/Marte

Descrição:
estrela principal verde e amarela no agrupamento das Plêiades, localizada no ombro do Touro (é a estrela mais brilhante de Plêiades)

♉

Numerologia

Com o dia de aniversário número 20, você é uma pessoa intuitiva, adaptável e compreensiva. Normalmente, você gosta de atividades cooperativas em que possa interagir, compartilhar experiências ou aprender com as outras pessoas. Muitas vezes uma pessoa charmosa e graciosa, você desenvolve habilidades diplomáticas e pode circular com facilidade em diferentes círculos sociais. Entretanto, você precisa superar a tendência a se magoar facilmente pelas ações e críticas das outras pessoas. Nos seus relacionamentos, deve se prevenir contra a inclinação a se martirizar, a desconfiança ou a se tornar excessivamente dependente. A subinfluência do mês número 5 indica que você é receptivo e inteligente, com necessidade de ser criativo e auto-expressivo. Às vezes tímido, você precisa aprender a expressar os seus sentimentos para as outras pessoas. Embora seja uma pessoa amigável e se veja fazendo parte de uma equipe, precisa, de vez em quando, ficar sozinho para se acalmar e se recompor mentalmente. Dedique-se aos estudos ou ao aprendizado de novas habilidades e permita que as outras pessoas o ajudem a fazer mudanças na sua vida. Confie no seu poder de intuição e aperfeiçoe a sua mente.

Positivo: boas parcerias, gentileza, tato, receptividade, intuição, consideração, harmonia, amabilidade, natureza amigável, embaixador da boa vontade

Negativo: desconfiança, timidez, sensibilidade excessiva, emotivo ao extremo, egoísmo, tendência a ser facilmente magoado, ilusão

Amor & Relacionamentos

Sensível e intuitivo, mas com a mente rápida, você precisa de variedade e estímulo mental nos seus relacionamentos. Apesar de gostar de atividades sociais e de conhecer pessoas diferentes, você prefere a companhia de indivíduos inteligentes que tenham muito a oferecer em termos de conhecimentos e idéias. Como pode, por si só, realizar muitas coisas, nos seus relacionamentos se recusa a ter uma posição secundária e, em geral, você se coloca no mesmo pé de igualdade dos outros. Afetuoso, leal e compreensivo, você se preocupa com as pessoas de que gosta. Quando está apaixonado, está sempre disposto a fazer grandes sacrifícios. Porém, a inquietude que caracteriza as pessoas nascidas neste dia também sugere que você pode mudar de idéia ou ficar indeciso.

INFLUÊNCIA DA ESTRELA PRIMÁRIA

Alcyone confere abertura e franqueza, honestidade e sinceridade. Inquietude e ações impulsivas também são associadas a esta estrela. Por natureza, essas pessoas são enérgicas e resolutas, mas podem ter inclinação a agir de forma impulsiva quando seus sentimentos são tensos. Isso pode provocar turbulências e transformar as situações. Esta estrela adverte contra febres e problemas com a visão.
Ligada ao grau do seu Sol, Alcyone confere amor, eminência e capacidade de liderança. Esta estrela freqüentemente indica que você pode obter o sucesso em questões públicas ou legais ou usar a sua mente criativa para desenvolver o seu talento para escrever.

- **Positivo**: mente criativa, honestidade, entusiasmo
- **Negativo**: perversidade, oscilações de humor, comportamento temperamental

ALGUÉM ESPECIAL

Você pode encontrar um parceiro estimulante entre as pessoas nascidas nas seguintes datas:

Amor & amizade: jan: 12, 16, 25, 30; fev: 10, 14, 23, 24; mar: 8, 12, 22, 26, 31; abr: 6, 10, 20, 29; mai: 4, 8, 18, 27; jun: 2, 6, 16, 25, 30; jul: 4, 14, 23, 28; ago: 2, 12, 21, 26, 30; set: 10, 14, 19, 24, 28; out: 8, 17, 22, 26; nov: 6, 15, 20, 24, 30; dez: 4, 13, 18, 22, 28

Relacionamentos benéficos: jan: 2, 13, 22, 24; fev: 11, 17, 20, 22; mar: 9, 15, 18, 20, 28; abr: 7, 13, 16, 18, 26; mai: 5, 11, 16, 18, 26; jun: 3, 9, 12, 14, 22; jul: 1, 7, 10, 12, 20; ago: 5, 8, 10, 18; set: 3, 6, 8, 16; out: 1, 4, 6, 14; nov: 2, 4, 12; dez: 2, 10

Atrações fatais: jan: 25; fev: 23; mar: 21; abr: 19; mai: 17; jun: 15; jul: 13; ago: 11; set: 9; nov: 5, 21, 22, 23; dez: 3

Relacionamentos desafiantes: jan: 7, 23; fev: 5, 21; mar: 3, 19, 29; abr: 1, 17, 27; mai: 15, 25; jun: 13, 23; jul: 11, 21, 31; ago: 9, 19, 29; set: 7, 17, 27; nov: 3, 13, 23, 26; dez: 1, 11, 21, 24

Alma gêmea: jan: 17; fev: 15; mar: 13; abr: 11; mai: 9; jun: 7; jul: 5; ago: 3; set: 1; nov: 30; dez: 28

21 de Maio

Espirituoso, inteligente e ambicioso, você é um indivíduo ativo e com magnetismo pessoal. Com a vantagem especial de ter nascido na cúspide, você possui tanto a sensualidade de Touro quanto o poder intelectual de Gêmeos. Uma das suas grandes qualidades é o seu talento para lidar com as pessoas e o seu senso dramático natural. Cheio de informações, você, em geral, adora as idéias e o conhecimento e tem uma excelente capacidade de transmitir os seus pensamentos de uma maneira divertida. Com habilidade para fazer amigos, você tem um forte senso de individualidade e independência.

A subinfluência adicional do seu Sol na cúspide de dois decanatos implica que você é responsável, leal e trabalhador e um excelente comunicador. Com um senso agudo natural para os negócios e um senso prático, você tem consciência das questões ligadas à segurança e à vida doméstica. O seu espírito de empreendimento pode colocar a sua ambição em ação e garantir que os seus planos sejam bem-sucedidos. Contudo, previna-se contra a tendência à rebeldia ou teimosia, que podem abalar a sua comunicação interpessoal.

♉

SOL: CÚSPIDE DE TOURO/GÊMEOS
DECANATO: CAPRICÓRNIO/SATURNO
GRAU: 29°-0°30' TOURO
MODO: FIXO
ELEMENTO: TERRA

♉

Espirituoso, criativo e direto, você pode ser muito persuasivo e tem capacidade de organização. O amor pelo luxo e pelo prazer sugere que você gosta de aproveitar tudo o que a vida tem a oferecer, mas a inclinação para o excesso pode ameaçar a sua felicidade. Com autodisciplina, você adquire a capacidade de se realizar em todas as áreas da sua vida.

Nos primeiros trinta anos da sua vida, o seu Sol progredido atravessa o signo de Gêmeos. Isso sugere que você é uma criança alerta e que aprende rápido. Nesse período, você pode também desenvolver os seus poderes mentais e habilidades de comunicação. Quando o seu Sol progredido entra no signo de Câncer, no início dos seus 30 anos, é provável que haja uma mudança na sua perspectiva quanto às necessidades emocionais, domésticas e familiares. A partir dos 60 anos de idade, quando o seu Sol progredido entra no signo de Leão, aumentam a sua autoconfiança e a auto-expressão e você pode se interessar pela vida pública.

O Seu Eu Secreto

Uma forte tendência materialista indica a possibilidade de uma ênfase excessiva na segurança, mas isso é contrabalançado pelo seu grande coração e compaixão pelas pessoas. Com o tempo, o poder do amor se torna mais significativo e pode ser que você venha a considerar como especialmente importante a descoberta de vias de auto-expressão. Isso pode encorajá-lo a explorar a escrita, o teatro, a arte ou a música para desenvolver os seus talentos inatos. Entre os seus muitos talentos, você possui alegria de viver e de se divertir, o que pode ser usado para aliviar o peso de outras pessoas.

Quando gosta, você fica disposto a dar muito de si e tem de aceitar que as pessoas nem sempre podem retribuir na mesma moeda. Com a sua preocupação atenciosa e capacidade de resolução de problemas, você pode, muitas vezes, ajudar as pessoas a resolver os próprios problemas, especialmente seus familiares. No seu caso, pode se preocupar desnecessariamente com questões financeiras, pois sempre recebe de volta aquilo que dá e, às vezes, muito mais.

Trabalho & Vocação

Talentoso e trabalhador, você possui o charme pessoal que garante o seu sucesso em todas as atividades relacionadas com o trato com as pessoas. Com a sua mente rápida, você é um excelente conversador e pode usar este talento com as palavras para escrever, trabalhar em áreas como jornalismo, magistério, política ou advocacia. Como é persuasivo e tem muito talento para negócios, pode também se sobressair em áreas como vendas, *marketing* e promoção. A ambição e o desejo de ter uma vida boa podem estimulá-lo a atingir os seus grandes ideais, mas a educação pode ter um papel extremamente importante na utilização do seu formidável poder mental. Muitas pessoas nascidas neste dia são levadas a trabalhar no mundo das artes, da música ou do entretenimento.

Numerologia

Impulso dinâmico e personalidade expansiva são alguns dos traços muitas vezes presentes nas pessoas nascidas com o número 21. Amigável e gregário, você tem muitos contatos sociais e um grande círculo de amigos. Com o dia de aniversário número 21, você gosta de se divertir, é magnético e criativo; é possível que seja uma pessoa tímida e reservada, com necessidade de desenvolver a assertividade, especialmente em relacionamentos próximos. Mesmo podendo ter inclinação para associações cooperativas ou para o casamento, você sempre quer ser reconhecido pelos seus talentos e habilidades. A subinfluência do mês número 5 indica que você é uma pessoa versátil e entusiástica. A sua habilidade para captar rapidamente as idéias permite que você adquira novas habilidades. Talvez precise desenvolver o seu senso para negócios e estabelecer uma base sólida para si mesmo. Criativo e prático, precisa expressar as suas idéias e pensamentos de forma individual. Embora possa iniciar projetos com grande entusiasmo, não deixe de concluí-los.

♉

ESTRELA FIXA

Nome da estrela:
Alcyone

Posição:
29° de Touro - 0°6' de Gêmeos, entre os anos de 1930 e 2000

Magnitude:
3

Força:
★★★

Órb:
1°40'

Constelação:
Eta Taurus

Dias:
19, 20, 21 e 22 de maio

Qualidades da estrela:
Lua/Marte

Descrição:
estrela principal verde e amarela no agrupamento das Plêiades, localizada no ombro do Touro (é a estrela mais brilhante de Plêiades)

♉

- **Positivo**: inspiração, criatividade, uniões com amor, relacionamentos duradouros
- **Negativo**: dependência, nervosismo, perda de controle emocional, falta de visão, desapontamento, medo de mudanças

Amor & Relacionamentos

Espontâneo e otimista, mas trabalhador e perceptivo, você, muitas vezes, fica dividido entre a necessidade de ser livre e independente e o desejo de se dedicar a um parceiro. O seu entusiasmo e personalidade amável sugerem que você é uma pessoa sociável e popular. Você pode ter relacionamentos que se afinam com a sua necessidade interior de uma percepção maior. Tente não esperar muito dos outros; seja realista e aprenda que a fé e a confiança sempre recompensam. Escolha com cuidado os seus amigos e parceiros.

INFLUÊNCIA DA ESTRELA PRIMÁRIA

Alcyone confere abertura e franqueza, honestidade e sinceridade. Inquietude e ações impulsivas também são associadas a esta estrela. Por natureza, essas pessoas são enérgicas e resolutas, mas podem ter inclinação a agir de forma impulsiva quando seus sentimentos são tensos. Isso pode provocar turbulências e transformar as situações. Esta estrela adverte contra febres e problemas com a visão.

Ligada ao grau do seu Sol, Alcyone confere amor, eminência e capacidade de liderança. Esta estrela freqüentemente indica que você pode obter o sucesso em questões públicas ou legais ou usar a sua mente criativa para desenvolver o seu talento para escrever.

Positivo: mente criativa, honestidade, entusiasmo

Negativo: perversidade, oscilações de humor, comportamento temperamental

ALGUÉM ESPECIAL

Entre as pessoas nascidas nas seguintes datas, o seu ideal romântico pode ser mais facilmente realizado:

Amor & amizade: jan: 7, 10, 17, 21, 27; fev: 5, 8, 15, 25, 29; mar: 3, 6, 13, 23, 27; abr: 1, 4, 11, 21; mai: 2, 9, 19; jun: 7, 17; jul: 5, 15, 29; ago: 3, 13, 27, 29, 31; set: 1, 11, 15, 25, 27, 29; out: 9, 23, 25, 27; nov: 7, 21, 23, 25; dez: 5, 19, 21, 23

Relacionamentos benéficos: jan: 3, 5, 20, 25, 27; fev: 1, 3, 18, 23, 25; mar: 1, 16, 21, 23; abr: 14, 19, 21; mai: 12, 17, 19; jun: 10, 15, 17; jul: 8, 13, 15; ago: 6, 11, 13; set: 4, 9, 11; out: 2, 7, 9; nov: 5, 7; dez: 3, 5

Atrações fatais: jan: 13; fev: 11; mar: 9; abr: 7; mai: 5; jun: 3; jul: 1; nov: 22, 23, 24

Relacionamentos desafiantes: jan: 16, 24; fev: 14, 22; mar: 12, 20; abr: 10, 18; mai: 8, 16, 31; jun: 6, 14, 29; jul: 4, 12, 27; ago: 2, 10, 25; set: 8, 23; nov: 4, 19; dez: 2, 17

Alma gêmea: jan: 16; fev: 14; mar: 12; abr: 10; mai: 8; jun: 6; jul: 4, 31; ago: 2, 29; set: 27; out: 25; nov: 23; dez: 21

Pessoas famosas de Touro

21 de abril
A Rainha Elizabeth II, Charlotte Brontë, Iggy Pop, Rollo May, Andie McDowell, Anthony Quinn, Charles Grodin, Tony Danza

22 de abril
Jack Nicholson, Immanuel Kant, Charlie Mingus, Yehudi Menuhin, Robert Oppenheimer, Aaron Spelling, Charles Mingus, Glen Campbell, Peter Frampton, Nana Caymmi, Arnaldo Cohen

23 de abril
Max Planck, Roy Orbison, Joseph Turner, Shirley Temple, Lee Majors, Vladimir Nabokov, Jan Hooks, Valerie Bertinelli, William Shakespeare, Vladimir Nabokov

24 de abril
Shirley MacLaine, Barbra Streisand, Jill Ireland, John Williams, Robert Penn Warren, Michael O'Keefe, Eric Bogosian, São Vicente de Paula, Marisa Gata Mansa, Marechal Rondom

25 de abril
Guglielmo Marconi, Ella Fitzgerald, Meadowlark Lemon, Al Pacino, Janete Clair, Paul Mazursky, Tália Shire, Edward R. Murrow, Custódio Mesquita, Paulo Vanzolini

26 de abril
Eugene Delacroix, Ludwig Wittgenstein, Carol Burnett, Dunne Eddy, Michael Damian, John James Audubon, Bernard Malamud

27 de abril
Samuel Morse, Coretta Scott King, Sheena Easton, Miry Wollstonecraft, Sandy Dennis, Nelson Werneck Sodré, Kate Pierson, Jack Klugman, Casey Kasem, Ulyses S. Grani, Chuck Knox

28 de abril
Harper Lee, Saddam Hussein, Ann-Margret, Blossom Dearie, Lionel Barrymore, Jay Leno, James Monroe, John Daly, Paulo César Pinheiro

29 de abril
Michelle Pfeiffer, Uma Thurman, Duke Ellington, Andre Agassi, Sir Thomas Beecham, Malcolm Sargent, William Randolph Hearst, Jerry Seinfeld, Carnie Wilson, Nora Dunn

30 de abril
Willie Nelson, Clayburgh, a Rainha Juliana da Holanda, Eve Ardeu, Carlos Lacerda, Bráulio Pedroso, Isiah Thomas, Cloris Leachman, Johnny Galecki, Gary Collins, Dorival Caymmi

1º de maio
Judy Collins, Rita Coolidge, Glenn Ford, Terry Southern, Joseph Heller, Otto Lara Resende, José de Alencar, Alfonso Arinos, Marcelo Rubens Paiva, Ray Parker Jr., Steve Cauthen, Jack Paar, Billie Owens, Delfim Neto, Miguel Couto

2 de maio
Bing Crosby, Satyajit Ray, Benjamin Spock, Bianca Jagger, Larry Gatlin, Jenna Von Ou, Lesley Gore, Ataulfo Alves

3 de maio
Golda Meir, Mary Astor, Samantha Eggar, Peter Seeger, Sugar Ray Robinson, Aurélio Buarque de Hollanda Ferreira, Nélida Pinou, Doug Henning, Engelbert Humperdinck, Walter Slezak, May Sarton

4 de maio
Audrey Hepburn, Hosni Mubarak, Randy Travis, Maynard Ferguson, Nicholas Ashford, Pia Zadora, Roberta Peters, George Will

5 de maio
Karl Marx, Ho Chi Minh, Tammy Wynette, Soren Kiekegaard, Michael Palin, James Beard, Tyrone Power, Arthur Hailey, Beth Carvalho, Dalva de Oliveira

6 de maio
Orson Welles, Sigmund Freud, Willie Mays, Rodolfo Valentino, George Clooney, Robespierre, Theodore H. White

7 de maio
Jimmy Ruffin, Gary Cooper, Rabindranath Tagore, Robert Browning, Eva Pedon, Johannes Brahms, Peter Ilyitch Tchaikovsky, Traci Lords, Robin Strasser, Johnny Unitas, Orestes Barbosa, Dircinha batista

8 de maio
Harry S. Truman, Krishnamurti, Thomas Pynchon, Sonny Listou, Melissa Gilbert, Chris Frantz, Philip Bailey, Alex Van Halem, Billy Blanco, Taffarel

9 de maio
Glenda Jackson, Billy Joel, Sir James Barrie, John Brown, Albert Finney, Candice Bergen, Mike Wallace, Pancho Gonzalez

10 de maio
Fred Astaire, Donovan, Richard Wilhelm, David Selznick, Sid Vicious, Bono, Barbara Woodhouse, Judith Jamison, Celso Cunha

11 de maio
Salvador Dalí, Martha Graham, Irving Berlin, Eric Burden, Phil Silvers, Nathasa Richardson, Martha Quinn, Rubem Fonseca, Carlos Lyra

12 de maio
Katharine Hepburn, Dance Gabriel Rosseti, Yogi Berra, George Carlin, Florence Nightingale, Kim Fields, Emilio Estevez, Sthephen Baldwin, Jamelão

13 de maio
Steve Wonder, Gil Evans, Daphne du Maurier, Sir Arthur Sullivan, Harvey Keitel, Bea Arthur, Dennis Rodman, Lima Barreto, Julianne Phillips, Angela Maria, Murilo Mendes, Waldick Soriano

14 de maio
David Byrne, George Lucas, Gabriel Fahreinheit, Thomas Gainsborough, Kurt Browning, Shanice Wilson, Bobby Darin, Dante Alighieri

15 de maio
James Mason, Pierce Brosnan, Mike Oldfield, Pierre Curie, George Brett, Brian Eno, Richard Avedon

16 de maio
Janet Jackson, Billy Cobham, Robert Fripp, Olga Korbut, Christian Lacroix, Gabriela Sabatini, Tori Spelling, Debra Winger, Leny Kravitz, Liberace, Henry Fonda, Adrienne Rich

17 de maio
Enya, Dennis Hopper, Edward Jenner, Taj Mahal, Sugar Ray Leonard, Bill Paxton, Kathleen Sullivan, Bob Saget, Pedro Bloch, Danny Manning

18 de maio
Margot Fonteyn, o Papa João Paulo II, Perry Como, Toyah Willcox, George Strait, Martika, Reggie Jackson, Robert Morse

19 de maio
Malcolm X, Townshend, Joey Ramone, Grace Jones Bill Laimber, Nora Ephon, Jim Lehrer, Johnny Alf

20 de maio
Cher, Joe Cocker, Sócrates, Jimmy Stewart, Honoré de Balzac, Bobby Murcer, Dave Thomas, Jimmy Stewart, Renato Teixeira

21 de maio
Harold Robbins, Fats Waller, Albrecht Dürer, Mary Robinson, Raymond Burr, Robert Montgomery, Mr. T 21

Estrelas fixas de Touro

Para as pessoas que nasceram em dias que recebem a influência de mais de uma estrela fixa, segue aqui uma lista completa das estrelas fixas e de seus atributos. Você também pode usar este apêndice juntamente com o seu mapa astrológico para aprender mais acerca do significado destes corpos celestiais.

Mira

Nome da estrela: Mira ou Stella Mira
Posição: 0°33'-1°32' de Touro, entre os anos de 1930 e 2000
Magnitude: 2-10
Força: ★★★★★
Órb: 1°30'
Constelação: Omicron Ceti
Dias: 20, 21, 22 e 23 de abril
Qualidades da estrela: Saturno/Júpiter
Descrição: uma estrela laranja-avermelhada localizada na cauda da Baleia.

Mira concede perseverança, conscientização dos objetivos, senso de dever e habilidade para superar obstáculos por meio da resistência. Contudo, esta estrela também adverte contra a inclinação ao materialismo. A insatisfação consigo mesmo e com os outros muitas vezes leva à confusão e à frustração, bem como à instabilidade. Por isso é importante cultivar a paciência. Todavia, Mira também concede uma mente científica e cheia de recursos, que pode desenvolver idéias originais.
Ligada ao grau do seu Sol, esta estrela confere determinação e honrarias em assuntos de natureza legal, governo e no trato com o público.

- **Positivo**: diligência, senso de dever, franqueza, sinceridade
- **Negativo**: instabilidade, irritabilidade, frustração

El Scheratain

Nome da estrela: El Scheratain, também chamada de Sharatan
Posição: 2°58'-3°58' de Touro, entre os anos de 1930 e 2000
Magnitude: 2.5-3
Força: ★★★★★★★
Órb: 2°
Constelação: Beta Arietis
Dias: 22, 23, 24 e 25 de abril
Qualidades da estrela: Marte/Saturno
Descrição: uma estrela branca pérola localizada no chifre norte de Ram.

El Scheratain confere paciência, poder de superar obstáculos pela resistência e energia. Por meio da determinação, esta estrela sugere que você pode desenvolver habilidades e alcançar honrarias e fortuna. A influência desta estrela também indica que acontecimentos irritantes precisam ser encarados com paciência. As pessoas influenciadas por esta estrela precisam evitar a frustração ou a indecisão, pois isso pode minar os seus poderes.
Ligada ao grau do seu Sol, esta estrela confere preferência por trabalhos que exijam paciência e força física. Você pode se distinguir na sua área profissional. El Scheratain, no entanto, sugere a tendência a dominar ou controlar as situações, o que pode trazer problemas.

- **Positivo**: persistência, força incansável
- **Negativo**: força destrutiva, teimosia, falta de energia, falta de vitalidade

Hamal

Nome da estrela: Hamal, também chamada de Al Hamal ou a Ovelha
Posição: 6°43'-7°38' de Touro, entre os anos de 1930 e 2000
Magnitude: 2
Força: ★★★★★★★★
Órb: 2°10'
Constelação: Alpha Arietis
Dias: 25, 26, 27, 28, 29 e 30 de abril
Qualidades da estrela: influências combinadas de Marte e Saturno
Descrição: uma estrela amarelo-laranja localizada na testa de Ram.

Hamal confere inquietude e impulso para se destacar, além de tendência à rebeldia. Esta estrela sugere que a competitividade e o ímpeto para obter sucesso podem, ocasionalmente, levá-lo a usar métodos pouco ortodoxos para alcançar os seus objetivos.
Ligada ao grau do seu Sol, esta estrela indica poder de superar obstáculos com concentração e persistência, mas adverte contra o comportamento sem consideração para com os outros ou o uso da força. Somente por meio da paciência, você pode desenvolver as suas habilidades, seus talentos e sua capacidade. Hamal também sugere que há o perigo de você colocar o dinheiro acima de tudo.

- **Positivo**: paciência, disciplina, trabalho duro, energia concentrada, liderança
- **Negativo**: uso da força, falta de escrúpulos, más companhias

Schedir

Nome da estrela: Schedir, também chamada de Sader
Posição: 6°51'-7°57' de Touro, entre os anos de 1930 e 2000
Magnitude: 2.5
Força: ★★★★★★★
Órb: 2°
Constelação: Alpha Cassiopeia
Dias: 26, 27, 28, 29 e 30 de abril
Qualidades da estrela: Saturno
Descrição: uma estrela múltipla e ligeiramente azul localizada na constelação de Alpha Cassiopeia.

A influência de Schedir sugere que você pode receber ajuda de pessoas que ocupam cargos de importância. Muitas vezes, Schedir concede inclinações místicas e, embora aparente ser sério, você deseja levar uma boa vida.
Ligada ao grau do seu Sol, esta estrela garante freqüentemente talento para escrever e sucesso em assuntos ligados ao público em geral.

- **Positivo**: apoio de outras pessoas, determinação, consistência
- **Negativo**: tendências materialista, seriedade excessiva

Alamak

Nome da estrela: Alamak, também chamada de Almach
Posição: 13°15'-14°20' de Touro, entre os anos de 1930 e 2000
Magnitude: 2
Força: ★★★★★★★★
Órb: 2°10'
Constelação: Gamma Andromeda
Dias: 2, 3, 4, 5, 6 e 7 de maio
Qualidades da estrela: Vênus
Descrição: uma estrela binária laranja, esmeralda e azul, localizada no pé esquerdo de Andrômeda.

Alamak confere talentos artísticos e musicais, boa voz e popularidade. Esta estrela também concede fortuna e sucesso e você pode receber honras ou ganhos inesperados. Se for diligente e paciente, você pode ter sucesso, amor, romance e felicidade nos assuntos domésticos. Ligada ao grau do seu Sol, esta estrela garante reconhecimento por meio de trabalhos escritos e atividades criativas, sucesso no trato com o público e realizações em assuntos de natureza pública, particularmente os ligados à lei e à advocacia. Alamak também indica que você pode sempre obter fama e prestígio.

- **Positivo**: talentos criativos, natureza amorosa, habilidade para atrair sucesso material
- **Negativo**: egoísmo, indulgência, extravagância

Menkar

Nome da estrela: Menkar
Posição: 13°20'-14°14' de Touro, entre os anos de 1930 e 2000
Magnitude: 2.5
Força: ★★★★★★★
Órb: 1°40'
Constelação: Alpha Ceti
Dias: 3, 4, 5 e 6 de maio
Qualidades da estrela: Saturno
Descrição: uma estrela brilhante laranja e vermelha localizada na mandíbula da Baleia Menkar.

Menkar prevê muitos desafios e necessidade de perseverança. Você é muitas vezes uma pessoa dedicada e solidária e possui habilidade para demonstrar compaixão. Ainda assim, às vezes, poderá haver situações familiares difíceis e você pode carregar a sua parcela de responsabilidade com orgulho e determinação. Ligada ao grau do seu Sol, esta estrela sugere que, por meio da paciência e de uma atitude responsável, você pode ser bem-sucedido. Ela, no entanto, comporta uma advertência quanto ao fato de que legados e heranças podem estar associados com desavenças familiares. Menkar denota também uma boa voz, mas adverte para alguns problemas relacionados à garganta.

- **Positivo**: dedicação, consideração, compaixão
- **Negativo**: falta de persistência, ressentimento, irresponsabilidade, autopiedade

Zanrak

Nome da estrela: Zanrak
Posição: 22°33'-23°32' de Touro, entre os anos de 1930 e 2000
Magnitude: 3
Força: ★★★★★★
Órb: 1°40'
Constelação: Gamma Eridani
Dias: 13, 14, 15 e 16 de maio
Qualidades da estrela: Saturno
Descrição: uma estrela vermelha localizada no rio Eridanus.

Zanrak confere seriedade e perspectiva pragmática, juntamente com a tendência a levar a vida muito seriamente. A influência desta estrela também sugere uma sensibilidade exagerada com relação às opiniões de outras pessoas, bem como uma perspectiva pessimista. Ligada ao grau do seu Sol, esta estrela pode conceder uma preferência ao uso da escrita, aos negócios, bem como a atividades ligadas ao público. Zanrak também adverte que você pode se isolar ou vir a encontrar obstáculos. Há também indicações de você ser fortemente influenciado pelo seu ambiente imediato e necessitar de apoio de familiares.

- **Positivo**: pragmatismo, seriedade, responsabilidade, sensibilidade
- **Negativo**: seriedade exagerada, comportamento sombrio

Capulus

Nome da estrela: Capulus, também chamada de Gyrus

Posição: 23°15'-24°27' de Touro, entre os anos de 1930 e 2000
Magnitude: 4
Força: ★★★★
Órb: 1°30'
Constelação: M34 Perseus
Dias: 13, 14 e 15 de maio
Qualidades da estrela: Marte/Mercúrio
Descrição: um agrupamento de estrelas binárias localizado na espada de Perseus.

Capulus confere poder de pensamento, mente rápida e realização de planos e idéias. Há também indicações de que você é ambicioso ou competitivo, o que às vezes pode causar precipitação, indecisão ou mudanças de pontos de vista. Esta estrela também indica que você gosta de conversar e debater e que possui uma impressionante habilidade discursiva. Capulus adverte contra o comportamento destrutivo, o sarcasmo e o envolvimento em controvérsias.
Ligada ao grau do seu Sol, esta estrela concede persistência, resistência, determinação e habilidade para concentrar a sua energia. A influência de Capulus permite que você atinja posições proeminentes na sua área e pode encorajá-lo a estudar Filosofia, Astrologia ou Metafísica. Esta estrela indica também sucesso no trato com o público em geral.

- **Positivo**: ambicioso, bom senso de humor
- **Negativo**: sarcástico, crítico, muito competitivo, destrutivo

Algol

Nome da estrela: Algol, também chamada de Caput Medusae
Posição: 25°13'-26°21' de Touro, entre os anos de 1930 e 2000
Magnitude: 2.5
Força: ★★★★★★★
Órb: 2°
Constelação: Beta Perseus
Dias: 15, 16, 17, 18 e 19 de maio
Qualidades da estrela: Saturno/Júpiter
Descrição: uma estrela binária branca e variável localizada na cabeça da Medusa que Perseus segura.

Esta estrela tem um sentido duplo: por um lado, ela concede valores espirituais elevados e, por outro, sugere má fortuna, insatisfação e falta de espiritualidade. Quando está com uma disposição positiva, você tem potencial para se tornar um líder graças à sua realização e personalidade extraordinária ou, ainda, por meio de benefícios à sua comunidade. Esta estrela sugere que uma perda pode causar um grande impacto na vida da pessoa e é muitas vezes proeminente em pessoas que ajudam os que estão aflitos.
Ligada ao grau do seu Sol, esta estrela indica vitória depois de lutas ou vitória em conflitos e disputas com outras pessoas. Ainda assim, ela também traz uma advertência quanto à tendência ao desperdício de energia e confusão. Esta estrela sugere a importância de manter uma conduta correta, o que pode evitar complicações legais e companhias pouco adequadas e levar a um envolvimento em vinganças, disputas familiares e conflitos físicos.

- **Positivo**: valores altamente espiritualizados, conduta correta
- **Negativo**: má fortuna, impaciência, má conduta, más companhias

Alcyone

Nome da estrela: Alcyone
Posição: 29° de Touro - 0°6' de Gêmeos, entre os anos de 1930 e 2000
Magnitude: 3
Força: ★★★★★
Órb: 1°40'
Constelação: Eta Taurus
Dias: 19, 20, 21 e 22 de maio

Qualidades da estrela: Lua/Marte
Descrição: uma estrela principal verde e amarela no agrupamento de Plêiades, localizada no ombro do Touro (é a estrela mais brilhante de Plêiades).

Alcyone confere abertura, franqueza, honestidade e sinceridade. Esta estrela também está associada à inquietação e a ações impulsivas. Você, por natureza, é vigoroso e tem um forte senso de propósito, ainda que, quando tem sentimentos fortes, tenha inclinação para agir impulsivamente. Isso pode provocar turbulências e instabilidade. Esta estrela também adverte contra febres e problemas com a visão.
Ligada ao grau do seu Sol, Alcyone confere amor, eminência e talento para liderança. Esta estrela muitas vezes indica que você pode ser bem-sucedido em assuntos de natureza pública e legal ou que pode usar a sua mente criativa para desenvolver a sua capacidade literária.

- **Positivo**: mente criativa, entusiasmo, honestidade
- **Negativo**: perversidade, mau humor, comportamento temperamental

As autoras

GERALDINE SULLIVAN, nascida em 4 de junho, é astróloga profissional, com vinte anos de experiência, e dá palestras em vários países, além de entrevistas a programas de televisão nos Estados Unidos. Com uma carreira astrológica bem-sucedida, Geraldine ministra *workshops* e cursos de extensão em Londres. Formada em Astrologia e em Psicologia, a autora também conduz pesquisas acerca de temas como inconsciente, sonhos e experiência mística.

SARAH CRAWFORD, nascida em 28 de maio, é numeróloga e astróloga profissional, com treze anos de experiência. Sarah trabalha como consultora astrológica em Londres e ministra cursos e *workshops* acerca de Astrologia e Numerologia. Sua dissertação de mestrado em Ciências Sociais teve como temas história e filosofia da civilização ocidental e incluiu pesquisas a respeito da História da Astrologia, Hermenêutica e Reflexividade.

Software para Astrologia

O programa

Canopus Astrologia 2003 é um programa de computador voltado para a produção de trabalhos de Astrologia, tais como Mapas Natais, Trânsitos, Progressões, Revoluções e outros mais especializados.

Este software está sendo oferecido como brinde na compra do livro *O Poder dos Aniversários*, de Saffi Crawford e Geraldine Sullivan. Ele é de propriedade da Canopus LTDA, empresa que mantêm o *site* esotérico ESTRELA GUIA e possui inúmeros outros produtos. Para saber mais visite o *site* www.estrelaguia.com.br.

Curiosidades

Canopus, a Alfa da constelação Carina, é a segunda estrela mais brilhante do hemisfério sul. É também denominada Estrela Guia. Está situada no conjunto de constelações que formam o mitológico navio ARGUS, a nau dos argonautas. O ARGUS é constituído pelas constelações da Quilha (Carina), Popa e Vela. Canopus situa-se sobre a quilha do ARGUS, próximo à popa. Canopus, personagem mitológico, seria o piloto do ARGUS e teria aprendido navegação com Quiron, o centauro. Canopus é facilmente visível e identificável no céu do hemisfério sul.

Requisitos mínimos

Para poder utilizar o Canopus 2003 o usuário deverá ter acesso a um microcomputador do padrão PC, com processador Pentium II ou superior, ou AMD K6 ou superior, tendo espaço livre em disco rígido de, no mínimo, 30 Mb livres e 32 Mb de RAM, onde esteja instalado o ambiente operacional gráfico Windows 98 ou superior. Monitores SVGA asseguram os melhores resultados face à resolução superior.

É fundamental que o usuário esteja familiarizado com a operação do ambiente Windows no que tange ao uso do *mouse* e ao uso das janelas e da função de Ajuda (HTMLHELP) que caracterizam este ambiente operacional. Placas aceleradoras gráficas garantem melhor *performance* para o programa.

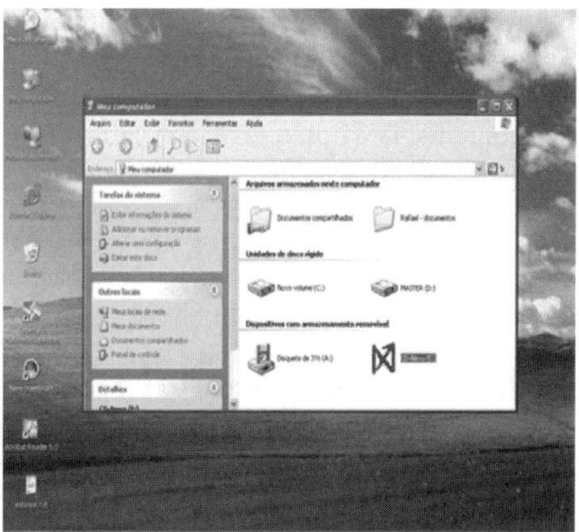

Neste CD você tem programas gratuitos e pagos. O *Astrologia Jr.* é gratuito. O *Astrologia Completo* você pode testar grátis por 30 dias. O programa *Agenda Esotérica Meu Astral* é pago. Se quiser mais informações clique em www.meuastral.com.br

Instalando o programa

Procedimentos para a instalação:

a) insira o CD-ROM no drive adequado do seu computador.

b) aguarde o programa NEXO.EXE rodar automaticamente ou vá para Meu Computador na área de trabalho e dê um duplo clique no ícone CD-Nexo, semelhante à ilustração abaixo.

c) em seguida, selecione Astrologia 2003 e o programa SETUP.EXE copiará o programa para o seu computador e criará o grupo de programas no Windows.

d) leia com atenção os procedimentos passo a passo até completar a instalação do programa.

Licenciamento

Depois de realizada a instalação, o programa sempre rodará apresentando um quadro com uma imagem do livro e perguntando se você gostaria de rodá-lo como Júnior, (opção gratuita distribuída com o livro) ou como versão completa, a qual necessitará da aquisição (compra) de uma licença que poderá ser fornecida pelo telefone: (0 xx 21 3852-7401), pelo *e-mail:* vendas@estrelaguia.com.br ou pelo endereço: http://www.estrelaguia.com.br/canopus (é importante que você informe que conheceu o programa *Canopus Astrologia* por meio do livro *O Poder dos Aniversários*, de Saffi Crawford e Geraldine Sullivan), para então liberar o programa para uso definitivo.

ATENÇÃO: ESTES TELEFONES, E-MAILs E URLs SÃO APENAS PARA VENDA. PARA SUPORTE, VEJA A SEÇÃO "SUPORTE" ABAIXO NESTE MANUAL. Optando por rodar o programa completo, será apresentado outro quadro solicitando sua licença, caso você ainda não a possua, você ainda poderá rodar o programa completo como teste por 30 dias.

Se você adquirir sua licença e optar por rodar o programa completo, os dados da mesma deverão ser digitados conforme forem fornecidos, pois a licença é gerada a partir do nome do usuário.

Após informar o nome e a licença, pressione o botão Registrar e em seguida o botão Ok.

O botão Júnior é utilizado para que o usuário possa registrar o programa como uma versão Júnior, ou seja, uma versão que não permite que o usuário possa usufruir todas as opções existentes no programa, já o botão Renovar é utilizado para restaurar para mais 30 dias o período de teste.

Ao lado está a figura da janela referente ao licenciamento do programa.

Fazendo Mapas Natais

Este programa Júnior permite que você faça seu Mapa Natal (gráfico) e uma interpretações básica acerca da influência do seu ascendente, planetas e a respeito do seu signo lunar.

Como fazer

Abra o programa na versão Júnior. Na tela que irá se abrir há um texto: Lista de selecionados. Abaixo dela, o primeiro ícone é "Dados do cliente". Clique nele para inserir os dados de quem você quer fazer o mapa. Ao terminar, clique em "OK". Em seguida, aparecerá seu Mapa Natal. Depois, clique na régua superior Ferramentas → Interpretação e você terá o seu mapa com as principais indicações astrais do seu nascimento.

Documentação

Se você estiver com dúvidas ou dificuldades em utilizar o *Canopus Astrologia 2003*, basta pressionar a tecla F1, que é a tecla de atalho para o arquivo de ajuda, e você encontrará desde dicas de como utilizar melhor o seu *software* até como preencher o formulário para entrada de dados dos usuários que posteriormente serão usados para gerar mapas. O usuário também poderá imprimir o arquivo de ajuda para utilizá-lo como um manual de instruções do programa.

Desinstalando o programa

Para desinstalar o *Canopus Astrologia 2003* de seu computador:
Clique no menu Iniciar | Programas | Nexo | Astrologia 2003 | Uninstall
que sua cópia será desinstalada corretamente.

Suporte

Para obter suporte sobre a versão Júnior que acompanha este livro, utilize um dos meios abaixo:
Internet: http://www.nexoinformatica.com.br/suporte/canopus
E-mail: suporte@nexoinformatica.com.br
Telefone em horário comercial: (0xx47) 444-0623

ATENÇÃO: Este suporte é exclusivo para a versão Júnior que acompanha este livro.

Antes de acionar o suporte via telefone, visite a página de suporte indicada acima, pois nela você encontrará dicas e atualizações do programa.

Problemas Conhecidos

Erro ao tentar abrir o banco de dados dos clientes ou das cidades:

É importante ressaltar que para o programa ser executado corretamente é necessário que o seu computador já contenha o gerenciador de acesso à banco de dados DAO que é parte integrante da versão Windows 98 ou superior. Se você possui o Windows 95, certifique-se de que o DAO está instalado, caso contrário, instale-o na opção Complementos.

E se você estiver utilizando o Windows XP com o Service Pack 2, poderá ter de executar um comando para rodar este programa. Você deverá registrar uma DLL no windows que o Service Pack 2 não registra corretamente. Para isso, terá de localizar em seu computador o arquivo DAO360.DLL, que geralmente está no seguinte diretório:

C:\Arquivos de programas\Arquivos comuns\Microsoft Shared\DAO

Siga os passos abaixo:

1. para localizar o diretório correto da DLL no seu computador acione o menu iniciar|localizar (ou pesquisar)

2. procure no seu disco C: o arquivo dao360.dll
Ex: C:\Arquivos de programas\Arquivos comuns\Microsoft Shared\DAO

3. veja em qual diretório ele se encontra. Você precisará desta informação adiante:

4. entre no modo DOS por meio do menu Iniciar|Programas|Prompt do MS-DOS (win98 pode ser diferente no seu windows) ou Iniciar/Programas/Acessórios/Prompt de Comando

5. vá para o diretório onde está a DLL (dao360.dll), utilize o seguinte comando cd \(nome do diretório que você guardou no item 2) – no caso do exemplo citado: cd(espaço)\ Arquivos de programas\Arquivos comuns\Microsoft Shared\DAO

6. Digite o seguinte comando: regsvr32 dao360.dll
Em seguida, aparecerá uma tela informando que o registro foi bem-sucedido.

7. saia do modo DOS digitando: exit

O programa rodará normalmente.

Esta obra foi impressa pela gráfica Edigraf
em off sete sobre papel off sete da Ripasa
para a Ediouro Publicações S.A.
em abril de 2005.